교육평가의 탐구 ❶

교육평가의 내연

구원회 저

강현출판사

서 문

저자는 대학에서 교사가 되기 위한 준비 과정으로 교직을 이수하는 학생들에게 '교육평가'라는 교직 과목을 강의하기 위해 이 책을 집필하였다. 교육학의 여러 학문 영역들 가운데 교육평가는 교육활동의 과정과 결과를 주요 탐구 대상으로 하고 있으므로 그 자체만으로도 매우 중요하다. 또한, 교육평가를 제대로 이해하고 실천하기 위해서는 인접 학문 분야들에 대해서도 잘 이해할 필요가 있다. 교육평가는 교육목표 설정 및 교육내용의 선정과 조직 원리를 탐구하는 교육과정과 밀접하게 연관되어 있으며, 교육목적을 탐구하는 교육철학, 교수·학습 과정을 이해하고 교수·학습의 원리를 제시하는 교육심리학, 교수·학습 과정의 효율성을 추구하는 교육공학 등과도 밀접한 관계가 있다.

이 책에서는 교육평가에서 가장 기본적이고 꼭 알아야만 하는 핵심적인 지식과 영역들을 우선적으로 선별하여 다루었고, 학생들이 이해하기 쉽게 내용을 충분히 풀어서 서술하였다. 저자의 강의 경험에 비추어 보면, 현재의 내용들을 충실하게 가르치는 데에 대학의 한 학기 기간인 15주가 넉넉하다고 보기는 어렵다. 이 책은 총 9장으로 이루어져 있는데, 중간시험과 기말시험을 제외하면 13주에 9장을 모두 다루어야 한다. 이 책의 장별 구성은 다음과 같다. 제1장 교육평가의 기초, 제2장 교육평가의 유형, 제3장 인지적 특성의 평가, 제4장 수행평가와 피드백, 5장 검사도구의 양호도, 제6장 문항 제작, 제7장 문항 분석, 제8장 평가결과의 분석, 제9장 평가결과의 기록의 순서로 배치하였다. 이 책에서 다루지 못한 교육평가의 영역들에는 교육평가의 대상, 정의적인 특성에 대한 평가, 표준화검사 등이 있으며, 그 밖에 교육평가의 실제와 관련된 여러 이슈들에 대해서는 다루지 못했다. 이 책에서 다루지 못한 교육평가의 영역과 이슈들에 대해서는 이 책을 교재로 사용하면서 차츰 보완해가고자 한다.

앞서 밝혔듯이, 이 책은 강의용으로 집필했기 때문에, 교육평가의 개념적, 이론적 측면들에 초점을 맞추고 있다. 이와 관련하여 교육평가의 기본 개념에 대해 짧게 언급하고자 한다.

교육평가는 다양한 방식으로 정의되고 있다. 교육평가는 교육과정 및 수업 프로그램에 의해서 교육목표가 어느 정도로 달성되었는지를 밝히는 과정이며, 교육적 의사결정을 하는 데 필요한 여러 정보들을 획득하고 기술하고 제공하는 과정이기도 하다. 또한, 다양한 교육적 수단들의 가치를 종합적으로 판단하는 활동이기도 하다. 각각의 정의는 교육평가에서 무엇을 해야 하는지, 교육평가가 왜 중요한지를 보여준다.

교육평가는 교육을 평가하는 것이므로, 가르치고 배우는 일에 대한 평가이며, 평가의 주 대상은 학생이 아니라 바로 교육활동이다. 교육평가는 교육활동에 긍정적으로 기여해야 하며, 교육평가가 교육에 도움을 주기 위해서는 교육평가의 결과가 다시 교육활동으로 연결되어야만 한다. 교육평가도 교육활동의 일환이므로, 당연히 교육평가도 교육적으로 이루어져야 한다. 이러한 견해들은 교육평가가 교육평가의 정의에 부합되는 방식으로 이루어지기 위해서 지켜져야 하는 원칙과도 같은 것이다.

그럼에도 불구하고, 교육평가 영역에서는 이론적으로, 실제적으로 다양한 이슈가 존재한다. 교육평가를 어떻게 해야 하는가에 대해서도 학자들간에 다양한 관점들이 제시되어 있으며, 교육의 실제적 측면과 관련해서 보면, 특히 우리나라에서는 대학 입시 제도를 둘러싼 각급 학교 교육의 실제가 바람직하게 이루어지고 있는가에 대한 논란이 지속적으로 제기되고 있다. 가령, 고교학점제의 경우 2023년 12월에 발표된 '2028 대입 개편안'과 관련하여 '통합형 수능' 도입, 내신 9등급제에서 5등급제로 개편 및 상대·절대평가 병기 등에 대한 이견이 표출되면서 갈등이 나타나고 있다.

고교학점제를 긍정적으로 평가하는 입장에서는 고교학점제가 모든 학생의 배움을 존중하는 책임교육을 기반으로 하고 있으며, 모든 학생이 자신의 진로에 따라 과목을 선택할 수 있게 되며, 학생의 진로에 따른 교육과정 이수로 맞춤형 교육과정을 접할 수 있게 된다는 장밋빛 전망을 내놓고 있다. 반면 고교학점제에 대한 우려를 표명하는 입장에서는 현행 성취평가제가 아직 제대로 정착되지 않았기 때문에 고교학점제가 본래의 취지대로 운영되기 어렵다고 주장한다. 또한, '2028 대입 개편안'에 대해 비판하는 입장에서는 대입제도와 교육정책이 분리된 상태로는 창의적이고 융합적인 인재를 양성한다는 고교학점제의 취지를 제대로 살리기 어렵고, 고교학점제가 제대로 시행되기 위해서는 대입제도가 전면적으로 개편되어야 한다고 주장하고 있다. 이 외에도 교육의 이상과 현실의 괴리, 전인교육의 부재, IB 교육과정, 과정중심평가, 각급 학교 및 기관평가, 국제학업성취도평가, 대학입학수학능력시험(수능)과 대입전형제도, 평준화 정책, 선행학습과 사교육 문제 등 교육평가와 관련된 현안들이 많이 있다.

자신의 이름을 걸고 책을 쓰는 것은 큰 책임감이 요구된다. 저자가 대학에서 교육학을 탐구하면서 교직 강의를 한 지도 어느새 이십여년이 훌쩍 넘었다. 책을 쓰고 나서 보니, 더 쉽게, 더 일목요연하게 쓰지 못했다는 아쉬움과 중요한 내용들을 충분히 다루지 못했다는 부족함이 먼저 생각난다. 이 책을 집필하면서 그간 교직 강의를 제대로 해왔는가에 대한 반성도 함께 했으며, 교사 양성이라는 중대한 소임을 다하기 위해서 더욱 더 학문 탐구에 정진하고, 교육학자로서의 마음가짐을 다지는 계기가 된 것이 이 책을 쓰면서 얻은 소득이라고 위안을 삼는다. 이 책이 출간되기까지 많은 도움을 주신 강현출판사의 오동석 사장님과 양현주 편집실장님, 그 외 관련된 모든 분들께 진심으로 감사의 말씀을 드린다. 또한 교육평가 분야의 국내외 수많은 학자들의 연구 노력과 결실이 있었기에 이 책을 집필할 수 있었으므로 그분들께도 마음깊이 감사의 마음을 전한다.

2024.12.

구원회

차 례

제 1 장

교육평가의 기초

1. 교육의 정의
2. 교육에 대한 기본 관점
3. 교육평가의 개념과 기본 가정
4. 교육평가의 관점
5. 교육평가의 절차

교육평가의 탐구 ❶
교육평가의 내연

제 1 장 교육평가의 기초

이 장에서는 교육평가를 전체적으로 이해하는 데 필요한 기초적인 내용들을 다룬다. 교육의 정의, 교육에 대한 기본적인 관점, 교육평가의 개념과 기능, 교육평가의 관점, 교육평가의 절차 등에 대해 알아본다.

1 교육의 정의

교육평가의 개념을 이해하고, 교육평가의 관점을 살펴보고, 교육평가의 절차를 알아보기 전에, 교육이란 무엇인지 교육의 정의(definition) 혹은 개념(concept)을 아는 것이 선행될 필요가 있다. 단순하게 말하자면, 교육평가는 교육에 대한 평가, 교육을 위한 평가이므로 교육이 무엇인지 알아야 교육평가를 제대로 할 수 있다고 보기 때문이다.

일반적으로 교육의 정의는 크게 어원적 정의, 규범적 정의, 기능적 정의, 조작적 정의로 구분된다. 이하에서 각각의 정의를 살펴본다.

1) 어원적 정의

교육의 어원적 정의는 교육이라는 용어의 말뜻을 풀어서 이해하는 방식을 말한다. 교육은 한자어 *敎育*으로, 영어 education으로, 우리말 가르침과 기름이란 용어로 뜻을 살펴볼 수 있다.

한자어 *敎育*은 '가르칠 *敎*(교)'와 '기를 *育*(육)'이 합쳐진 말이다. '*敎*'는 성숙한 사람이 미성숙한 사람을 바람직한 방향으로 이끈다는 의미와 미성숙자 스스로 성숙자의 모습을 따라 배운다는 의미가 들어 있다. '*育*'은 부모의 마음과 같이 사랑과 관심으로 미성숙자의 선천적인 능력들이 잘 발휘되도록 이끌어내고 길러준다는 의미가 들어 있다.

교육을 뜻하는 영어단어 education의 어원은 라틴어 'educare'인데, 이 말에는 미성숙한 사람의 안에 있는 잠재적인 특성을 밖으로 꺼내고 이끈다는 의미가 들어 있다. 그리고 우리말 가르침과 기름의 어원은 '가르치다'와 '기르다'인데, '가르치다'는 한자 敎와 같이 외적인 가치를 미성숙한 아이에게 습득하게 한다는 의미가 있으며, '기르다'는 한자 育과 비슷한 뜻으로, 어른이 미성숙한 사람의 선천적인 능력이 겉으로 나타날 수 있도록 도와준다는 의미가 들어있다.

한자, 영어, 우리말의 교육에 해당하는 용어들의 어원을 살펴보니, 성숙한 사람(어른, 교사)이 미성숙한 사람(아이, 학습자)에게 무엇인가를 가르치고 배울 수 있도록 잘 이끌어 준다는 의미가 포함되어 있음을 알 수 있다.

2) 규범적 정의

교육의 규범적 정의(normative definition)는 교육 활동 속에 들어있는 어떤 가치와 그 가치를 실현하는 데 필요한 준거를 분명히 드러내는 방식으로 교육을 정의하는 것이다. 교육은 어떤 바람직한 가치를 실현하기 위한 의도적인 활동이라고 볼 수 있다. 따라서 교육의 규범적 정의는 교육에서 추구하는 가치가 무엇인지를 밝히고, 그러한 가치가 실현되는 데 필요한 준거들을 제시하는 방식으로 설명된다. 교육의 규범적 정의에는 교육의 목적, 내용, 방법에 대한 가치 지향이 담겨 있다. 즉 교육의 목적, 내용, 방법 모두 가치로운 것이어야 한다. 교육의 규범적 정의의 대표적인 예로는 교육철학자 Peters의 '성년식으로의 교육' 개념이 있다. 그는 교육이란 '합리적인 사고와 활동으로 미성년자를 입문시키는 성년식(initiation)'이라고 정의한다. 규범적 정의에서는 교육이 그 자체로 가치를 지니는 내재적인 것으로 정의되며, 교육에 관련된 당사자들, 즉 교사와 학생, 학부모, 사회구성원 모두 이러한 가치를 마땅히 추구해야 한다고 본다.

3) 기능적 정의

교육의 기능적 정의(functional definition)는 교육을 목적으로 보는 것이 아니라 교육이 아닌 다른 대상을 위한 수단이나 도구로 보는 관점을 취한다. 예를 들어, 교육은 자아실현의 수단이라고 보거나, 교육은 사회나 국가 또는 인류의 유지와 존속에 기여해야 한다고 보거나, 교육은 경제 발전의 수단이 되어야 하거나 사회에 적절한 인력을 공급하는 장치가 되어야 한다고 보는 견해들은 기능적 정의에 해당한다. 이 정의에 의하면, 교육은 정치, 경제, 사회, 과학, 문화 등 교육 이외의 것들을 위한 도구로 간주되며, 따라서 수단으로서의 효율성이 가장 중요한 판단 기준이 되기도 한다. 기능적 정의는 교육이 해야하는 역할을 강조한다고 볼 수도 있지만, 교육 자체의 가치나 목적이 경시될 수 있는 위험성을 내포하고 있기도 하다.

4) 조작적 정의

조작적 정의(operational definition)는 추상적인 개념을 경험적으로 관찰가능한 속성으로 바꾸어 정의하는 것이다. 이 방식에서는 어떤 명제(주장이나 진술)의 의미나 진위(참과 거짓)를 판명하기 위해서, 주장에 사용된 용어들을 조작적으로 정의한다. 조작적 정의는 경험적이고 논리적으로 증명가능한 요소에 관한 자료를 수집하고 분석하고 비교한다. 교육의 조작적 정의에서는 교육활동에 포함되는 기본적인 요소와 그 요소들이 작용하는 실제적인 과정과 방법을 보여줄 수 있도록 교육을 정의한다.

교육의 조작적 정의의 대표적인 예로는 '교육은 인간 행동의 계획적 변화이다'라는 정의가 있다. 이 정의에는 교육 활동에 포함되어야 하는 요소가 무엇인지 제시되어 있다. 이 정의에 부합되기 위해서는 인간 행동, 계획성(의도성), 변화라는 요소들이 포함되어야 한다. 이 정의에 따르면, 교육은 인간의 행동을 변화시킬 수 있는 일정한 계획과 의도를 가지고, 어떤 내용을 선정하여 체계적인 절차와 방법을 준수하면서 가르치고, 그 결과로 어떤 변화가 일어났음을 확인할 수 있어야 한다. 교육에 대한 조작적 정의는 교육에 포함되어야 하는 기본적인 구성 요소들을 밝혀준다는 점에서 과학적 정의 또는 학문적인 정의라고 하기도 한다.

2 교육에 대한 기본 관점

1절에서 교육에 대한 여러 정의들(어원적, 규범적, 기능적, 조작적 정의)이 있음을 살펴보았다. 각 정의 방식에 따라 교육의 어떤 측면을 주목하는지 달라지며, 정의 방식의 차이는 교육에 대한 관점의 차이로 연결된다. 교육에 대한 관점에는 크게 선발적 교육관, 발달적 교육관, 인본주의적 교육관으로 구분해 볼 수 있다.

1) 선발적 교육관

선발적 교육관은 교육을 통해 이루고자 하는 교육목적이나 목표 또는 일정한 교육 수준에 도달할 수 있는 사람은 어떤 교육방법을 동원하든 결국 소수에 불과하다는 신념을 가진 교육관이다. 선발적 교육관에 의하면 능력이 우수한 집단은 교육방법에 상관없이 그들의 능력을 발휘할 것이라고 간주되며, 초·중등 교육을 거치면서 점차 보다 우수한 사람들이 선발되고 상급학교에 진학해야 합리적인 것이라고 본다. 선발적 교육관에서는 각급 학교 단계가 올라갈수록 다수가 탈락하고, 소수만 남는 피라미드식 교육제도를 선호한다. 이러한 교육관에서는 교육을 통한 인간 행동의 변화 가능성을 낮게 보는 부정적인 견해를 지니고 있다.

선발적 교육관에서는 높은 수준의 성취에 도달할 수 있는 사람은 어차피 소수라고 보기 때문에 우수자를 잘 변별하고 선발할 수 있는 평가 방식에 관심이 크다. 우수한 자와 우수하지 않은 자를 변별하려면 상대적인 비교를 해야만 하므로 선발적 교육관에서는 규준참조평가(norm-referenced evaluation)가 선호된다. 규준참조평가는 흔히 상대평가로 불린다. 선발적 교육관과 잘 연결되는 평가관은 측정관이다. 교육평가의 세가지 관점 중 하나인 측정관은 학습자의 고유한 능력 특성은 쉽게 변하지 않는다고 전제하며, 인간의 특성을 측정하는 것이 충분히 가능하다고 본다.

2) 발달적 교육관

발달적 교육관은 전체적으로 선발적 교육관과 대비되는 관점이다. 발달적 교육관에서는 인간의 성장과 발달은 선천적인 요인(유전적 측면) 보다는 후천적인 환경이나 교육의 영향에 의해 달라진다고 본다. 발달적 교육관에서는 인간의 능력이 발달할 가능성에 대해 상당히 낙관적이다. 모든 학습자에게 각각 적절한 교수·학습 방법을 제공하면, 누구나 주어진 교육목표에 충분히 도달할 수 있다고 믿는다. 그러므로 교육의 결과에 대한 책임은 학습자 보다는 교사 또는 교육 환경에 있다고 본다.

발달적 교육관에서는 학습자에게 제공하는 교육환경의 질이 중요하며, 교육방법의 평가에 관심이 크다. 발달적 교육관에서는 개인간의 능력 차이를 잘 변별해내는 것 보다는 학생 각자가 얼마나 교육목표를 잘 성취했는지를 그 자체로 판단하는 것을 더 중시한다. 따라서 발달적 교육관에서는 준거참조평가(criterion-referenced evaluation)가 선호된다. 준거참조평가는 흔히 절대평가로 불린다. 발달적 교육관에서는 교육방법과 관련된 변인들에 관심이 크며, 교육방법이 타당하고 효과적인지를 판단하는 데 필요한 여러 증거들을 수집하는 평가관에 잘 연결이 된다.

3) 인본주의적 교육관

인본주의적 교육관에서는 교육의 의미를 학습에 대해 바람직한 태도를 형성해 가는 자아실현의 과정이라고 본다. 인본주의적 교육관에서는 인간의 선한 본성을 믿으며, 각자 자아실현의 가능성을 개발해 가는 것을 목표로 한다. 인본주의적 교육관에서는 타율적이고 수동적인 교육을 가장 비인간적인 교육으로 간주하고 이를 강력히 배격한다.

인본주의적 교육관에서는 환경과 인간의 특성이 변화 가능하다고 보고, 환경과 학습자는 서로 상호작용 한다고 본다. 인간은 환경에 의해 수동적으로 반응하기도 하지만, 적극적으로 환경을 극복하고 개선함으로써 환경에 영향을 미치기도 한다고 본다. 인본주의적 교육관에서는 평가의 관점도 '전인적'인 평가에 관심이 크다. 이 관점은 인간 행동 특성을 부분으로 나누어서 보기 보다는 학습자의 여러 측면 전체를 종합적으로 파악하려는 총평관에 잘 연결이 된다. 인본주의적 교육관에 따르면, 평가는 인간 이해를 위한 것이어야 하며, 인간을 규정하고 낙인(labeling) 찍는 평가가 되어서는 안 된다고 보며, 검사의 한계와 부정적 측면에 주목하는 경향이 있다. 즉, 인본주의적 교육관에서는 검사에 대한 시각이 부정적인 편이다.

3 교육평가의 개념과 기본 가정

1) 교육평가의 개념

교육평가의 개념은 넓게 또는 좁게 규정할 수 있다. 교육평가의 개념을 넓게 규정하는 방식을 교육평가의 광의(廣義) 개념이라고 하며, 이에 따르면 교육평가는 제반 교육활동에 대한 가치를 체계적으로 조사하고 판단하여 교육적 의사결정을 내리는 과정이다. 이러한 입장에서 볼 때 넓은 의미에서 보면, 교육평가의 대상은 매우 넓어진다. 학생, 교사, 교육과정, 학교, 다양한 교육기관, 교육제도, 정책이나 사업, 프로그램 등이 교육평가 대상이 될 수 있다.

교육평가의 협의(狹義) 개념은 학생의 학업성취도 혹은 어떤 특성에 대해 질적인 판단을 내리는 과정을 의미한다. 즉 좁은 의미의 교육평가는 학업성취도를 판단하여 성적을 매기는 행위를 한다. 학업성취도를 단순히 기술하는 것을 포함하며, 학업성취가 얼마나 우수한지를 질적으로 판단한다.

2) 평가와 의미가 비슷한 용어들

교육평가는 폭넓은 범주의 내용을 체계적으로 조사하고 판단하는 활동이기 때문에 이와 관련된 다양한 활동을 필요로 하거나 병행한다(김성훈 외, 2010). 평가는 검사(시험, 고사)와 측정의 활동이라는 모든 선행과정에서 얻은 정보를 기초로 하여 이루어진다. 이런 뜻에서 평가(evaluation) 개념은 포괄성을 띤다. 측정, 검사, 총평 등은 평가와 비슷한 의미를 가지고 있지만, 용어들 간에 의미의 차이가 있기 때문에 구별해야 할 필요가 있다.

측정(measurement)은 수량화 과정으로서 가치판단 활동이 아니다. 그러나 평가는 가치판단을 핵심 요소로 하므로 의미에 차이가 있다. 측정은 어떤 대상이나 사람의 속성을 재기 위해서 일정한 법칙이나 기준에 따라 수치(number)를 부여하는 과정이다. 예를 들어, 수학시험을 보고 채점을 해서 점수를 산출하는 것은 측정 활동이다. 그 점수를 근거로 그 학생이 수학 능력이 우수하다던가 보통 수준에 해당한다던가 하는 것은 판단을 하는 것이므로 평가를 한 것이다. 평가를 하기 위해서는 측정이 선행되어야 한다.

검사(test, examination)는 학교에서 시험 또는 고사(考査)라고 한다. 검사 혹은 시험은 어떤 학생의 인지적, 정의적, 심동적 영역의 특성을 측정하기 위한 도구이다. 학생들이 각 학교에서 보는 중간시험, 기말시험, 대학 입학을 위해 치르는 대학입학수학능력시험(수능) 등은 대표적인 검사라고 할 수 있다.

총평(assessment)은 다양한 측정결과를 통하여 개인이나 대상의 전체적인 특성을 판단하는 것이며, 전인적인 평가라고 한다. 총평은 사정(査定)이라고 하는데, 총평은 검사와 같은 단일한 방법에 의해서만 자료를 수집하는 것이 아니라 관찰, 행동기록, 면접 등 다양한 방법을 모두 동원하여 얻은 자료를 가지고 종합적으로 의사결정을 하는 것이다(김석우 외, 2021). 우리 나라의 대입 제도 중에서 2011년부터 시행된 입학사정관제(入學査定官制)가 있었다. 입학사정관제는 대입전형의 선진화를 위하여 대학별 특성에 맞춰 신입생을 선발하는 제도이다. 입학사정관제는 학교생활기록부를 비롯해 다양한 전형 요소를 평가에 반영한다. 입학사정관은 학생이 제출한 전형자료를 종합적으로 심사한 후 학생의 잠재력 및 소질을 평가하여 대학 입학 허용 여부를 결정하는 전문가를 말한다. 입학사정관제는 정량적인 수치 비교에서 벗어나 정성적인 방식의 질적인 평가로의 변화를 시도한 것이다. 이는 다양한 학생을 다양한 관점에서 평가해야 한다는 기본 전제를 지닌 평가 패러다임의 변화를 의미한다. 현재는 입학사정관제라는 명칭을 쓰지 않고, 학생부종합전형이라는 용어로 대체되었다. 학생부종합전형에서는 교과 영역, 비교과 영역, 수능시험 성적, 면접, 자기소개서 등 다양한 전형자료를 통해 학생을 종합적으로 사정한다.

3) 교육평가의 기본 가정

교육평가는 인간을 이해하려는 목적에서 실시하는 것이지 인간을 규정하려는 목적에서 실시하는 것이 아니다. 이런 시각에 따르면 교육평가를 할 때 기본적으로 고려해야 하는 가정들을 다음과 같이 제시할 수 있다(황정규, 1998).

첫째, 교육평가는 인간의 무한한 잠재 능력의 개발 가능성을 전제해야 한다.

둘째, 교육평가는 지속적이고 장기적인 과정으로 이루어져야 한다.

셋째, 교육평가는 학습자의 전인적 측면을 모두 고려해야 하며, 평가의 방법도 다양하고, 종합적인 과정이 되어야 한다.

넷째, 교육평가를 위해 수집하는 정보와 자료는 다양해야 한다.

다섯째, 교육평가는 더 나은 교육을 위한 수단이지 목적이 아니므로, 교육평가는 교육을 위한 평가여야 한다. 교육평가는 교육활동에 도움을 주어야 한다.

4) 교육평가의 기능

교육평가의 주요 기능을 다음과 같이 세 가지로 정리할 수 있다.

첫째, 교육평가의 의미를 교육목표 달성도의 확인으로 볼 때 교육평가의 기능은 교육목표를 설정하고 그것을 준거로 목표가 달성된 정도, 즉 학습성과(learning outcomes)를 확인하는 것이 된다. 둘째, 의사결정의 관점에서 볼 때 교육평가의 기능은 학습자에 관한 의사결정, 학습지도에 관한 의사결정, 교육행정에 관한 의사결정, 학교경영에 관한 의사결정 등의 제반 교육활동에 관한 의사결정에 필요한 자료와 정보를 수집하고 활용하는 것이다. 셋째, 가치판단의 입장에서 볼 때 교육평가는 목표 달성도 확인 기능과 의사결정 기능을 망라하는 보다 포괄적인 기능을 수행한다.

이러한 교육평가의 기능을 교육활동 전반과 관련하여 종합적으로 제시해 보면 다음과 같다. 교육평가는 교육적 요구 사정(査定), 교육목표 설정, 교과 및 비교과 프로그램 개발, 교육시설 확충, 교육에 관련된 행정적·재정적 지원, 교육환경 개선, 교육방법 개선, 교육정책 수립, 교정 지도의 실시, 교육계획의 수립, 학습집단의 편성, 학습결과의 확인, 학습동기 유발 및 촉진, 학습 결과에 대한 피드백 제공 등의 기능을 수행한다. 이상의 여러 기능들을 종합해서 정리해 보면, 교육평가의 기능은 ① 개발, 수정 보완, 대안 탐색을 위한 형성적 기능, ② 선발, 자격 인증, 책무성 확인 등을 위한 총괄적 기능, ③ 홍보, 주의 환기, 동기 촉진을 위한 정략적 기능의 세 가지로 나누어 볼 수 있다.

첫째, 교육평가의 형성적 기능은 교육과정 운영에서 나타난 문제점을 확인하고 오류를 수정 또는 보완하고, 개선된 새로운 교육내용, 교육방법, 교육환경 등을 개발하기 위한 것으로서, 교육활동이 진행되기 전과 진행되는 상황에서 수행된다. 둘째, 총괄적 기능은 교육의 최종 결과와 성과를 평가하고 자격 인증, 선발, 교육의 책무성 규명 등의 과업을 수행한다. 총괄적 기능은 형성적 기능과 달리 교육활동이 완료된 후에 이루어진다. 셋째, 정략적 기능은 학생들의 주의를 환기시키고 학습동기를 유발하며 지역사회 구성원 및 학부모들에게 학교교육의 방향과 목적 및 활동들을 홍보할 목적으로 이루어지는 것이다. 이상의 세 가지 기능을 각각 교육평가의 심리적, 사회적, 정치적 기능이라고도 한다.

4 교육평가의 관점

교육평가를 수행할 때, 왜, 무엇을, 어떻게 평가할 것이냐의 문제는 결국 교육평가를 어떤 관점에 근거해서 하느냐에 따라 달라질 수 있다. 교육평가의 관점, 즉 교육평가관은 인간관과 교육관에 밀접하게 관련되어 있다.

주요한 교육평가관에는 측정관, 평가관, 총평관이 있다. 이하에서는 이 세가지 교육평가의 관점에 대해 살펴본다.

1) 측정관

측정관은 20세기 초반의 심리학의 역사와 관련되어 있다. 측정관은 어떤 사물, 현상, 사람 등에 대해 체계적으로 수치를 부여하는 것이다. 측정관의 장점을 어떤 대상의 특성을 일정한 준거로 쉽게 측정할 수 있다는 것이다. 우리는 자, 저울, 시계 등을 도구로 사용하여 길이, 무게, 소요 시간 등을 측정한다. 측정 결과를 어떤 수량이나 수치로 제시할 수 있다. 측정은 수량적인 기술(quantitative description)의 과정으로, 가치판단이 배제되거나 최소화 된다. 측정관의 특성은 다음과 같다.

첫째, 측정관은 실재의 안정성을 가정한다. 측정관에 따르면, 인간의 다양한 행동 특성도 의도, 시간, 장소 등에 상관없이 항상 고정적이고 변하지 않는 객관적 실재(reality)라고 가정된다. 그래서 측정관은 측정 대상이 안정성을 가지고 있다고 보고, 어떤 사물이나 현상, 인간의 특성을 정확하게 측정할 수 있다고 간주하며, 대상의 불변적인 특성을 오차를 최소화해서 측정하는 것을 목적으로 한다.

둘째, 측정관은 신뢰성 및 객관성을 중시한다. 만약 신뢰성과 객관성이 없으면 측정의 결과는 의미없는 정보로 간주된다. 측정관에서는 신뢰도가 타당도에 우선하며, 검사의 오차를 줄이는 것이 가장 중요한 관건이다.

셋째, 측정의 절차와 방법을 표준화 하고자 한다. 신뢰성과 객관성이 확보되기 위해서는 누가, 언제, 어디서 측정하든 상관없이 결과가 일관되어야 한다.

넷째, 측정관에서는 환경 변인을 오차변인으로 간주한다. 왜냐하면 환경은 오차를 유발하는 외부 요인이기 때문에 실재의 안정성에 부정적인 영향을 미친다고 본다. 환경을 적절히 통제하여 환경이 미치는 영향을 극소화 하려고 한다.

다섯째, 측정 결과는 선발, 분류, 예측, 실험 등의 목적으로 사용된다. 측정의 결과가 대상에 미치는 영향이 매우 크기 때문에 정확한 측정단위 또는 측정도구를 요구한다. 측정 결과가 쉽고 간편한 수치로 제공될 것을 요구한다.

여섯째, 측정관은 언어적 표현의 모호함을 배제하기 위해 가급적 측정 결과를 수량화한다.

일곱째, 대상은 직접 측정이 가능한 것과 간접 측정이 가능한 것으로 구분된다.

여덟째, 측정관은 선발적 교육관과 밀접하게 관련되어 있다.

2) 평가관

평가관은 타일러(R. Tyler)등이 측정관의 가정들을 비판하면서 제안되었다. 타일러는 교육적 수단에 의한 학생들의 '변화'를 교육 개념의 핵심 요소로 보고, 이러한 변화의 정도를 파악하기 위한 일련의 체계적인 절차를 평가(evaluation)이라고 규정하였다.

평가관에서는 교육목적에 비추어 학생이 교육목표에 도달한 정도, 즉 학생의 행동이 얼마나, 어떻게 변화했는지를 파악하고자 한다. 어떠한 변화가 일어났다면, 그러한 변화를 가능하게 한 학습경험이 무엇이었는지, 바람직한 변화를 가능하게 하기 위해서 어떠한 교육 환경을 조성해야 하는지를 알아내고자 한다.

평가관이 측정관에 대해 배타적인 것은 아니다. 평가관에서도 인간의 행동 특성을 측정할 수 있고, 측정해야 한다고 본다. 다만, 인간 내면의 복잡하고 다양한 특성들을 완전히 측정하는 것은 불가능하기 때문에, 양적인 측정 뿐만이 아니라 질적인 기술(qualitative description)도 포함해야 한다고 본다. 교육학이나 심리학에서는 측정의 개념은 평가 단계에까지 이르는 경우가 많으므로 두 용어는 상호교환적으로 혹은 '측정 및 평가'의 형태로 쓰이는 경향이 있다(김석우 외, 2021). 측정관과 평가관은 기본 가정에서 차이가 있는데, 평가관은 다음과 같은 특성을 지닌다.

첫째, 평가관은 모든 실재나 인간 행동 특성이 안전성이 없고 '변화한다'는 전제에서 출발한다. 그래서 평가관은 변화를 교육적으로 가치있는 것으로 본다. 교육은 인간 행동의 바람직한 변화를 위한 것이므로, 학습자의 성장, 발달, 변화를 전제한다. 그러므로 평가관은 교육목표에 대한 성과로서 학습자에게 일어난 다양한 변화를 판단하는 일련의 절차라고 볼 수 있다.

둘째, 평가관에서는 평가의 증거나 정보의 객관성, 신뢰성, 정확성 보다 그 증거의 타당성을 우선시한다. 평가의 목적은 의도된 행동의 변화를 평가하는 것이 목적이기 때문에 목표를 중시하는 것이 당연하다. 따라서 평가관에서는 평가를 통해 교육목표와 관련된 내용타당도(content validity)가 확보되어야 한다고 본다.

셋째, 평가관에서는 측정관과 달리 환경을 변화의 중요 자원으로 간주한다. 환경은 인간을 제약하기도 하지만, 환경이 인간의 동기와 자발성을 유발할 수 있는 변화의 자원이 될 수 있다. 평가관에서는 개인에 대한 평가 뿐만 아니라 환경에 대한 평가도 강조한다.

넷째, 평가관에서는 평가의 대상이 다양하다. 학생은 물론 교사, 교육과정, 교과서 등 교수·학습자료, 학교환경, 교육 프로그램, 교육정책이나 제도 등을 교육평가의 대상으로 고려한다.

다섯째, 평가관에서는 양적 증거 뿐만 아니라 질적 증거들도 중요한 정보원으로 본다.

여섯째, 평가관에 의해 얻은 결과는 평점 부여, 자격 판정, 배치, 진급 등을 위해 평가 결과를 통해 개인을 분류하고 판단하는 데 사용한다. 또한 다양한 평가의 대상들을 판단하는 데에도 평가관이 활용된다.

일곱째, 평가관은 발달적 교육관과 밀접하게 관련되어 있다.

3) 총평관

총평관은 인간의 특성을 하나의 검사나 도구로 측정하여 평가하는 것이 아니라 여러 가지 다양한 방법을 동원하여 종합적으로 평가하는 방법이며, 사정(assessment, 査定)이라고 부르기도 한다. 총평관을 따르면, 지필검사와 같은 단일한 방법에 의하여 정보를 수집하는 것이 아니라 관찰, 구술, 면접 등의 다양한 방법을 통해 얻은 자료를 가지고 종합적으로 평가해야 한다. 그래서 총평관은 전인적(全人的) 차원의 평가라고 할 수 있다.

총평관은 환경과 개인의 상호작용에 깊은 관심을 갖는다. 총평관은 인간 행동의 변화 가능성을 전제한다는 점에서 평가관과 유사한 면도 있지만, 환경에 대한 시각이 다르다.

총평관의 특성은 다음과 같다.

첫째, 총평관은 개인과 환경간의 역동적인 관계를 분석하기 위해 다양하면서도 포괄적인 자료를 수집하고 사용한다. 그래서, 입학사정관들은 지원 학생들의 정보를 다양하게 수집하고 신중하게 판단한다.

둘째, 총평관에서는 환경을 인간 행동 변화를 강요하는 압력으로 간주한다. 환경이 개인에게 요구하는 압력이나 환경의 역할을 먼저 살펴보고, 그 다음에 개인의 특성이 이러한 환경에 적합한지 분석하고 판단한다. 평가관에서는 환경을 변화의 자원으로 간주하지만, 총평관에서는 환경이 개인과 상호작용하는 별도의 주체로 간주되며, 개인과 환경의 역동적인 관계에 의해 개인의 행동이 변화한다고 본다.

셋째, 총평관은 개인과 환경의 상호작용 양상에 관심을 갖는다. 개인과 환경의 양 측면에서 증거를 탐색한다는 것이 총평관의 최대 장점이다.

넷째, 총평관은 개인과 환경 간의 상호작용을 분석하는 데 주로 구인타당도(construct validity)에 의존한다. 구인타당도는 인간의 심리적 특성이나 성질을 심리적 구인으로 분석하여 조작적으로 정의한 후, 검사 점수가 조작적 정의에서 규명한 심리적 구인들을 제대로 측정했는가를 검증하는 방법이다(김석우 외, 2021). 총평관에서는 개인과 환경에 관한 상이한 증거 사이의 합치도를 판정하기 위해 구인타당도를 활용하여 수집된 증거가 구인으로 어느 정도 설명되는지를 판단한다.

다섯째, 총평관에 의해 얻은 결과는 예측, 실험, 분류 등에 활용된다. 환경이 요구하는 준거나 역할에 비추어 개인을 진단하는 데 활용된다.

여섯째, 총평관은 인본주의적 교육관과 밀접하게 관련되어 있다.

4) 세 가지 관점의 비교

지금까지 살펴본 측정관, 평가관, 총평관을 전체적으로 비교하면 다음과 같이 요약할 수 있다(박도순, 홍후조; 2006).

표 1-1 교육평가관의 비교

준거 \ 평가관	측정관	평가관	총평관
인간 행동 특성을 보는 시각	• 항구적이고 불변적인 것으로 간주 • 개인의 정적 특성	• 안정성이 없고 가변적인 것으로 간주 • 개인의 변화하는 특성	• 환경과의 상호작용에 의한 가변적인 것으로 간주 • 환경과 개인의 역동적 관계에서 변화하는 특성
환경을 보는 시각	• 환경의 불변성 신념 • 환경 변인의 통제 및 영향 극소화 노력 • 환경을 오차변인으로 간주	• 환경의 변화성 신념 • 환경 변인 이용 • 환경을 행동변화의 자원으로 간주	• 환경의 변화성 신념 • 환경과 학습자의 상호작용 이용 • 환경을 학습자 변화의 한 변인으로 간주
검사의 강조점	• 양적 기술 강조 • 객관도와 신뢰도 강조	• 양적, 질적 기술 • 내용타당도 강조	• 전인적 기능 강조 • 구인타당도 강조
장점	• 효율성	• 교육목표와의 연계	• 개인과 환경 양 측면에서 증거 탐색
검사 결과 활용	• 예측, 분류, 자격부여, 실험	• 예측, 분류, 자격부여, 실험 • 교육목표 달성 진단	• 예측, 분류, 자격부여, 실험, 선발

5 교육평가의 절차

교육평가의 절차는 어떤 공통적인 단 하나의 절차만 있는 것은 아니므로, 평가를 계획할 때의 목표, 시기, 방법, 자원 등을 종합적으로 고려해야 할 것이다. 여기서는 교육평가를 체계적으로 실시하기 위해 따라야 하는 일반적인 절차를 제시한다.

1) 교육목표 확인

교육목표는 교육을 시작할 때 설정하는 것이기도 하지만, 평가를 시작할 때에도 교육목표에 대한 확인부터 해야 한다. 즉 평가를 올바르고 타당하게 하기 위해서는 평가를 통해 확인하고자 하는 교육목표가 구체적으로 무엇인지 교육목표를 명료하게 규명해야 한다.

2) 평가 장면의 선정

교육목표를 확인했다면, 그 다음 단계는 교육목표 달성도를 확인하는 데 필요한 내용과 행동이 나타나는 평가장면을 선정해야 한다. 평가 시기, 횟수, 방법, 기준, 자원 등을 구체적으로 선정해야 한다.

3) 평가 도구의 선정 및 제작

평가장면을 구체적으로 선정했다면, 그 다음으로 평가 도구를 선정하고 제작해야 한다. 다양한 평가도구나 방법들 가운데 어떤 도구를 사용할 것인지를 정해야 한다.

예를 들어, 지필평가, 질문지법, 관찰법, 면접법, 수행평가 등 중에서 어떤 평가도구를 사용할 것인지 정한다. 기존에 제작된 평가도구 가운데 적절한 것이 있으면 그것을 사용하면 되고, 적합하지 않다면 평가도구를 새로 제작해야 할 수도 있다.

평가도구를 선정하고 제작할 때에는 타당도, 신뢰도, 객관도, 실용도 등 소위 평가도구의 양호도를 충분히 고려해야 한다.

4) 평가 실시 및 결과 처리

평가도구의 선정 및 제작이 완료되었다면, 그 다음 단계에서는 평가를 실시하고 채점을 해야 한다. 평가 상황이나 장면에서는 공정성도 중요하지만, 피험자가 자신의 최선을 다할 수 있도록 편안하고 안정적인 평가 상황을 조성해 주어야 한다. 평가를 마친 후에는 신속하게 채점을 완료하고, 점수를 기록해서 평가의 기초자료를 만들어야 한다. 채점에서는 평가자의 편견이 개입되거나 오류가 발생하지 않도록 신중해야 한다.

5) 평가 결과의 활용

평가 결과를 처리한 후에는 평가 목적에 관련된 교육적 의사결정을 하는 데 필요한 정보를 제공하고, 교육평가의 결과가 의사결정에 활용되어야 한다. 평가결과의 활용은 평가를 하는 목적에 따라 달라질 수 있다. 평가 결과를 평가 실시의 목적에 맞지 않게 남용하거나 오용하지 않도록 결과를 활용하기 전에 충분한 검토가 이루어져야 한다.

제 2 장 교육평가의 유형

1. 평가 유형의 분류
2. 준거참조평가와 규준참조평가
3. 준거참조평가와 규준참조평가의 비교
4. 진단평가, 형성평가, 총괄평가
5. 양적 평가와 질적 평가
6. 준거참조기반 성취평가제

제 2 장 교육평가의 유형

교육평가는 대상에 대한 자료 수집과 가치 판단, 그리고 이를 토대로 한 교육적 의사결정 이 세가지를 모두 포함하는 개념이다. 이 장에서는 교육평가의 다양한 유형들에 대해 살펴본다.

1 평가 유형의 분류

교육평가의 유형은 자료 및 정보 수집의 목적, 대상, 시기, 방법, 절차 등의 여러 기준에 따라 분류할 수 있다. 교육평가의 유형은 평가 대상을 바라보는 관점의 차이를 반영하고 있으며, 평가의 유형에 따라 평가의 목적, 시기, 방법, 절차 등 평가 구성 요소들이 달라진다.

첫 번째 평가 유형의 분류 방식은 평가 영역을 기준으로 한 분류로서, Bloom(1956)의 교육목표 분류 방식으로부터 비롯되었다. Bloom은 교육목표를 인지적 영역(cognitive domain), 정의적 영역(affective domain), 심리운동적 영역(psychomotor domain)으로 분류하는 방식을 제안하였다. 이것이 계기가 되어 교육목표에 따라 인지적 영역에 대한 평가, 정의적 영역에 대한 평가, 심동적 영역에 대한 평가로 구분한다.

두 번째 평가 유형의 분류는 평가의 목적과 판단 기준에 따른 것이며, 준거참조평가, 규준참조평가, 능력참조평가, 성장참조평가 등으로 분류한다.

세 번째 평가 유형의 분류 방식은 평가의 목적과 기능에 따른 분류이다. 평가의 목적과 기능에 따른 분류는 평가의 시기하고도 관련이 있는데, 평가의 시기를 교수·학습 이전, 교수·학습 중, 교수·학습 이후로 구분하고, 각각 진단평가, 형성평가, 총괄평가라고 한다.

네 번째 평가 유형의 분류는 평가를 위해 자료를 수집하고 분석하는 방법을 기준으로 하는 분류이며, 양적 평가와 질적 평가로 분류한다. 수집된 자료의 특성과 분석하는 방법이 양적이면 양적 평가, 질적이면 질적 평가라고 한다.

그리고, 이 장의 마지막에 제시한 능력참조기반 성취평가제는 어떤 특정한 판단기준에 따른 분류라기 보다, 최근 우리나라에서 도입한 국가 수준의 평가 방식이어서, 예비교사 및 교사들이 반드시 숙지할 필요가 있으므로 여기서 다루고자 한다.

첫 번째 분류 방식인 인지적 영역, 정의적 영역, 심동적 영역의 평가에 대해서는 전부 다루기 어려우므로 인지적 영역의 평가에 대해서만 3장에서 살펴볼 것이다.

2 준거참조평가와 규준참조평가

평가의 목적과 판단 기준에 따라 준거참조평가와 규준참조평가로 분류할 수 있다. 준거참조평가(criterion-referenced evaluation)와 규준참조평가(norm-referenced evaluation)는 평가의 목적과 판단 기준이 서로 대조적이다. 준거참조평가를 먼저, 규준참조평가를 나중에 살펴보고, 그 다음 이 둘을 비교하여 살펴본다.

준거참조평가는 준거지향평가, 목표지향평가, 절대비교평가 등 다양한 용어로 표현되기도 하는데, 각 용어들은 유사한 의미를 가리킨다고 볼 수 있다. 준거참조평가의 개념을 이해하기 위해서는 준거(criterion)라는 용어의 뜻을 알아야 한다. 교육평가에서 준거란 피험자가 어떤 일을 수행할 수 있다고 대중(public)이 확신하는 지식 혹은 기술 수준을 말한다. 다른 말로 하면 준거란 어떤 일을 성공적으로 할 수 있다고 믿는 기준(standard, cut-off)을 말한다. 준거의 사전적 정의는 어떤 사물의 정도나 성격 따위를 알기 위한 근거나 기준이다. 어떤 사물이 그것에 요구되는 준거를 충족시키지 못한다면 그것은 그 사물이라고 보기 어려울 것이다. 예를 들어, 어떤 흙이 찰흙인지 아닌지 여부를 판단하는 준거는 무엇일까? 우리는 찰흙의 개념을 알고 있다. 찰흙을 연상했을 때 가장 먼저 떠올릴만한 찰흙의 특성(성격, 속성)은 무엇인가? 그것은 연성(부드러움, softness)일 것이다. 그러므로 찰흙의 준거는 연성이라고 할 수 있다. 반면, 벽돌의 핵심 준거는 무엇이겠는가? 벽돌의 핵심 준거는 경성(단단함, hardness)일 것이다. 이와 같이 준거는 어떤 사람이나 사물이 가지고 있는 핵심적인 속성, 특성, 성격, 기준 등을 의미한다.

준거참조평가에서의 준거는 어떤 평가도구가 '무엇을 재고 있는가?'의 무엇에 해당하는 것으로, 교육목표를 설정할 때 도달해야 하는 최저 능력 수준(minimum competency level)을 의미한다고 할 수 있다. 중요한 자격을 부여할 때에는 준거참조평가가 이용된다. 예를 들어, 법조인을 선발하는 자격시험인 사법고시, 의사나 간호사가 되는 데 필수 자격 조건인 국가고시, 한국사 자격 검정시험, 운전면허 필기시험 등이 준거참조평가에 해당한다. 이러한 자격시험에서는 자격을 인정받기 위한 최소한의 성취목표가 설정되어 있고, 이 기준에 도달한 사람들은 모두 합격자로 인정되고, 자격을 부여받는다. 일반적으로 준거참조평가에서는 평가를 실시하기 전에 여러 전문가들이 참여하여 공식적인 절차를 통해 엄격하게 자격 인정 기준을 설정한다.

앞서 준거참조평가를 준거지향평가, 목표지향평가, 절대비교평가라고 표현하기도 한다고 했는데, 이 용어들의 의미에 대해 살펴보겠다. 준거참조평가에서 참조란 용어는 'referenced'라는 영어 단어를 번역한 것이다. 이 'referenced'는 '~을 기준으로', '~을 참고하여'라는 의미를 가지고 있으며, '~을 지향하며'라는 뜻으로 해석할 수도 있다. 그래서 '준거지향평가'라는 용어를 쓰기도 하는 것이다. 한편, 학교교육에서 피검사자의 점수를 해석할 준거가 주로 교육목표 또는 수업목표이기 때문에 준거참조평가를 목표지향평가라고 표현하기도 한다. 준거참조평가를 절대비교평가라고 표현하기도 하는 이유는, 평가를 통해 얻게 되는 정보가 또래집단에 비추어 본 해당 학습자의 상대적인 위치를 알려주는 것이 아니라 사전에 설정된 준거에 비추어 본 해당 학습자의 절대적인 수행 수준에 관한 것이기 때문이다. 절대적인 수행 수준이라는 말의 의미는 피검사자의 수행 수준에 대한 판단이 다른 또래들의 수행 수준에 따라 달라지지 않는다는 뜻이다. 그래서 절대비교평가라고도 하는 것이다.

준거참조평가의 특징은 다음과 같다. 첫째, 준거참조평가에서는 검사의 타당도를 중시한다. 준거참조평가에서는 객관적인 점수 해석이나 피검사자의 능력 수준에 대한 상대적인 비교를 하는 것이 목적이 아니며, 사전에 설정한 준거에 비추어 피검사자가 얼마나 목표에 도달했는가를 정확하게 파악하는 것이 중요하기 때문에 검사의 타당도를 중시한다.

둘째, 준거참조평가는 발달적 교육관에 바탕을 두고 있다. 발달적 교육관은 1장에서 이미 소개했듯이, 모든 학습자 개개인에게 적합한 교수·학습의 기회를 제공하면 주어진 학습목표에 누구나 도달할 수 있다는 관점이다. 따라서 발달적 교육관에서는 개인차를 극대화 하거나 개인차를 변별하는 데 대한 관심보다 개인차를 줄이는 데 관심이 더 크다. 단지 소수의 학습자만 교육목표에 도달할 수 있는 것이 아니라 모두가 교육목표에 도달할 수 있다고 보므로 학습자들의 협동학습을 권장하며, 내재적 동기유발에 유리하다.

셋째, 준거참조평가는 검사 점수의 부적 편포를 기대한다. 부적 편포(negatively skewed distribution)란 통계학에서 분포의 형태를 나타내는 용어이다. 분포의 형태는 크게 정규분포(정상분포), 정적 편포, 부적 편포로 구분된다. 정규분포는 평균을 중심으로 평균 이하와 평균 이상이 대칭되는 형태이다. 반면, 편포는 분포가 왼쪽이나 오른쪽으로 치우친, 즉 편중된 분포이다. 분포가 왼쪽으로 치우치면 정적 편포라고 하며, 분포가 오른쪽으로 치우치면 부적 편포라고 한다. 부적 편포 형태는 대부분의 피검사자가 평균보다 높은 쪽에 밀집해 있고, 평균보다 낮은 점수를 받은 소수가 왼쪽으로 길게 늘어져 보인다. 대부분의 피검사자가 평균보다 높은 점수를 받는다는 것은 대부분의 피검사자가 교육목표에 도달했다는 의미로 해석할 수 있다. 준거참조평가에서 부적 편포를 기대한다는 것은 가능하다면 모든 학습자가 교육목표에 도달하기를 바란다는 의미이다.

준거참조평가의 특징들로 인해서 몇 가지 장단점이 나타난다. 준거참조평가의 장점은 다음과 같다. 첫째, 준거참조평가는 교수학습이론에 적합하다. 준거참조평가에 따르면 학습자들이 얼마나 교육목표에 도달했는지에 대한 직접적인 정보를 제공해주기 때문에 평가 결과를 토대로 교수와 학습의 개선에 대한 시사점을 얻을 수 있으므로 교수·학습의 개선에 도움을 준다. 둘째, 준거참조평가에서는 학습 실패의 원인을 학습자 보다는 교수자와 교육환경에서 먼저 찾게 되고, 교육목표, 교육과정, 교수방법 등에 대한 개선 방향을 시사받을 수 있다. 셋째, 준거참조평가는 상대평가에 치중하지 않기 때문에 학습자들간의 협동학습과 동기유발에 적합하다.

준거참조평가의 단점은 첫째, 부적 편포를 기대하기 때문에 개인차를 변별하기가 쉽지 않다. 준거참조평가에서도 개인차를 변별할 수는 있으나, 그것은 교육목표의 달성 정도를 준거로 개인에 대해 판단하는 것이지, 개인들을 비교하고 상대적인 우열을 판정하기 위해 준거참조평가를 실시하는 것이 아니다. 둘째, 준거참조평가에서는 '무엇을' 준거로 할 것인지 설정 기준의 문제가 발생한다. 준거참조평가에서는 피검사자의 수행 수준을 해석할 준거가 중요한데, 누가 준거를 설정할 것인지, 어떻게 준거를 설정할 것인지의 문제가 발생한다. 사람에 따라 혹은 준거 설정 방식에 따라 준거가 달라지게 되면 준거의 타당성이 의심스러워질 수 있다. 그러므로 준거참조평가에서는 준거를 설정하는 데 고도의 전문성이 요구되는 단점이 있다. 셋째, 준거참조평가에서는 검사 점수를 통계적으로 활용하는 데 한계가 있다. 준거참조평가에서는 발달적 교육관에 바탕을 두고 있기 때문에 검사 점수의 정규 분포를 가정하지 않고 부적 편포를 기대한다. 준거참조평가를 절대비교평가라고도 하는데, 절대비교평가에 의한 점수나 등급은 피검사자들의 능력을 잘 변별해주지 못하기 때문에 치열하게 경쟁하고 비교해서 소수의 인원만을 선발해야 하는 입시제도에서는 전형 요소에 반영되기 어려울 수도 있다.

규준참조평가(norm-referenced evaluation)는 규준지향평가, 상대비교평가 등 다양한 용어로 표현되기도 하는데, 각 용어들이 다르기는 하지만, 유사한 의미를 가리킨다고 볼 수 있다. 규준참조평가란 학습자에 대한 평가 결과를 그가 속한 규준집단(비교집단)에 비추어 상대적인 위치나 서열을 알려주는 평가를 말한다. 앞서 준거참조평가와 준거지향평가, 절대비교평가 등에 대해 설명했던 바와 같이, 규준참조평가와 규준지향평가, 상대비교평가 등에 대해서도 비슷한 방식으로 설명이 가능하다.

'referenced'라는 영어 단어를 '참조'로도, '지향'으로도 번역할 수 있기 때문에, 규준참조평가, 규준지향평가라는 용어의 의미를 크게 구분하지 않는 것이다. 한편, 규준참조평가를 상대비교평가라고도 부르는 것은 규준참조평가에서는 평가를 통해 얻게 되는 정보가 또래집단 내에서의 해당 학습자의 상대적인 위치에 대한 정보이기 때문이다. 즉, 규준참조평가에서는 학습자를 평가하는 기준이 절대적이지 않고 상대적이다.

규준참조평가의 개념을 이해하기 위해서는 규준(norm)이라는 용어의 뜻을 알아야 한다. 교육평가에서 규준이란 규준집단(norm group)의 점수 분포를 의미한다. 규준은 특정한 학습자의 수행수준을 비교할 또래들의 전형적인 수행 수준을 의미한다. 일반적으로 규준은 모집단(population)을 잘 대표하는 표본(sample)에게 해당 검사를 실시하여 얻어진 연령, 성별, 지역별 점수분포로서, 웩슬러 지능검사와 같은 표준화 검사에서처럼 검사요강에 함께 제시된다(황정규 외, 2011).

규준참조평가에서는 어떤 학습자의 성취 수준을 규준(norm)을 이용하여 그가 속해 있는 집단(학급, 학교, 지역, 전국 등)의 규준에 비추어 상대적인 위치를 알 수 있다. 규준참조평가는 학습자의 상대적인 능력이나 기술을 비교하고, 한 개인이 다른 개인에 비해 '얼마나 잘 했는지'에 초점을 두는 평가 방식이다. 규준은 규준 집단의 구성원들의 점수 분포에 의해 결정된다. 그러므로 규준을 설정하기 위한 표본이 모집단 전체를 얼마나 잘 대표하는지가 중요하며, 모집단에 따라 규준의 종류가 다양하다. 비교 기준에 따라 학급단위 규준, 학년단위 규준, 학교단위 규준, 지역단위 규준, 국가단위 규준, 나이단위 규준 등이 있다. 좋은 규준이 되기 위해서는 모집단에서 추출된 표본이 모집단의 특성을 잘 대표해야만 한다. 모집단을 잘 대표하는 표본에서의 평균과 표준편차 등을 기준으로 특정 개인이 모집단에서 어느 위치에 있는지를 파악하고 그의 학업 능력을 해석할 수 있다.

규준참조평가의 특징은 다음과 같다. 첫째, 규준참조평가에서는 검사의 정규분포를 기대한다. 규준참조평가는 개인간의 상대적인 비교나 서열을 판단하는 것을 목적으로 하므로 개인차가 잘 변별될수록 좋은 평가라고 본다. 그러므로 규준참조평가에서는 능력의 상, 중, 하가 고르게 분포하는 정규분포가 기대된다. 둘째, 규준참조평가에서는 검사의 신뢰도를 강조한다. 규준참조평가에서는 학습자들간의 개인차(individual differences)를 얼마나 오차없이 정확하게 측정하는가가 중요한 문제이기 때문이다. 피검사자들간에 작은 능력의 차이도 찾아내어 그것을 점수로 산출하여 서열을 매기려고 하므로 검사의 신뢰도가 중요하다. 검사의 신뢰도는 그 검사 결과를 얼마나 믿을 수 있느냐에 관련되고, 신뢰도가 높으려면 검사 결과가 일관되게 나와야 한다. 셋째, 규준참조평가는 선발적 교육관에 바탕을 두고 있다. 선발적 교육관에서는 개인차를 극복하려고 하지 않고 오히려 극대화하거나 당연한 것으로 받아들인다. 개인간에는 능력의 차이가 반드시 존재한다고 보기 때문에 우수한 능력자들을 잘 변별하고 선발해야 한다고 본다.

규준참조평가의 특징에 따라 다음과 같은 장점과 단점이 나타난다. 규준참조평가의 장점은 첫째, 규준참조평가는 준거참조평가에 비해 개인차의 변별이 잘 된다. 규준참조평가에서는 개인간의 작은 차이라도 점수로 반영하여 변별이 잘 되도록 한다. 둘째, 규준참조평가는 객관적인 검사 기술을 통해 성적을 표시하므로 검사자의 편견을 배제하는 데 유리하다. 셋째, 규준참조평가는 학습자들간의 경쟁을 유도하므로 외재적인 동기유발에 적합하다.

규준참조평가의 단점으로는 첫째, 규준참조평가는 교수자와 학습자를 교육의 본질로부터 멀어지게 할 수 있다. 규준참조평가에서는 어느 정도 교육목표에 도달한 학습자라도 그의 성적은 전체 집단의 점수 분포에 의해 열등한 것으로 판단될 수도 있다. 학습의 성공과 실패가 자신이 아닌 또래집단에 의해 결정되기 때문에 교사와 학습자의 관심을 학습자의 인지적, 정의적, 심리운동적 영역에서의 성장과 발달이라는 본질로부터 멀어지게 만들 수 있다. 둘째, 규준참조평가는 검사의 신뢰도를 강조하기 때문에 타당도의 문제를 간과하기 쉽다. 평가의 목적은 학습자가 교육을 받은 결과로 무엇을 배웠고, 무엇을 잘 할 수 있는지를 알 수 있어야 하는데, 규준참조평가에서는 교수 학습의 개선에 대한 시사점을 별로 제공해주지 못할 수 있다. 셋째, 규준참조평가는 학습자들간의 상대적인 서열과 비교를 강조함으로써 과도하고 비교육적인 경쟁을 조장하고, 이로 인해 학습자들의 정서에 부정적인 영향을 미치고 전인적인 성장과 발달을 저해할 수 있다.

3 ● 준거참조평가와 규준참조평가의 비교

이상에서 살펴본 준거참조평가와 규준참조평가의 의미와 특징, 장점과 단점을 토대로 둘을 비교해 보겠다.

준거참조평가는 가능한 한 개인차를 극복하고자 하는 발달적 교육관에 바탕을 두기 때문에 개인의 목표 도달 정도를 중시한다. 따라서 교사가 준거참조평가를 기반으로 평가를 계획하고 실시할 경우, 학습자들간의 협동을 가능하게 할 수 있고, 내재적인 동기 유발이 가능할 것이다. 학습자들은 또래집단을 경쟁자로 간주하지 않고, 학습의 동료로 바라볼 수 있다. 준거참조평가에서는 평가결과로 얻은 정보로부터 학습자의 목표 달성 여부 및 정도, 학습 실패의 원인에 대한 분석 및 처치 방법 마련, 교수방법의 개선 등이 가능해진다. 준거참조평가는 일정한 성취기준 달성 여부에 따른 자격 부여를 위한 자격시험에서 주로 채택된다.

규준참조평가는 개인차를 극복하려고 하기 보다 개인차에 대한 상세한 변별을 추구하는 선발적 교육관에 바탕을 두기 때문에, 교사가 규준참조평가에 기반하여 평가를 계획하고 실시할 경우, 경쟁을 통한 외재적인 동기 유발 전략을 따르게 되고, 학습자로 하여금 학습목표 자체에 대한 도달 보다는 동료와의 비교에 의한 우월성 증명에 치중하게 만들 수 있다. 규준참조평가는 학생들을 분류하고, 선별하고, 배치하기 위한 목적의 시험이나 검사에서 주로 채택된다.

준거참조평가와 규준참조평가는 평가에서의 기본 가정, 목적, 결과를 활용하는 방식, 평가 대상 및 방법등에서 강조점이 다르므로, 이 두 가지 방식 중에서 어느 것이 더 좋고 나쁘다는 평가를 하는 것은 적절하지 않다. 즉 이 두 가지 방식은 양자택일의 방식으로 접근하기 보다는 평가의 목적 및 상황에 따라 어떤 방식에 더 적절한지를 고려하여 선택하는 것이 바람직하다. 준거참조평가와 규준참조평가의 차이를 표로 제시한다. 이 표는 권대훈(2008), 성태제(2009), 이승희(2006), 김대현과 김석우(2005)가 제시한 내용을 종합하여 재정리한 황정규 외(2011)의 내용을 인용한 것이다.

표 2-1 준거참조평가와 규준참조평가의 비교

구분	준거참조평가	규준참조평가
기본가정	발달적 교육관	선발적 교육관
평가목적	개인 수행수준 평가, 목표 도달-미도달 분류	규준에 따른 상대적 비교, 서열 또는 순위 판정
결과활용	자격 부여	분류, 선발, 배치
평가대상	구체적이고 한정된 영역	일반적이고 포괄적인 영역
평가방법	개인 수행수준 사정, 분류	집단 내의 상대적 위치 비교
측정도구	내용타당도 중시	신뢰도 중시
점수예시	백분율 점수(%)	백분위(등수, 등급)
장점	학습성과에 부합하는 평가 가능, 경쟁 완화	광범위한 영역의 지식과 기능 평가 가능, 개인차 변별
단점	수행수준 설정 어려움, 일반적인 지식이나 기능 측정 곤란	교수 학습 개선 정보 얻기 어려움, 낮은 성적 취득자 반드시 발생, 경쟁 심화
강조점	특정 영역의 성취수준	상대적인 서열
교육신념	완전학습(부적편포), 개인차 극대화하지 않음	개인차 인정(정규분포 가정), 개인차 극대화
비교대상	준거와 피험자	개인과 개인(피험자 간)

4 진단평가, 형성평가, 총괄평가

진단평가, 형성평가, 총괄평가는 평가의 시기와 목적에 따라 분류한 것이다. 평가를 언제, 어떤 목적에서 실시하는 것이 적절한지 살펴본다.

진단평가(diagnostic evaluation)는 학습장애의 원인 및 진단은 물론 어떤 단원의 학습을 위해 수업 전에 학습자가 반드시 알아야 하는 기본적인 지식이나 기능(skills)을 갖추고 있는지를 점검하려는 목적에서 실시하는 평가를 의미한다. 진단평가의 결과는 교사가 가르칠 내용의 범위와 수준을 계획하는 데 도움이 되는 정보를 제공해준다.

형성평가(formative evaluation)는 수업 중에 교육 활동이 계획한 대로 잘 진행되고 있는지를 점검하고 적절히 대응하기 위한 목적에서 실시하는 평가를 말한다. 즉 형성평가는 교수·학습 과정 중에 이루어지는 평가이며, 학생들이 가르치고 배우는 내용을 얼마나 잘 이해하고 학습을 잘 진행하고 있는지를 수시로 점검하고, 학습자들의 능력, 태도, 학습

방법 등을 확인함으로써 교육과정과 수업을 개선하는 데 기여할 수 있다.

총괄평가(summative evaluation)는 총합평가라고도 하는데, 교수·학습이 완료된 후에 교수목표의 달성 여부 및 정도를 종합적으로 확인하려는 목적에서 실시하는 평가이다. 총괄평가를 위한 평가 도구는 교육목표를 기준으로 결정되고, 총괄평가의 결과는 교육적 의사결정을 하고 교육적 가치를 판단하는 데 활용된다.

이상의 진단평가, 형성평가, 총괄평가의 특성을 비교하면 〈표 2-2〉와 같다.

표 2-2 진단평가, 형성평가, 총괄평가 비교

평가 / 유형특징	진단평가	형성평가	총괄평가
평가 목적	• 학습결손의 진단 • 학습준비도 확인	• 학습과제 성취여부 결정, • 교수방법 개선	• 학업성적 판정, • 자격부여
평가 시기	• 수업 전, 수업 초기	• 수업 중	• 학기, 학년말
평가 기준	• 절대평가 • (상대평가 혼용)	• 절대평가	• 절대평가 및 상대평가
평가 대상	• 학습준비도	• 학습과제 수행 과정	• 학습과제 수행 결과
활용도	• 수업전개시 정보 제공	• 수업의 즉각적인 개선	• 학생 및 학부모에게 학업성취 결과 통보

5 양적 평가와 질적 평가

양적 평가와 질적 평가는 수집된 자료의 특성과 분석하는 방법에 따른 분류이다. 양적 평가(quantative evaluation)는 수량화된 자료나 증거를 토대로 평가 대상을 기술하고 분석하는 평가 방법을 뜻한다. 양적 평가에 근거한 측정과 평가는 평가자의 주관성을 극복할 수 있는 유효한 수단으로 간주되며, 통일된 기준과 체계적인 절차에 따라 객관적이고 타당하며 신뢰로운 결과를 수치로 산출하고자 한다. 양적 평가에서는 측정을 통한 수량화가 반드시 필요하며, 측정의 신뢰도를 강조하고, 검증 결과의 일반화 가능성을 중시한다.

반면에 질적 평가(qualitative evaluation)는 양적 평가에서 배제하는 평가의 주관적인 측면과 수량화하기가 힘들거나 수량화할 수 없는 인간의 정의적 특성에 대한 평가를 위하여 고안된 평가 방법이다. 교육에서 중요한 정의적 특성들, 예를 들면 학습자의 교과 학습에 대한 흥미, 동기, 적성, 가치관, 태도, 자아 개념 등은 수량화하기 어려운 면이 있다. 학생에 관련된 다양한 정보나 자료들 중에서도 양적 평가보다 질적 평가가 더 유효한 대상들이 있다. 학생이 쓴 글, 학생이 만든 작품, 친구들과 주로 하는 대화의 내용, 평소에 어울리는 친구들의 특성 등은 학생의 정의적 특성을 파악하는 데 도움이 되는 질적 자료들이다.

질적 평가의 특징은 다음과 같다(황정규, 1998). 첫째, 질적 평가는 전체적인 관점을 갖는다. 어떤 현상이나 상황을 부분으로 쪼개는 것이 아니라 전체로서 이해하려고 한다는 것이다. 둘째, 질적 평가는 귀납적이다. 평가 대상이나 상황에 대해 어떤 기대나 선입견을 가지고 임하는 것이 아니라 있는 그대로 보려고 하므로 귀납적인 방법을 사용한다. 셋째, 질적 평가에서는 자연주의적인 탐구(naturalistic inquiry)를 하려고 한다. 평가자는 평가 대상이나 상황에 어떤 조작을 가해 영향을 미치려고 하는 것이 아니라 있는 그대로의 상황에서 평가하려고 한다.

질적 평가는 평가 과정의 맥락을 중시하며, 대상의 총체적인 특성을 파악하려는 목적에서 실시된다. 질적 평가에서는 평가자의 주관성을 완전히 배제할 수 없다는 점을 인정하면서, 상호주관성이라는 개념으로 평가의 신뢰성과 타당성을 확보하고자 한다. 질적 평가는 양적 평가에 비해 평가 대상을 심층적으로 이해하고 종합적인 평가가 가능하다는 장점이 있다. 반면 질적 평가에서는 평가자의 주관이 개입될 소지가 많아서 객관성과 신뢰성을 확보하기가 어렵다는 것이 단점이다. 평가 결과를 일반화하기도 어렵다.

다음의 표는 양적 평가와 질적 평가의 차이를 비교한 것이다(진영은 외, 2002; 김석우 외, 2021).

표 2-3 양적 평가와 질적 평가 특성 비교

구분	양적 평가	질적 평가
평가의 목적	일반성 강조	특수성 강조
탐구 방법	경험적·실증적 탐구	현상적·해석적 탐구
강조점	신뢰도	타당도
주관과 객관	객관성 강조	상호주관적 이해 강조
논리	연역법	귀납법
부분과 전체 관계	구성요소 분석에 노력	통합된 전체 이해 강조
자료 수집 방법	실험, 질문지	심층면담, 참여관찰
평가 방법	독립변인 및 종속변인의 엄격한 통제	교수 학습 과정에서 일어나는 자연스러운 맥락 파악

6 준거참조기반 성취평가제

1) 성취평가제의 의미

준거참조평가 기반 성취평가제는 국가 교육과정에 근거한 교과목별 성취기준과 성취수준을 기반으로 학생의 학업성취 수준을 평가하는 제도이다. 준거참조평가는 학생이 얻은 점수나 평가결과를 '준거'라고 부르는 절대적 기준을 참조하여 학생의 성취 정도를 판단하는 평가를 말한다(부재율·정민수, 2020). 성취평가제는 상대적 서열에 따라 '누가 더 잘했는지'를 평가하는 것이 아니라 '학생이 무엇을 어느 정도 성취하였는지'를 평가하는 제도로, 교육과정에 근거하여 교과목별 성취기준에 도달한 정도로 학생의 학업 성취수준(A-B-C-D-E, A-B-C, P)을 평가하는 제도이다(교육부, 2000).

우리나라에서는 2011년에 성취평가제를 도입했다. 성취평가제 도입은 학교교육의 평가 방식이 학생들 간의 서열 중심의 평가(규준참조평가, 상대평가)에서 학생들이 성취해야 할 목표(성취기준) 중심의 평가(준거참조평가, 성취평가)로 전환되었음을 의미한다. 성취평가제를 과거에 제7차 교육과정 시기에 적용되었던 절대평가제와 비교해 볼 때, 학습목표에 도달한 정도를 평가한다는 점에서 두 평가제도는 공통점이 있지만, 성취평가제에서는 평가의 준거가 되는 성취기준과 성취수준을 명시하고 이에 근거하여 학생들의 성취 정도를 평정한다는 점에서 다르다고 할 수 있다.

상대평가 _ 비교집단 내의 상대적인 서열 비교

성취평가 _ 성취기준에 도달한 정도 판단

그림 2-1 성취평가제의 의미

2) 성취평가제 도입 배경

교육부에서는 성취평가제 도입의 배경을 다음과 같이 제시하고 있다(교육부, 2000).

- 글로벌 지식기반사회에서 요구되는 창의력과 인성을 겸비한 인재 육성에 적합한 교수·학습방법과 평가제도 확립이 시급히 필요해짐에 따라 아래와 같은 교육환경의 변화가 일어나고 있다.
- 창의·인성교육 활성화에 초점을 둔 학생 중심의 2009 개정 교육과정이 도입됨에 따라 학생의 적성과 소질, 진로에 따른 교육과정 편성 운영이 강조됨
- 교과교실제 확대, 2014학년도까지 모든 중·고등학교에 진로진학 상담교사 배치와 같은 수준별·맞춤형 교육 여건이 조성되고 있음
- 학생의 잠재력, 적성과 소질, 환경 등을 종합적으로 고려하여 학생을 선발하는 '자기주도 학습전형 및 입학담당관제(고입)', '입학사정관제(대입)' 등을 효과적으로 뒷받침하도록 중· 고등학교 학습평가 제도의 개선이 필요
- 1~2점 차이로 석차(중학교)나 등급(9등급제, 고등학교)이 달라지는 기존의 상대평가 체제에서는 지나친 경쟁으로 인해 학생들이 과중한 학업 스트레스를 받고, 자신의 적성과 진로에 맞는 교과목을 선택하기보다 석차에 유리한 과목을 선택하는 등의 문제가 있어 중·고등학교의 학습 평가방법이 개선되어야 한다는 필요성이 제기됨

이러한 교육환경의 변화와 개선의 필요성에 의해 2011년 당시 교육과학기술부(현 교육부)는 「중등학교 학사관리 선진화 방안(2011.12.13.)」을 발표했으며, 그 핵심 내용이 창의 인성 수업 모델과 조화를 이룰 수 있는 성취평가제의 도입이라고 밝히고 있다. 2012학년도 1학년부터 중학교와 특성화고·마이스터고 전문교과에 성취평가제가 적용되었고, 2014학년도부터는 모든 고등학교의 보통교과에 성취평가제가 적용되고 있다.

3) 성취평가제에서의 성취기준과 평가기준의 의미

최근 우리나라의 2015 및 2022 개정 국가 교육과정에서는 평가 기준에 관련된 용어의 변화가 있다. 국가 교육과정에 따른 성취기준을 평가 준거 성취기준이라고 부르는데, '평가 준거 성취기준'이라는 용어를 도입하게 된 이유는 '교육과정 문서상의 성취기준'과 '평가 상황에 활용하기 위해 재구성한 성취기준'을 분명하게 구분하여 교육과정 사용자들 사이의 의사소통에서 혼란을 초래하지 않기 위해서이다. 이에 따라 개별 성취기준 달성 정도는 '평가 기준'으로, 단원 및 영역별 성취기준 달성 정도는 '성취수준'으로 용어를 바꾸어 사용하고 있다.

2022 개정 교육과정 총론에 의하면, 교육과정에서 성취기준은 "영역별 내용 요소(지식·이해, 과정·기능, 가치·태도)를 학습한 결과로 학생이 궁극적으로 할 수 있거나 할 수 있기를 기대하는 도달점을 의미한다. 성취기준은 학생이 학습해야 할 내용과 교사가 가르치고 평가해야 할 내용의 실질적인 근거가 된다. 성취평가제에서 성취기준은 각 교과목에서 학생들이 학습을 통해 성취해야 할 지식, 기능, 태도의 특성을 기술한 것으로, 교수 학습 및 평가의 실질적인 근거가 된다. 성취기준은 교육과정의 학교 현장 적합성과 활용도를 제고하는 차원에서, 학생이 무엇을 공부하고 성취해야 하는지, 교사가 무엇을 가르치고 평가해야 하는지에 관한 보다 실질적인 지침을 제공하기 위해 교육과정을 재진술한 것이다.

평가기준은 성취기준에 근거를 둔다. 교사는 성취기준을 바탕으로 수업을 하고, 학습자가 그 성취기준을 달성했는지를 평가해야 한다. 각각의 성취기준에는 그 도달 정도를 확인할 수 있는 평가기준이 필요하다. 한국교육과정평가원의 국가교육과정정보센터에서 각 교과별 성취기준과 평가기준을 확인할 수 있다. 2015 개정 교육과정에 따르면, 평가기준은 교육과정 성취기준에 도달한 정도를 상/중/하로 나누어 진술한 것을 의미한다. 평가기준은 평가 활동에서 학생들이 어느 정도의 수준에 도달했는지를 판단하기 위한 실질적인 기준 역할을 할 수 있도록 각 성취기준에 도달한 정도를 상/중/하로 구분하고 각 도달 정도에 속한 학생들이 무엇을 알고 있고, 할 수 있는지를 기술한 것이다. [그림 2-2]는 교육과정에서의 성취기준과 교수·학습(수업) 및 평가와의 관계를 표현한 것이다.

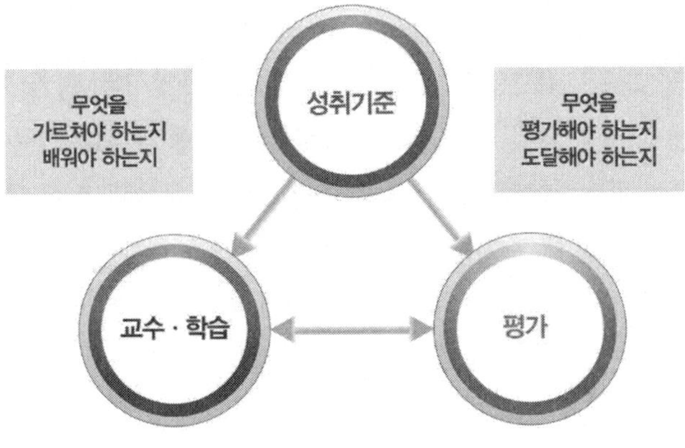

그림 2-2 성취기준과 교수·학습 및 평가와의 관계

교과목별 성취기준은 수업의 근거로 활용할 수 있다. 각 학교에서는 교과별로 연간 및 매 차시 수업 계획을 수립할 때, 교과목별 성취기준에 근거하여 학습목표를 설정하고, 교수·학습 방법을 설계하며, 학생들이 학습목표에 도달하도록 수업을 운영해야 한다. 또한 교과목별 성취기준은 평가로 근거로 활용해야 한다. 각 학교에서는 교과목별 성취기준에 근거하여 평가 계획을 수립하고, 평가도구를 제작해야 한다. 따라서 성취기준 도달 정도를 잘 측정할 수 있는 평가도구 개발이 매우 중요하다. 개별 학생의 학업성취 정도를 학생 및 학부모에게 구체적으로 설명하고자 할 때 또는 학교생활기록부 교과학습발달상황의 세부능력 및 특기사항(체육·예술 교과는 특기사항)에 학업성취 정도에 대해 구체적으로 기록하고자 할 때, 교과목별 성취기준에 근거하여 설명하거나 기록할 수 있다.

4) 성취평가제에서의 평가방법

(1) 성취도 산출

성취평가제에서의 성취도 산출은 평가기준에 따른 성취수준에 따라 이루어진다. 성취평가제에서의 성취 수준은 기준성취율에 의해 나누어지고, 그 기준성취율이 성취수준의 준거로 표현된다. 기준성취율은 학생들이 성취목표에 도달한 정도에 따라 성취도를 구분하기 위한 기준이다. 기준성취율과 원점수에 따라 평정하는 과목별 성취도는 [그림 2-3]과 같다.

일반교과	
성취율	성취도
90 % 이상	A
80 % 이상 ~ 90 % 미만	B
70 % 이상 ~ 80 % 미만	C
60 % 이상 ~ 70 % 미만	D
60 % 미만	E

체육, 예술 교과	
성취율(원점수)	성취도
80 % 이상 ~ 100 %	A
60 % 이상 ~ 80 % 미만	B
60 % 미만	C

그림 2-3 교과목별 기준성취율

학교에서는 매 학기말에 지필평가와 수행평가의 환산점수를 합산한 후 성취도를 산출한다. 원점수는 지필평가 및 수행평가의 반영비율 환산점수 합계(소수 셋째 자리까지 산출함)를 소수 첫째 자리에서 반올림하여 정수로 기록한다. 100점 만점으로 환산된 학기말의 원점수는 성취율과 동일한 의미를 갖는다(한국교육과정평가원, 2012). 〈표 2-4〉는 원점수 및 성취도를 산출하는 방법을 예시한 것이다.

표 2-4 원점수 및 성취도 산출방법 예시

이름	1차지필 (35%)	2차지필 (40%)	수행1 (10%)	수행2 (15%)	환산점수 합계	원점수	성취도
홍길동	91.1	86.4	95.5	90	89.495	89	B
홍길순	93.4	84.4	97	89	89.500	90	A

출처: 한국교육과정평가원(2012).

(2) 분할점수

준거참조평가 기반의 성취평가제에서 성취수준은 기준성취율과 분할점수에 의해 결정된다. 성취평가제에서 기준성취율과 성취수준에 대한 준거는 추상적이기 때문에 실제로 몇 점이 어떤 수준에 해당되는지를 명확하게 가리켜주지 못한다. 성취평가제에서 성취기준에 근거하여 학생들의 성취수준을 평가하기 위해서는 성취율에 따른 분할점수의 설정이 중요하다.

분할점수(cut-off score)는 평가에 의하여 학생들의 성취 혹은 수행 정도의 차이를 구별하기 위해 둘 이상의 범주 혹은 집단으로 분류하는 준거에 해당하는 평가척도상의 점수이다(손민정 외, 2015). 분할점수를 결정하는 준거 설정방법에는 앙고프(Angoff) 방법, 북마크(bookmark) 방법, 에벨(Ebel) 방법 등이 있다. 각각을 간략히 설명하면, 앙고프 방법은 피험자들을 중심으로 문항정답률을 통해 준거를 설정하는 방법이며, 북마크 방법은 문항반응이론에 따라 검사 문항에 대한 분석을 한 후 이를 바탕으로 준거를 설정하는 방법이다. 에벨 방법은 문항난이도와 적절성에 따라 문항을 범주화한 후 문항범주에 따라서 예상정답률을 추정하는 과정을 통해 준거를 설정하는 방법이다. 현재 우리나라의 고등학교 성취평가제 보통교과에서 적용하고 있는 단위학교 산출 분할점수인 변동분할점수 설정방법은 '에벨 방법'에 근거를 두고 있다(손민정 외, 2015).

성취평가제에서는 학기초에 마련된 성취기준의 도달 정도를 측정하는 평가도구를 개발해야 하는데, 학교마다 평가도구가 다르므로, 단위학교 수준에서 개발된 평가도구에 따른 성취수준을 설정할 필요가 있다. 성취수준 설정은 학생들의 성적을 평정하기 위해서 각각의 성취수준을 구분하는 분할점수를 산출하는 과정이다. 분할점수의 방식은 '고정분할점수'와 '변동분할점수' 두 가지로 나뉜다. 고정분할점수는 각 성취수준을 분할하는 점수가 90점/80점/70점/60점으로 고정되어 적용되는 방식이고, 변동분할점수는 단위학교의 교육과정 및 교과목 특성 혹은 학생 수준에 따라 성취수준별 분할점수를 다르게 할 수 있는 단위학교 산출 분할점수 방식이다. 주의할 점은 성취평가제에서 고정분할점수 방식을 사용하든 변동분할점수 방식을 사용하든 상관없이 성취도를 구분하는 기준성취율은 동일하다는 것이다.

성취수준별 분할점수를 결정할 때 중학교에서는 90점/80점/70점/60점으로 '고정분할점수'를 적용한다. 고등학교에서는 교과협의회에서의 결정에 따라 고정분할점수 또는 변동분할점수를 선택하여 적용한다. 현재 고등학교 성취평가제 보통교과에서 단위학교 산출 분할점수인 변동분할점수를 적용할 경우 '성취평가 분할점수 산출 프로그램'을 활용하여 각 성취도에 맞는 분할점수를 찾아내 A/B/C/D/E 등급을 부여하고 있다. 따라서 분할점수를 산출하는 과정에서 교과담당 교사간에 학기 단위 성취수준기술 및 각 성취수준에서의 최소 능력 특성을 공동으로 검토하여 분할점수에 대한 합의를 도출하는 것이 중요하다. 그리고, 분할점수는 반드시 평가문항이 확정된 후 평가시행 이전에 산출하여 학생들에게 분명히 공지되어야 한다.

(3) 성취기준과 성취수준

성취기준(achievement standard 또는 performance standard)은 각 교과목에서 학생들이 학습을 통해 성취해야 할 지식, 기능, 태도의 특성을 진술한 것으로, 교육내용의 범위와 수준을 결정한다. 성취기준은 내용+행동의 형식으로 진술되어 있는데, 내용이란 학생들이 학습해야 할 특정 교과의 구체적인 세부 교과 내용을 의미하는 것이고, 행동이란 그 내용 영역에서 학생들이 학습한 뒤에 구체적으로 표현해보일 수 있는 능력의 특징을 의미한다. 성취수준(achievement level 또는 performance level)은 학생들이 교과별 성취기준에 도달한 정도를 몇 개의 수준으로 구분하고 각 수준에 속한 학생들이 무엇을 알고 할 수 있는가를 나타낸 것이다(김성숙 외, 2012). 성취평가제에서는 성취수준을 A-B-C-D-E(또는 A-B-C, P) 5개의 수준으로 구분한다. 그런데, 'A-B-C-D-E'의 성취수준이 학생들에게 부여될 때 그것이 가진 의미를 자세하게 설명할 필요가 있다. 이를 성취수준 특성 기술이라고 하는데, 하나의 기호(예를 들어, A)로 표현된 성취수준 명칭이 전달하고자 하는 의미를 보다 자세하게 설명한 것으로, 각 성취수준의 학생들에게 기대되는 구체적인 지식, 기술, 혹은 능력을 조작적으로 정의한 것이다.

표 2-5 학기 단위 성취수준 특성 기술

성취수준	설명
A	한 학기동안 학생들이 충실한 교수·학습 과정을 통해 성취하기를 기대하는 전체 성취수준에 대한 이해와 수행이 매우 우수한 수준
B	한 학기동안 학생들이 충실한 교수·학습 과정을 통해 성취하기를 기대하는 전체 성취수준에 대한 이해와 수행이 우수한 수준
C	한 학기동안 학생들이 충실한 교수·학습 과정을 통해 성취하기를 기대하는 전체 성취수준에 대한 이해와 수행이 보통 수준
D	한 학기동안 학생들이 충실한 교수·학습 과정을 통해 성취하기를 기대하는 전체 성취수준에 대한 이해와 수행이 다소 미흡한 수준
E	한 학기동안 학생들이 충실한 교수·학습 과정을 통해 성취하기를 기대하는 전체 성취수준에 대한 이해와 수행이 미흡한 수준

출처: 김경희 외, 2012.

성취평가제에서는 학생들이 성취기준에 도달할 수 있도록 돕는 교수·학습과 이를 학생들이 얼마나 잘 학습했는가를 정확하게 평가하고, 그 결과를 학생의 성장 및 교수·학습 개선을 위해 활용하는 것이 매우 중요하다. 성취평가제는 준거참조평가와 마찬가지로 다른 학생들의 성취도나 학급 전체의 평균 또는 석차를 비교하지 않는다.

학교에서는 교과별 협의회를 통해 국가 교육과정에서 제시하고 있는 교과목별 성취기준과 성취수준을 검토하고, 이를 그대로 사용하거나 학교 및 교육과정 운영 특성에 맞도록 재구성하여 사용할 수 있다. 성취기준과 성취수준을 재구성할 때 교육과정의 내용과 범위를 벗어나지 않도록 유의해야 한다. 〈표 2-6〉은 국가 교육과정에서 제시하고 있는 고등학교 통합사회의 '산업화·도시화' 단원과 관련된 성취기준과 성취수준을 예시한 것이다.

표 2-6 고등학교 통합사회 성취기준과 성취수준 예시

성취기준		[10통사03-01] 산업화, 도시화로 인해 나타난 생활공간과 생활양식의 변화 양상을 조사하고, 이에 따른 문제점을 해결하기 위한 방안을 제안한다.
성취 수준	A	산업화와 도시화, 교통·통신의 발달과 정보화로 인해 나타난 생활공간과 생활양식의 변화 양상을 보여주는 사례를 조사하여 논리적으로 분석하고, 이에 따른 문제점을 해결하기 위한 구체적인 실천 방안을 다양한 측면에서 제안할 수 있다. 이와 관련지어 자신이 거주하는 지역에 나타난 공간 변화와 이에 따른 문제점을 분석하고, 구체적인 해결방안을 다양한 측면에서 제안할 수 있다.
	B	산업화와 도시화, 교통·통신의 발달과 정보화로 인해 나타난 생활공간과 생활양식의 변화 양상을 보여주는 사례를 조사하고, 이에 따른 문제점을 해결하기 위한 구체적인 실천 방안을 제안할 수 있다. 이와 관련지어 자신이 거주하는 지역에 나타난 공간 변화와 이에 따른 문제점을 설명하고, 구체적인 해결 방안을 제안할 수 있다.
	C	산업화와 도시화, 교통·통신의 발달과 정보화로 인해 나타난 생활공간과 생활양식의 변화 양상을 보여주는 사례를 조사하고, 이에 따른 문제점을 해결하기 위한 실천 방안을 제안할 수 있다. 이와 관련지어 자신이 거주하는 지역에도 공간 변화와 이에 따른 문제점이 발생하고 있음을 알고, 해결 방안을 제안할 수 있다.
	D	산업화와 도시화, 교통·통신의 발달과 정보화로 인해 나타난 생활공간과 생활양식의 변화가 나타나고 있음을 말할 수 있으며, 이에 따른 문제점을 해결하기 위한 실천 방안을 말할 수 있다. 이와 관련지어 자신이 거주하는 지역에도 공간 변화로 인해 문제점이 발생하고 있음을 설명할 수 있다.
	E	산업화와 도시화, 교통·통신의 발달과 정보화로 인해 생활공간과 생활양식에 변화가 나타나고 이에 따라 문제점이 발생하고 있음을 말할 수 있다. 이와 관련지어 자신이 거주하는 지역에도 공간 변화로 인해 문제점이 발생하고 있음을 인식할 수 있다.

(4) 고교학점제에서의 성취평가제

2025학년도에 고등학교 1학년 학생부터 적용되는 고교학점제에서 한 과목을 이수한다는 것은 수업시수의 최소 2/3 이상의 출석률과 과목에서 기대하는 성취 목표에서 최소 40% 이상의 학업성취율을 모두 충족했음을 의미한다. 이 때 학업 성취율 판단 근거로서 '최소 성취수준'은 각 과목의 교수·학습이 끝났을 때 학생들이 성취하기를 기대하는 지식, 기능, 태도에 최소한으로 도달한 정도를 뜻한다. 즉, 교육목표에 비추어 학생이 알아야 할 것과 할 수 있는 것의 내용과 범위를 최소한으로 제시한 성취기준에 도달한 정도로서 성취율 40%에 도달한 상태를 말한다. 예를 들어, 과목 이수 기준으로서 학업 성취율을 과목에서 요구하는 성취 목표에 40% 이상을 충족한 경우로 볼 때, 최소 성취수준의 단계는 성취평가제를 기반으로 40% 이상~60% 미만으로 설정할 수 있다. 성취평가제를 근거로 현행 60% 미만인 E 수준에서 하한선을 40%로 두어, 40% 이상~60% 미만을 E 수준으로 재설정하고, A에서 E 수준까지 '이수'로 판정하고, 40% 미만인 경우는 '미이수'인 I(Incomplete) 수준으로 판정할 수 있다. 이와 같이 교사가 학생의 이수와 미이수 여부를 판단하려면, 이수로 판정할 수 있는 가장 낮은 단계인 40% 이상~60% 미만의 '최소 성취수준'을 이해하고 그 구간에 있는 학생들의 학업 특성을 다른 구간과 차별화하여 살필 줄 알아야 한다. 성취평가제에서는 국가 수준에서 교사가 학생들이 어떠한 성취수준에 도달했는가를 판단할 수 있도록 학업 성취율을 백분율로 제시하고 이에 해당하는 학생의 일반적 특성을 진술한다. 따라서 새롭게 재설정된 E 수준인 학업 성취율 40% 이상~60% 미만에 해당하는 학생의 일반적인 특성도 진술문으로 나타내어, 교사로 하여금 최소 성취수준을 판단할 수 있는 근거를 마련할 필요가 있다. 최소 성취수준은 크게 성취율 범위와 이에 대응하는 성취수준 진술문으로 구성되는데, 성취율 범위는 40% 이상~60% 미만으로 교과 공통으로 설정되어 있으므로, 40% 이상~60% 미만의 학업 성취율에 해당하는 학생들의 일반적 특성을 기술한 성취수준 진술문을 만들어야 한다. 최소 성취수준 진술문 개발은 현행 성취평가제에서 60% 미만인 E 수준을 40% 이상~60% 미만으로 재설정하여 이를 과목의 최소 성취수준으로 보고 이에 해당하는 학생의 일반적 특성을 근거로 해당 과목의 최소 성취 여부를 판단할 수 있도록 진술문을 만드는 것이다. 각 과목별 최소 성취수준 진술문을 개별 교사가 처음부터 만드는 데는 어려움이 있을 수 있으므로, 이러한 어려움을 덜어주고자 교육부에서는 한국교육과정평가원과 함께 국어, 수학, 영어 공통 과목에 대해 시범적으로 최소 성취수준 진술문을 개발하였다. 고교학점제에서는 최소 성취수준을 국가나 시·도 수준에서 교과 공통으로 설정할 수 있다. 현재 최소 성취수준 진술문이 개발되어 있는 국어, 수학, 영어 공통 과목 이외에 다른 과목에서 단위학교 차원에서 최소 성취수준을 설정하고자 한다면, 각 교과 교사들이 전문성을 바탕으로 단위학교 현실에 맞게 직접 최소 성취수준 진술문을 개발하고 운용할 수 있다.

(5) 성취평가제의 특징 및 장점

성취평가제의 특징 및 장점은 다음과 같다(박은아 외, 2013, p.22-23).

첫째, 성취평가제는 학생이 성취기준에 비추어 어느 정도 알고 할 수 있는지에 관심을 갖는다. 성취평가제는 상대평가처럼 학생들을 일렬로 성적 줄 세우기를 하는 것이 아니라, 사전에 설정된 준거에 비추어 학생들의 성취수준을 파악하고 도달한 성취 정도에 대한 정보를 제공한다. 현행 석차9등급제에서 평가 결과는 학생들의 상대적 서열에 대한 정보를 제공할 뿐 학생들의 성취 정도에 대한 정보는 제공하지 못한다. 그러나 성취평가제에서는 학기 초에 성취기준과 성취수준을 기반으로 하여 한 학기의 평가 계획이 수립되고, 성취기준을 반영한 평가가 시행됨으로써 평가 결과가 성취기준에 근거한 학생들의 성취 도달 정보를 제공하게 된다.

둘째, 교육과정에 근거한 성취기준, 교수·학습, 평가의 유기적 연계를 강조한다. 성취평가제에서의 평가는 성취기준 및 교수·학습과의 긴밀한 관계 속에서 이루어진다. 현행 석차 9등급제에서 수업은 일방적인 주입식으로 교과서의 진도를 나갈 뿐이지, 교육과정 및 성취기준을 반영한 수업이 이루어지지 않는다. 교육과정은 사문서화 되다시피 하여 교과서 집필자만이 주로 교육과정을 반영하여 집필할 뿐, 교사들은 실제 수업 현장에서 교육과정을 참고하거나 반영하지 않고, 교육과정이 반영된 교과서대로 수업 진도를 나가면 그만이었다. 성취평가제에서는 성취기준에 근거한 수업 계획이 이루어지고, 학생들의 성취기준 도달을 돕고 지속적으로 모니터링하는 교수·학습을 실시하고, 성취기준을 반영한 평가의 결과가 학생들의 성취수준에 대한 정보를 제공하고 교수·학습에 대한 피드백을 제공하는 순환적 과정을 중요하게 생각한다.

셋째, 성취평가제는 학습 개선을 위한 평가 결과 활용과 학생, 학부모와의 의사소통을 중요하게 생각한다. 성취평가제에서 평가의 결과는 대학 입학 자료 등 선발만을 위한 자료로서 보다는 학생들의 학습 성취 결과에 대한 구체적인 정보를 제공하여 학생들의 학습 성장을 돕는 정보 제공의 목적을 더 강조한다. 평가 결과는 학생에 대한 피드백 자료가 될 뿐만 아니라 교사의 수업 개선을 위한 피드백 자료가 된다. 즉, 학생들의 성취 정도에 대한 정보를 제공하는 평가 결과를 활용하여 교사들은 어떤 성취기준 달성에 있어 학생들이 어려움을 겪고 있는지, 특히 성취수준이 낮은 학생들이 어떤 학습의 어려움을 가지고 있는지 파악하고, 이 정보를 기존 교수·학습 방법을 개선하고 향후 교수·학습 방법을 계획할 때 활용할 수 있다.

(6) 성취평가제 운영 내실화를 위한 지원 방향

성취평가제라는 새로운 평가제도가 중등학교 현장에서 내실화 있게 운영되기 위해서는 국가 및 시·도 교육청 차원의 다양한 지원이 필요하다. 관련 연구에 따르면, 단위학교에서의 성취평가제 운영의 내실화를 도모하기 위해 성취평가제 운영 지원, 교사의 성취평가제 역량 강화, 성취평가제 운영을 위한 교사지원시스템 구축이라는 3가지 방향에서 지원이 종합적으로 이루어져야 한다(박은아 외, 2013). 단위학교 성취평가제 운영 지원 측면에서는 운영 매뉴얼, 성취기준에 근거한 교수·학습 및 평가 문항 개발 방법 및 단위 학교의 컨설팅 장학 지원이 필요하다. 교사의 역량 강화와 관련해서는 교사의 교수·학습 및 평가 역량 강화를 위한 집중연수 실시 및 온라인 연수 이수 의무화, 성취평가제 현장지원단의 역량 강화를 통해 일선 학교 교사들의 역량 강화 지원이 필요하다. 성취평가제의 효율적 운영을 위해서는 교사가 알아야 하는 성취기준·성취수준 및 수준 설정 방법 등에 대한 이해도를 높이고, 개발된 각종 자료들을 교사들이 쉽게 활용할 수 있도록 지원하는 교사지원시스템 구축이 필요하다.

제 3 장 인지적 특성의 평가

1. 인지적 특성의 의미
2. 인지적 특성의 교육목표 분류
3. 인지적 특성의 평가 문항 개발
4. 인지적 특성 평가문항 제작에서의 유의사항

교육평가의 탐구 ❶
교육평가의 내연

제 3 장 인지적 특성의 평가

1 인지적 특성의 의미

다른 동물들과 구별되는 인간만의 독특한 특성이 있을까? 인간의 관점에서 본다면, 그것은 바로 인지능력(認知能力, cognitive abillity)이다. 인지(cognition)란 심리학 용어로, 매우 단순한 것부터 복잡한 것에 이르기까지 모든 종류의 과업들을 수행하기 위해 필요한 뇌 기반의 지식과 기술을 획득하는 능력을 말한다. 인지는 인간이 외부의 어떤 자극을 수용하고, 저장하고, 인출하는 일련의 정신적 과정을 거친다는 의미를 포함하고 있으며, 인지 과정에서 지각, 기억, 이해, 상상, 판단, 추론 등 다양한 정신 능력들이 활용된다. 인지능력을 구성하는 요소로는 지능, 사고력, 이해력, 기억력, 논리력 등을 들 수 있는데, 교육을 인간 행동의 계획적 변화로 정의할 때, 변화의 내용이 인지능력에 관련된다고 볼 수 있다. 즉, 어떤 사람이 교육을 통해 인지능력을 습득하거나 향상되었다면 교육을 받은 결과라고 볼 수 있다.

이 장에서는 이러한 인지적 능력을 어떻게 평가할 것인지를 다룬다. 인지는 크게 지각(perception), 기억(memory), 사고(thinking)를 영역으로 한다. 지각, 관심, 주의집중, 관찰, 분류, 해석, 추론, 소통, 상상, 의사결정, 문제해결, 창조 등이 인지의 과정 혹은 영역으로 포함된다. 인지영역을 세분화 하기도 하지만, 각 영역들이 명확하게 구분된다고 보기는 어려우며, 인지의 복잡하고 다양한 측면을 구별하여 정의하는 것이다.

교육평가는 대체로 인지적인 문제를 해결하는 것과 관련되어 있다. 인지적 특성에 대한 평가는 교육목표에 진술되어 있는 학습내용을 기억하고, 이해하고, 추론하는 것과 같은 사고 작용을 통해 획득해야 하는 지적인 학습목표의 달성 여부와 정도를 측정하고 평가하는 것을 의미한다. 교육평가학자 Bloom과 그의 동료들은 인간의 행동 특성을 인지적 영역, 정의적 영역, 심동적 영역으로로 분류하고, 각각을 세분화 함으로써 교육과정, 교수이론, 교육평가 분야에 커다란 영향을 미쳤다.

2 인지적 특성의 교육목표 분류

교육평가학자 Bloom과 그의 동료들(1956)은 유명한 책 「교육목표분류학(Taxonomy of educational objectives: The classification of educational goals)」에서 인지적 행동의 목표를 크게 지식(knowledge)과 지적 기능(intellectual skills)으로 분류하고, 후자의 지적 기능 속에 이해(comprehension), 적용(application), 분석(analysis), 종합(synthesis), 평가(evaluation)의 다섯 가지 인지 능력을 포함시켰다. 최근에는 Anderson & Krathwohl(2001)이 블룸의 교육목표분류학을 수정·보완하여 교수, 학습, 평가를 위한 새로운 분류를 제안했다.

1) Bloom의 교육목표 분류의 위계

Bloom은 복잡성의 원칙에 따라 교육목표 분류의 위계를 설정하였다. 복잡성의 원칙이란 인지 영역의 행동 목표를 단순히 나열하는 것이 아니라 요구되는 인지 능력 및 작용으로 보아 가장 단순한 것에서부터 복잡한 것의 순서로 조직하는 원칙을 말한다. 따라서 인지적 행동의 학습 과정에서도 가장 학습하기 쉬운 것에서부터 출발하여 가장 학습하기 어려운 단계로까지 나아가는 것을 원칙으로 한다.

표 3-1 Bloom의 교육목표 분류의 위계

1.0 지식
- 1.10 특수사상에 관한 지식
- 1.20 특수사상을 다루는 방법과 수단에 관한 지식
- 1.30 보편적 및 추상적 사상에 관한 지식

2.0 이해
- 2.10 번역
- 2.20 해석
- 2.30 추론

3.0 적용

4.0 분석
- 4.10 요소의 분석
- 4.20 관계의 분석
- 4.30 조직원리의 분석

5.0 종합
- 5.10 독특한 의사전달 자료의 창조
- 5.20 조작에 필요한 계획 및 절차의 창안
- 5.30 추상관계의 도출

6.0 평가
- 6.10 내적 증거에 의한 판단
- 6.20 외적 증거에 의한 판단

지식(knowledge)은 가장 낮은 수준의 목표로 사실, 인명, 개념, 공식, 법칙, 이론 등을 기억하는 행동을 말한다. 이해(comprehension)는 학습내용의 의미를 파악하는 수준의 목표로 한 문장을 외국어 문장으로 번역하거나, 그래프를 해석하거나, 문맥의 흐름에 따라 다음에 서술될 내용을 추론하는 수준의 목표를 말한다. 적용(application)은 학습할 내용을 이해하여 실제 문제를 해결하는 수준의 목표를 말한다. 분석(analysis)은 복잡한 사상이나 아이디어의 구조를 파악하는 수준의 목표를 말한다. 종합(synthesis)은 새로운 산물이나 절차를 만들어내는 수준의 목표를 말한다. 평가(evaluation)는 일정한 기준에 따라 어떤 대상의 가치를 판단하는 수준의 목표를 말한다.

[그림 3-1]은 블룸이 교육목표로 제시한 인지적 영역의 여섯 가지 사고과정의 위계를 표현한 것이다. 이 여섯가지 사고 과정은 별개의 순수한 사고 과정이 아니라 누가적이고 복합적이며 위계적인 성질을 지니고 있다(김석우 외, 2021). 즉, 어떤 사상(물건, 현상, 사실, 법칙, 원리, 기술)에 관한 최소한의 지식을 기억하고 있지 않으면 그 사상과 관련된

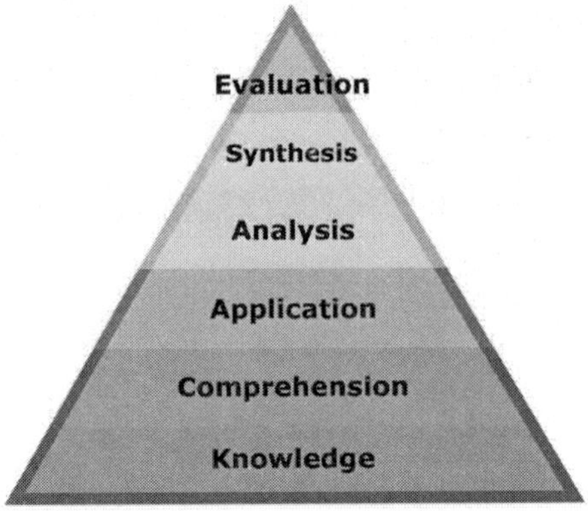

그림 3-1 블룸의 교육목표 분류의 위계

개념이나 법칙을 이해할 수 없고, 어떤 사상에 관한 사상들을 종합하려고 하면 그에 필요한 최소한의 지식과 함께 그 사상을 이해, 적용, 분석하는 능력을 갖추어야 한다. 누가적이라는 것은 여섯 가지 사고 과정이 가장 단순한 차원인 지식에서부터 시작하여 가장 높은 차원인 평가에까지 쌓여져 간다는 뜻이다. 복합적이라는 것은 여섯 가지 사고 과정은 상위 과정이 하위 과정들을 포함한다는 의미이다. 예를 들어, 적용이 가능하기 위해서는 지식과 이해가 필요하다는 것이다. 위계적이라는 말은 아래는 맨 아래 지식은 단순한 능력이지만, 위로 갈수록 좀 더 복잡하고 고등한 정신능력이라는 뜻이다. 블룸의 교육목표 분류에서 평가를 가장 고차원의 정신능력으로 보고 있다는 점이 특징이다.

이와 같이 인지적 영역을 여섯 가지로 세분화하는 것이 좋다고 볼 수도 있겠지만, 조금 복잡하고 정확하게 분류하기 어렵다면, 활용하기 어려울 수도 있겠다. 그래서 이 위계를 좀 더 단순화해서 지식, 이해, 적용이라는 세 가지 유목을 범주로 사용하고, 적용에 분석, 종합, 평가를 포함시키는 방법을 사용하기도 한다.

(2) 인지적 교육목표의 평가 문항

① 지식(knowledge)

블룸은 지식을 '학생들이 교육과정 속에서 경험한 아이디어나 현상을 기억했다가 재생 또는 재인할 수 있는 것을 의미한다. 아이디어나 현상을 처음 접했던 것과 매우 비슷한 형태로 기억하는 것이 지식이다'라고 정의하였다. 지식은 쓸모없는 사실을 암기하는 데 그치는 것이 아니다. 중요한 정보의 획득과 기억은 교육이나 학습의 기초 요건이다. 한 교과의 학습이 끝나면 거기에서 배웠던 중요한 사실이나 법칙, 원리에 관한 지식이 획득되기를 기대한다. 교사가 궁극적으로 기대하는 것은 문제해결력, 사고력, 비판력과 같은 고등정신능력에 있지만 그것은 진공상태에서 획득되는 것이 아니라 반드시 그 선수조건으로서 지식 획득의 양과 질에 달려 있다.

지식은 이미 배운 내용을 기억(memory)하는 것을 의미한다. 그러나 이 때의 기억은 단순한 기계적 암기를 뜻하는 것이 아니며, 주어진 문제사태에 대해 개인이 가지고 있는 지식이나 정보를 연결해 주는 적절한 단서를 얻도록 문제를 재조직할 것을 요구한다. 잘 조직되고 상호 관련지어진 지식은 고립된 특수한 지식보다 더 잘 학습되고 오랫동안 유지된다. 학교교육의 기본 목표는 바로 이러한 기능적 지식, 활용가능한 지식을 교육하는 것이다.

좋은 지식 문항이 되기 위해서는 두 가지 특징을 갖추어야 한다. 첫째, 학습상황에서 경험한 수준과 대단히 유사한 정확성, 변별성의 정도를 유지해야 한다. 학습상황에서 배운 수준 이상의 것을 요구하는 문항은 지식 이상의 능력을 요구할 가능성이 크다. 둘째, 문항장면이 학생에게 전혀 새로운 것이어서는 안 된다. 이 특징은 적용과 분석을 검사하는 문항의 특징과는 상반되는 것이다. 적용 능력을 평가하는 문항은 문항 장면 자체가 전혀 새로운 것, 학생이 접하지 못한 자료일 것이 요구되지만, 지식 문항은 문항 장면이 배운 내용과 같거나 유사해야 한다. 〈표 3-2〉는 지식 문항을 예시한 것이다.

표 3-2 지식 영역의 문항 예시

영역	문항 예시
지식	1. 조선시대 제7대 임금의 이름은 ________이다. 2. 기체의 온도, 압력, 부피의 관계를 나타내는 법칙을 적으시오. 3. 자극을 전달하기만 하고 다른 일을 못하는 세포는 어떤 세포인가? ① 근육세포 ② 내분비세포 ③ 연골세포 ④ 상피세포

② 이해(comprehension)

지식은 그것 자체만으로는 별 소용이 없고, 지식을 사용할 때 의미가 있다. 이같이 지식의 사용이라는 시각에서 볼 때 중요한 능력이 바로 이해 혹은 이해력이다. 사고 과정의 순서로 보면 이해력이 먼저 이고, 참다운 지식은 그 결과로 얻어지는 것으로도 볼 수 있다. 그러므로 이해력이란 '이해한다'라는 과정과 그 소산으로서의 '결과'라는 양면적 측면을 가지고 있으나, 보다 강조점을 두는 것은 이해의 과정에 있다.

Bloom은 이해를 '학생이 의사 전달을 받게 되면 전달되는 내용을 알게 되고, 또 거기에 포함된 자료나 아이디어를 이용할 수 있는 능력'으로 규정하고 의사소통의 방법은 언어 형태 뿐만 아니라 포괄적인 기호 형태를 모두 포함하는 것으로 보았다. 이해는 사실이나 사물의 의미를 이해하는 것으로, 이미 배운 내용의 의미를 파악하는 능력을 뜻한다. 우리가 접하게 되는 문제 상태는 여러 가지 내부 관계와 맥락을 포함하고 있는 복잡한 것이다. 이 속에는 여러 가지 요인이 포함되어 있으며, 이것들은 서로 상호 관계를 맺고 있다. 이같은 상태를 이해한다는 것은 이러한 숨겨진 내부 관계, 상호 관계를 다른 형태로 바꿀 수 있다는 뜻이 되며, 이해하지 못한다는 것은 그것을 다른 형태로 바꿀 수 있는 능력이 없다는 것으로 해석할 수 있다.

지식과 이해를 포함해서 편의상 하등정신기능(lower mental process)이라고 부른다. 하등정신기능은 기억력, 상기력에 의존하고 있고, 사고 과정이나 능력이 크게 작용하지 않는다. 이러한 측면에서 이해라는 개념을 한 개의 포괄적인 정신능력으로 인식하기 보다, 그것이 무엇을 의미하는지 조작적 개념으로 이해하는 것이 보다 의미가 있다.

Bloom은 '교육목표분류학'에서 이해력의 목표를 수준에 따라 번역(translation), 해석(interpretation), 추론(extrapolation)의 세 가지로 나누고 있다.

첫째, 번역이란 이미 알고 있는 개념이나 의미 전달의 매체를 다른 언어로 표현하거나 혹은 하나의 상징 형태에서 다른 상징 형태로 변환시키는 능력을 말한다. 예를 들어, 물가를 나타내고 있는 도표를 보고 그것을 언어로 표현하거나 도표 속에 내용을 말로 표현하는 것이 이해의 예라고 할 수 있다.

둘째, 해석은 주어진 자료를 아이디어의 구성체로 보고 이들 간의 관계를 알고, 중요한 정보와 중요하지 않은 정보를 식별해 낼 수 있는 능력을 말한다. 예컨대, 도표에 있는 여러 가지 자료의 부분을 함께 실제 사건에 관련시키는 능력을 해석의 예라고 할 수 있다.

셋째, 추론은 의사소통 자료에서 주어진 경향, 추세, 조건들을 해독하고 '이것을 넘어서' 그 결과를 추측하거나 시간, 도표, 화제를 넘어서 지각하는 능력을 말한다. 예를 들면, 물가변동 현상을 나타낸 도표에서 이 시기 다음에는 어떤 사태가 일어날 것인가를 추측하는 것이 추론에 해당하는 능력이다.

이 세가지 능력은 서로 밀접하게 관련되어 있다. 때에 따라서는 이것을 분명하게 식별할 수 있는 문제사태가 있지만, 대개 식별하기 어려운 경우가 많다.

표 3-3 이해 영역의 문항 예시

영역	문항 예시
이해	1. 이번 시간에 많이 다룬 용어가 다음과 같은 것이었다. 가설, 이론, 과학적 법칙, 과학적 태도, 각각의 용어에 대해 자기말로 두 줄로 설명하고, 일상생활에서 들 수 있는 예가 있으면 제시하라.

출처: 황정규, 1998. p.408

이해를 평가하는 문항은 학습 상황에서 다룬 자료와 똑같을 필요는 없다. 그러나 사용하는 언어, 상징기호, 복잡성, 내용 등에서는 비슷한 성질을 띠어야 한다. 번역 문항은 번역할 의사소통 자료 사이의 관계 뿐 아니라 요소를 포함하고 있어야 하며, 해석 문항은 전체 자료 속의 요소 사이의 관계를 알 수 있도록 해야 하며, 추론 문항은 번역, 해석을 포함하면서 주어진 자료를 넘어서서 묻는 형식이 되어야 한다.

③ 적용(application)

적용 혹은 적용력은 특수한 사태, 구체적 사태에 추상 개념을 사용하는 능력을 뜻한다. 추상 개념 속에는 일반적인 아이디어, 절차의 법칙, 일반화된 방법이 포함된다. 이해는 학생들이 배운 것을 실제로 해 보라고 '구체적'으로 지시했을 때, 그것을 정확히 나타낼 수 있을 정도로 추상 개념을 충분히 알고 있는 것을 말하는 것이며, 적용은 새로운 문제사태가 주어졌을 때, 어떤 추상개념이 정확한 것이냐의 지시 없이도, 또 그것을 어떻게 새로운 사태에 응용할 것인가에 대한 시범을 보지 않고도 적절한 추상 개념을 사용할 수 있는 능력을 의미한다.

적용에 포함되는 행동은 크게 두 가지로 나눌 수 있다. 첫째, 어떤 사태에 적용해야 할 가능한 설명이나 예측을 하기 위해 법칙, 원리, 추상 개념, 절차를 끌어들이는 능력으로서 응용력이라고도 한다. 둘째, 법칙과 타당한 논리적 추리를 통해 위에서 끌어들인 법칙이나 예측을 정당화시키는 능력으로서 문제해결력이라고도 한다.

지식과 이해는 기억력과 상기력을 토대로 과거의 경험을 확인하고 재구성하는 것이라면, 적용력은 미지의 장면을 예언, 예측하는 능력이라고 할 수 있다. 적용력은 지식이나 이해력의 경우처럼 쉽게 망각되는 능력이 아니라 비교적 지속성이 있다. 적용력은 전이능력(transfer ability)이라고 볼 수 있으며, 전이가 높은 사고 과정은 비교적 오래 지속되는 것이 특징이다.

적용력은 '새로운 문제나 사태에 원리나 일반화의 법칙을 응용하는 능력'이라고 정의할 수 있다. 적용에는 세 가지 요소가 포함된다. 첫째, 새로운 문제나 사태의 개념이 무엇이냐는 것이다. 주어진 문제나 사태가 학습에서 전혀 다루지 않은 것일 때, 적용하려는 원리나 일반화의 법칙을 배운 대로가 아니라 변경시켜야만 해답이 가능할 때 그것을 새로운 문제, 새로운 사태라고 할 수 있다. 둘째, 원리와 일반화의 법칙이라는 개념이 무엇이며, 그것이 적용능력에 어떤 의미를 갖는가라는 질문이다. 어느 교과이건 중요한 원리와 일반화의 법칙이 포함되어 있다. 이같은 원리나 일반화의 법칙을 알고 응용할 수 있다는 것은 복잡한 현상을 간결하게 표현하고 설명, 예측할 수 있는 도구를 제공한다. 셋째, '적용하는 능력(ability to apply)'의 개념이 무엇이냐는 질문이다. 이것은 적절한 훈련, 연습, 도움을 받아 학생이 새로운 문제나 사태에 이용할 수 있는 능력을 의미한다.

적용력을 평가하기 위해서는 주어지는 문제사태가 새롭고 독창성이 있어야 한다. 학습사태에서 이미 접해 보았던 문제상태로는 지식이나 이해력 이상의 능력을 평가하기 힘들다. 그러므로 적용력을 평가하기 위해서는 문항상태의 표본을 교과서나 다루었던 자료 밖에서 구할 필요가 있다. 이를 위해서는 문항이 가상적인 상태로 제시되거나, 학생들이 아직 접한 적이 없는 자료를 대상으로 하거나, 이미 학생들이 접해 본 자료이긴 하지만 전혀 새로운 측면에서 묻는 사태여야 한다. 그러나 새로운 문항 상태를 만들기 위해 지나치게 비현실적이거나 괴상한 것이어서는 곤란하다. 즉, 그럴 수 있는 문항 상태여야 한다.

표 3-4 적용 문항의 예시

영역	문항 예시
적용	1. 만약 어떤 액체에 가열하고 있는 냄비의 뚜껑을 자주 열면 그 액체는 늦게 끓는다. 왜냐하면 ____________. 밑줄 친 부분에 들어가기 적절한 내용을 고르시오. ① 만약 압력을 증가시키면 고온에서 물이 끓기 때문이다. ② 수증기를 빠져 나가게 하는 것이 액체에서 열을 빼앗아 가기 때문이다. ③ 수증기의 온도는 정상온도에서 그 체적에 비례하기 때문이다. ④ 공기를 들어가게 하면 액체에 압력을 증가시키기 때문이다.

출처: 황정규, 1998. p.414의 내용에서 일부 수정.

④ 분석(analysis)

분석 또는 분석력이란 주어진 자료를 구성 부분으로 분해하고 부분간의 관계와 그것이 조직되어 있는 방법을 발견하는 능력이다. 가설과 사실을 식별하는 능력, 결론과 주장의 분석, 결론을 지지하는 증거를 찾아내는 능력, 관계있는 자료와 관계없는 자료를 식별하는 능력, 주제와 부제를 식별하는 능력 등이 모두 분석력에 해당한다. 분석력은 지식, 이해, 적용의 세 가지 능력을 모두 이용하는 능력이면서 그 이상의 능력이 포함된 정신작용으로 볼 수 있다. 분석력은 이해나 적용의 한 단계 위에 위치하면서 동시에 다음에 나올 종합력이나 평가력의 전제가 되는 정신과정이다.

분석력은 자료에 나타난 현상 이면에 잠재해 있는 현상, 고안, 아이디어, 조직 등을 찾아내는 능력이기 때문에 고도의 지적 발달을 요구하는 능력이라고 볼 수 있다. 분석력 이후의 종합력, 평가력은 적용력과 마찬가지로 새로운 문제, 새로운 사태라야 한다는 조건이 필수적이다.

Bloom은 분석의 목표를 크게 세 가지로 분류하였다. 첫째, 문제의 요소를 분석하는 능력이다. 이것은 의사전달 자료의 저자가 의도하는 가정, 가치, 관점을 분석하여 특정한 진술문의 성질이나 기능을 결정하는 능력을 가리킨다. 둘째, 요소와 요소 사이의 관계, 부분과 부분 사이의 관계를 찾아내는 능력이다. 가설과 증거 사이의 관계, 가정과 주장의 식별, 인과관계, 계열성이 있는 관계 등을 분석하는 능력이 이에 포함된다. 이 속에는 논리적 관계도 포함된다. 셋째, 자료의 구성 원리를 분석하는 능력이다. 이같은 능력은 조직, 체계적 배열, 구조를 분석하는 능력이다.

표 3-5 분석 문항의 예시

영역	문항 예시
분석	1. 다음의 진술문 및 결론을 읽고 그에 대한 비판 중 어느 것이 옳은지를 고르시오. 진술문: 만약 완전한 경쟁이 존재한다면 생산품 가격은 필연적으로 판매 가격을 균일화시킨다는 것이 사실이다. 그러나 완전한 경쟁이란 존재하지 않았고, 또 존재하지 않으며, 또 미래에도 존재하지 않을 것이다. 결론: 생산품 가격은 판매가격을 균일화시키지 못한다. 비판: ① 결론은 논리적으로 타당하다. ② 완전한 경쟁이 존재하지 않았고, 또 존재하지 않을 것이라는 것을 확인할 수는 없다. ③ 완전한 경쟁이 생산품 가격으로 하여금 판매가격을 균일화시키는 유일한 조건이라는 전제가 진술되어 있지 않다. ④ '만약'이라는 조건이 붙은 주장에서 어떤 확실한 결론을 끌어낼 수는 없다. ⑤ 주장은 그럴 듯하나 중요한 오류를 내포하고 있다.

출처: 황정규, 1998. p.417.

⑤ 종합(synthesis)

종합 또는 종합력은 여러 개의 요소나 부분을 전체로서 하나가 되도록 묶는 방법, 능력을 의미한다. 이 능력은 한 경험의 부분들을 새롭고 잘 통합된 전체로 구성된 새로운 자료로 창안하는 능력이다. 종합력은 창의력(creativity)과 유사한 능력이다. 심리학자 길포드(Guilford, 1959)는 창의력을 발산적 사고(divergent thinking)라고 개념화하고, 이것을 수렴적 사고(convergent thinking)와 대비하였다. 수렴적 사고는 문제에 대한 대답이 이미 결정된 것, 고정된 사고를 말하며, 발산적 사고는 그 대답이 결정되지 않고 자유롭게 반응하는 사고를 가리킨다. 종합력도 발산적 사고와 마찬가지로 학생에게 문제에 대한 독특한 반응을 요구하고, 평가자는 그 반응을 정답에 의해서가 아니라 학생이 반응한 과정, 결과의 질, 종합을 하는 데 제시하는 증거나 논쟁의 질적 가치에 의해 판단하게 된다. 종합력과 발산적 사고 간에는 유사점이 있기는 하지만 완전히 동일한 것은 아니다. 왜냐하면 종합력은 완전한 창의적인 표현이 아니라 어떤 특정한 자료, 어떤 이론 및 방법의 한계 내에서 표현하는 능력이기 때문이다.

창의력은 대개 어떤 분야에서 거의 완벽하거나 성숙의 경지에 이른 사람들의 특징으로 간주되고 있다. 마찬가지로 교수목표로서의 종합력도 학습에서 고도의 성취를 보인 학생만이 나타낼 수 있는 능력으로 볼 수 있다. 즉, 지식, 이해, 적용, 분석의 능력이 제대로 갖추어진 학생에게만 기대할 수 있는 능력이다. 우리의 교육이 지나치게 기존의 것, 관습적인 정답, 경직된 해결방법을 강조하고 있다는 점에서, 이같은 종합력은 새로운 창조, 비범의 허용, 독특한 개인적 사고를 허용하는 능력이라는 점에서 적극 권장되고 개발시켜야 할 능력이다.

종합력의 목표는 세 가지로 분류할 수 있다. 첫째, 독특한 의사소통의 창안능력이다. 이것은 저자가 다른 사람에게 자신의 아이디어, 감정, 관계, 경험 등을 전달하려는 의사소통 방법의 개발과 관련이 있다. 의사소통의 형태는 언어가 될 수도 있고, 그림, 음악, 수학, 도형, 영상 등 무엇이든지 될 수 있다. 둘째, 조작의 계획 및 절차의 창안 능력이다. 이것은 어떤 조작 및 작동을 할 때 필요한 계획 및 절차를 창안하고 고안해 내는 능력을 포함한다. 셋째, 추상관계의 추출능력이다. 이것은 특정 자료나 현상을 분류하고 설명하기 위한 추상관계를 개발하는 능력을 포함한다. 이 속에는 상징적 표현양식에서 명제를 끌어내는 능력을 포함한다.

표 3-6 분석 문항의 예시

영역	문항 예시
종합	1. 여러분이 지금부터 몇 백년 후를 여행하면서 한국의 문화를 연구한다고 상상하라. 그 때 대부분의 영향력 있고 명예로운 자리를 여성이 차지하고 있는 것을 발견했다고 하자. 그 때 상관에게 물으니 지능, 친절, 창조적 일을 위한 존경심 등이 필요한 인간특성인데, 이러한 능력에서 여성이 남성보다 훨씬 월등하다는 이야기를 들었다. 이런 것을 가정했을 때 위와 같은 변화 이외의 어떤 중요한 변화가 발생할 것인지에 관해 논하시오(논문형 문항).

출처: 황정규, 1998. p.420.

⑥ 평가(evaluation)

평가 또는 평가력은 판단력, 비판력이라고도 할 수 있는 것으로, '어떤 목적을 갖고 아이디어, 작품, 방법, 소재 등에 관해 가치판단을 하는 능력'이다. 평가력에는 어떤 특정 사상이 얼마나 정확하고 효과적이며, 경제적이고, 만족할 만한가를 검정하는 준거와 표준을 활용하는 능력도 포함된다. 또한 판단을 질적일 수도 있고 양적일 수도 있다.

평가력은 이전의 지식, 이해, 적용, 분석, 종합, 평가 보다 복잡성이 더한 능력이다. 이전의 능력들을 모두 학습한 후에 학습할 수 있는 능력으로 볼 수있다. 그러나 다른 능력에서도 정도의 차이는 있지만 은연 중에 평가의 능력이 작용한다. 평가력에는 상당 부분 정의적 요소가 포함되어 있다. 즉 개인이 지니고 있는 의견, 가치, 정서, 주장 등 정의적 요소가 평가력을 구성한다. 그러나 개인의 기호(嗜好)에 의한 선호와 합리적, 논리적 타당성을 모색하는 평가능력은 구별되어야 한다.

평가력의 교수목표는 현대 사회에서 대단히 중요한 목표이다. 현대 사회 속에서는 고도의 복잡한 개인적, 사회적, 국가적 문제에 직면해야 할 때가 많다. 이같은 문제에 부딪혔을 때 개인이 활용해야 할 주된 정신기능은 평가력이다. 어느 것이 무엇에 비추어 옳고 그른가를 신속하고 정확하게 판단해야 할 필요가 있다. 평가의 목표는 두가지로 나눌 수 있다. 첫째, 내적 준거에 의한 판단이다. 이것은 의사소통의 정확성과 일관성이라는 내적 준거에 의해 판단하는 능력이다. 둘째, 외적 준거에 의한 판단이다. 이것은 설정된 준거에 비추어 자료, 사물, 정책 등을 판단하는 능력이다. 이같은 준거는 학생 스스로가 만들 수도 있고, 혹은 관련된 분야의 전문가들이 형성한 준거를 사용할 수도 있다.

표 3-7 평가 문항의 예시

영역	문항 예시
평가	※ 최근 뉴스에서 제시된 환경 보호 대책 중 가장 효과적인 것을 선택하고, 그 타당성을 밝히시오.

출처: 경기도 교육청(2024), 논술형 평가 운영 도움자료, p.13.

2) Anderson & Krathwohl의 인지적 특성의 교육목표 분류

(1) Bloom의 교육목표분류학의 문제점

Bloom의 교육목표분류학은 세계 각국의 교육목표를 체계적으로 분류하고 교육과정을 개발하며 수업을 전개하고 평가하는 데 지대한 영향을 미쳤으나, 다음과 같은 문제점을 안고 있다(권대훈, 2005).

내용과 행동을 구분하고 있으나, 양자는 본질적으로 구분할 수 없다.

- 인간의 행동은 전체적인 성질을 가지고 있기 때문에 분리가 불가능한데도 교육목표분류학에서는 인지적 영역, 정의적 영역, 심동적 영역을 인위적으로 분리하여 다루고 있다.
- 인지적 영역은 관찰할 수 있는 행동으로부터 추론해야 하는 내재적 과정에 주안을 두고 있다. 그 결과 예컨대, 학생들이 종합력을 획득했는가는 학생의 작문으로부터 추론해야 한다. 그런데 학생이 단순히 글을 암기한 경우 추론이 오류를 범할 가능성이 있다.
- 인지적 영역에 속하는 여섯 개의 행동이 복잡성의 수준에 따라 위계를 이룬다는 가정은 인간의 인지과정을 지나치게 단순화시키고 있다. 실제 연구에서도 위계적 순서가 다르게 나타나는 경우가 다수 보고되고 있다.
- 인지적 영역의 여섯 개의 하위유목이 학교교육에서 다루어야 할 인지과정을 모두 포괄하지 못하고 있다.
- 형식교과에서는 행동을 쓰기, 읽기, 말하기, 듣기 등과 같은 경험적 영역으로 분류하고 있는데, 그러한 교과에 교육목표분류학을 적절하게 적용하기 어렵다.

교육목표분류학의 인지적 영역은 관찰할 수 있는 행동이 아니라 내재적 행동에 주안을 두고 있을 뿐만 아니라 특정 수업목표나 문항이 여러 수준의 행동을 동시에 포함할 수도 있기 때문에, 실제 상황에서 수업목표나 평가문항이 여섯 개의 유목 중 어느 것에 해당되는지 분류하기가 쉽지 않다는 문제점이 있다. 이러한 문제점을 해결하기 위해 Horn(1972)은 Bloom의 분류학에 따라 수업목표를 효과적으로 분류하기 위한 알고리즘을 제안했다(권대훈, 2005, 재인용). 그에 따르면 하등정신과정에 관련된 목표에서는 내용과 문제가 구분되지 않는다. 예컨대, '식물의 구성성분을 열거한다'라는 목표의 경우 정답이 기억에 그대로 저장되어 있기 때문에 문제가 포함되어 있지 않다. 그렇지만 고등정신과정의 경우 문제가 일반적인 성격을 갖고 있어 구체적인 내용에 관련되지 않는다. 문제의 복잡성을 기준으로 하여 목표를 분류하기 위해 Horn이 제안한 알고리즘은 [그림 3-2]와 같다.

질문	응답	분류
내용과 문제를 구분할 수 있는가?	··· No →	지식
↓ 문제를 해결할 수 있는 정보를 모두 포함하고 있는가?	··· Yes →	이해력
↓ 문제를 해결하기 위해 별도의 정보를 활용해야 하는가?	··· Yes →	적용력
↓ 상황을 명확한 기준에 따라 검토해야 하는가?	··· Yes →	분석력
↓ 문제에 대한 여러 가지 해법이 가능한가?	··· Yes →	종합력

그림 3-2 Horn의 목표 분류 알고리즘

(2) 교수, 학습, 평가를 위한 교육목표 분류

Bloom은 1956년에 교육목표분류학을 발표하면서 교수목표를 설정할 때 내용과 행동 두 개의 영역으로 구분할 것을 제안하였다. 이것을 이원목적분류표라고 하는데, 이 분류법을 따르면 내용이 일차원적으로 제시되고 인지적 영역 안에서 포괄되고 있다. 즉, 이원목적인 내용영역과 행동영역에서 행동영역의 인지적 과정을 중심으로 6단계(지식, 이해, 적용, 분석, 종합, 평가)로 분류하고 있다.

교육목표분류학의 공동 저자였던 Krathwohl은 Bloom의 개념들이 실용적인 가치가 있다고 인정하면서, 이러한 가치를 살리는 한편, 내용영역을 보다 정교화하기 위해서

Anderson과 함께 교육목표분류학을 2001년에 개정하였다. 이들은 Bloom의 교육목표 분류를 수정·보완하여 교수, 학습, 평가를 위한 분류로 정리하였다. 새로운 분류의 특징은 분류의 차원을 '지식유형'과 '인지과정'으로 구분하고, 지식유형에 따른 인지과정을 교차하여 설명하고 있다는 점이다. Anderson & Krathwohl의 인지적 특성의 교육목표 분류를 정리하면 〈표 3-8〉과 같다.

표 3-8 Anderson & Krathwohl의 개정 교육목표 분류

인지과정 / 지식유형	기억하다	이해하다	적용하다	분석하다	평가하다	창안하다
사실적지식						
개념적지식						
절차적지식						
메타적지식						

출처: Anderson & Krathwohl(2001).

Anderson & Krathwohl이 개정한 교육목표분류학은 Bloom의 교육목표분류학과 비교했을 때, 네 가지 차이점이 있다.

첫째, 단일 차원의 분류 틀을 이차원의 분류 틀로 변경한 것이다. 지식내용 영역을 인지영역에서 분리하여 독립된 지식내용 차원을 설정하였다. 지식내용 영역을 구체성과 추상성의 정도를 기준으로 '사실지식', '개념지식', '절차지식', '메타지식' 등의 4차원으로 분류하였다.

둘째, 인지행동 영역을 정적인 명사적 개념에서 행위적인 동사 개념으로 전환한 것이다. 이전 분류에서 첫 단계인 지식의 위치에 기억이 아닌 '기억하다'로 교체하고, 이해, 적용, 분석을 '이해하다', '적용하다', '분석하다' 등으로 동사화하였다.

셋째, 종합과 평가의 위계를 바꾸면서 그 명칭도 '평가하다'와 '창안하다'로 수정하였다. 종합하는 과정에는 어떤 내적이고 외적인 기준에 의한 판단이 선행되는 것이 논리적이기 때문이다.

넷째, 일부 용어를 변경하였다. 이해(comprehension)를 '이해하다(understand)'로 바꾼 것은 '이해'보다 '이해하다'의 의미가 인지과정을 표현하는 데 적합하고, '이해'의 정의적 소극성을 극복할 수 있기 때문이다. 종합(synthesis)을 '창안하다(creat)'로 바꾼 이유는 교육목표를 서술하는 데 적합하고, 교사들의 일상적 의사소통에 효과적이기 때문이다.

표 3-9 개정된 교육목표 분류의 지식 유형

주요유형과 하위유형		예시
사실적 지식 학생들이 문제를 해결하고 교과에 통달하기 위해 알아야 할 기본적인 요소들에 대한 지식		
1-1	전문 용어에 대한 지식	전문용어, 음악부호 등
1-2	구체적 사실과 요소에 대한 지식	주요 자원, 신뢰로운 정보원 등
2. 개념적 지식 • 큰 틀 내에서의 기본적인 요소들 간의 관계에 대한 지식		
2-1	분류와 유목에 관한 지식	지질학 연대, 기업소유 형태 등
2-2	원리와 일반화에 대한 지식	피타고라스 정리, 수요와 공급 법칙 등
2-3	이론, 모형, 구조에 대한 지식	진화론, 의회조직 등
3. 절차적 지식 • 연구방법과 범주 등 절차에 대한 지식		
3-1	교과에 특수한 기능과 알고리즘에 대한 지식	수채화 그리는 기능, 정수 나눗셈 알고리즘 등
3-2	교과에 특수한 기법과 방법에 대한 지식	면접기법, 과학적 방법 등
3-3	적절한 절차의 사용 시점을 결정하기 위한 준거에 대한 지식	뉴턴이 제2법칙이 포함된 절차의 적용 시점을 결정하기 위한 준거, 사업비용 추정방법의 실현가능성을 판단하기 위한 준거 등
4. 메타적 지식 • 지식에 대한 지식으로 자신의 인식과 자신에 대한 지식		
4-1	전략적 지식	교재 단원의 구조를 파악하기 위한 수단으로서 개요를 작성하는 지식, 발견법 활용에 대한 지식 등
4-2	인지과제에 대한 지식	특정 교사가 실시하는 시험유형에 대한 지식, 과제의 인지적 요구에 대한 지식 등
4-3	자기 지식	논문을 비판하는 것은 강점이지만 논문을 작성하는 것은 개인적 약점이라는 지식, 자신의 지식 수준에 대한 인식 등

출처: Anderson & Krathwohl(2001), 김석우 외(2021)에서 재인용.

[그림 3-3]은 Bloom의 1956년의 위계와 Anderson & Krathwohl의 2001년의 위계 간의 차이를 표현한 것이다.

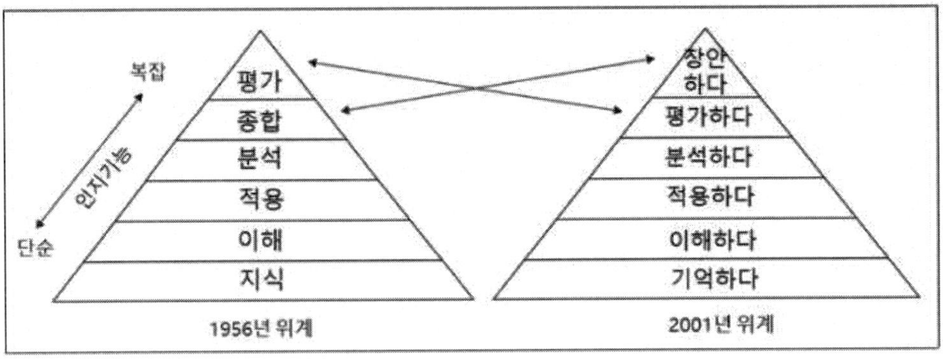

그림 3-3 교육목표분류학에서의 위계의 변화

(2) **개정 교육목표 분류의 평가 유형**

Anderson & Krathwohl이 2001년에 개정한 교육목표 분류는 교사의 교수목표와 학생의 학습목표 그리고 평가 목표를 설정하고, 활동을 설계하고, 교육과정과 수업 그리고 평가 간에 일관성을 확보하기 위한 의도에서 마련되었다. 지식 차원과 인지과정을 결합한 평가목표 분류로부터 평가유형을 설정하면 네 가지 평가유형으로, 즉 ① '사실지식'에 대한 평가유형, ② '개념 지식'에 대한 평가유형, ③ '절차 지식'에 대한 평가유형, ④ '메타 지식'에 대한 평가유형으로 분류할 수 있다.

① '사실지식'에 대한 평가유형

'사실지식(factual knowledge)'에 대한 평가 유형은 사실 지식과 여섯 가지 인지과정을 결합한 평가유형이다. 사실기억, 사실이해, 사실적용, 사실분석, 사실평가, 사실창안을 하위 유형으로 한다. 〈표 3-10〉은 '사실지식 평가유형'의 하위유형과 평가발문 예시이다.

표 3-10 사실지식 평가유형의 하위유형과 평가발문 예시

평가유형	내용 정의	평가발문 예시
사실기억	구체적 사실과 전문용어를 기억하는 유형	4분 음표를 그리시오.
사실이해	구체적 사실과 현상을 명료화하거나 바꾸어 표현하는 유형	주어진 문장을 영어로 번역하시오.
사실적용	구체적 사실과 현상을 특정한 상황에 시행하거나 사용하는 유형	36을 3으로 나누기 하시오.
사실분석	구체적 사실과 현상을 구별하거나 조직, 통합 또는 해체하는 유형	다음 조각들로 아파트를 조립하시오.
사실평가	구체적 사실과 현상을 판단하는 유형	두 물체 중 더 무거운 것은?
사실창안	구체적 사실과 용어를 만드는 유형	이 현상에 이름을 붙이면?

출처: 김석우 외(2021).

② '개념 지식'에 대한 평가유형

'개념 지식'에 대한 평가유형은 개념 지식과 여섯 가지 인지과정을 결합한 평가유형이다. 개념기억, 개념이해, 개념적용, 개념분석, 개념평가, 개념창안을 하위유형으로 한다. 교수목표와 학습목표의 측면에서 개념을 기억하고, 이해하고, 적용하는 것은 매우 중요하다.

표 3-11 개념지식 평가유형의 하위유형과 평가발문 예시

평가유형	내용 정의	평가발문 예시
개념기억	유목, 원리, 이론에 대한 지식을 기억하는 유형	지질학 연대를 순서대로 쓰시오.
개념이해	구체적 사실 및 현상간의 상호관계에 관한 지식을 명료화하거나 바꾸어 표현하는 유형	아래 자료에서 수요와 공급의 법칙을 추론하시오.
개념적용	구체적 사실 및 현상 간의 상호관계에 관한 지식을 특정 상황에 시행하거나 사용하는 유형	진화론을 교실환경에 적용하시오.
개념분석	구체적 사실 및 현상 간의 상호관계에 관한 지식을 변별하거나 조직, 통합 또는 해체하는 유형	암석들을 식별하시오.
개념평가	유목, 원리, 이론에 대한 지식을 준거에 따라 판단하는 유형	진화론을 비판하시오.
개념창안	유목, 원리, 이론에 대한 지식을 설계하고 구성하는 유형	수요와 공급에 관한 보고서를 계획하시오.

출처: 김석우 외(2021).

③ '절차 지식'에 대한 평가유형

'절차 지식'에 대한 평가유형은 절차 지식과 여섯 가지 인지과정을 결합한 평가유형이다. 절차기억, 절차이해, 절차적용, 절차분석, 절차평가, 절차창안을 하위 유형으로 한다. 평가목표 설정에 있어서 일반적으로 절차 지식은 '적용하기'와 가장 연관성이 높다. 절차 지식인 기능과 알고리즘은 정해진 순서를 따르고 결과는 한 가지로 수렴된다. 이러한 경우는 절차 지식이 집행하기와 연결된 것이다.

표 3-12 절차지식 평가유형의 하위유형과 평가발문 예시

평가유형	내용 정의	평가발문 예시
절차기억	알고리즘, 방법, 준거에 대한 지식을 기억하는 유형	설문조사의 순서를 말하시오.
절차이해	교과의 특수한 기능이나 사용준거에 관한 지식을 명료화하거나 바꾸어 표현하는 유형	나눗셈 알고리즘을 설명하시오.
절차적용	교과의 특수한 기능이나 사용준거에 관한 지식을 특정한 상황에 시행하거나 사용하는 유형	글의 의미를 파악하는 과정을 그림 이해에 사용하시오.
절차분석	교과의 특수한 기능이나 사용준거에 관한 지식을 구별하거나 조직, 통합 또는 해체하는 유형	글의 의미를 파악하는 과정을 조직화하시오.
절차평가	알고리즘, 방법, 준거에 대한 지식을 점검하고 판단하는 유형	연역법과 귀납법 중 어느 것이 주어진 문제해결에 더 적합한가?
절차창안	알고리즘, 방법, 준거에 대한 지식을 계획하고 산출하는 유형	바이러스가 창궐하는 현상을 설명하기 위해 가설을 설정하시오.

출처: 김석우 외(2021).

④ '메타 지식'에 대한 평가유형

'메타 지식'에 대한 평가유형은 메타 지식과 여섯 가지 인지과정을 결합한 평가유형이다. 메타기억, 메타이해, 메타적용, 메타분석, 메타평가, 메타창안을 하위 유형으로 한다. 평가목표 설정에 있어서 일반적으로 메타 지식은 심층적이고 고차적인 사고를 요구하는 인지과정인 '분석하기', '평가하기', '창안하기'와 많은 연관성이 있다. 메타 지식을 포함한 평가유형은 전략적 지식에서 일부를 제외하고는 하나의 '정답'을 요구하는 경우가 드물다. 메타 지식은 그 자체로 개인차나 관점의 차이가 나타난다. 메타지식을 포함한 평가유형은 다양성과 개방성을 중요한 요소로 삼고 있으므로, 메타 지식에 대한 평가는 지필

평가를 포함하여 발표, 토론, 수행평가 등 다양한 평가방법을 활용하는 것이 적절하다.

표 3-13 메타 지식 평가유형의 하위유형과 평가발문 예시

평가유형	내용 정의	평가발문 예시
메타기억	전략, 인지과제, 자기지식을 확인하거나 인출하는 유형	개요를 작성하는 방법을 기록하시오.
메타이해	전략, 인지과제, 자기지식을 추론 비교 이해하는 유형	자신이 작성한 환경보고서의 장단점을 요약하시오.
메타적용	전략, 인지과제, 자기지식을 활용하는 유형	인지전략을 컴퓨터학습에 적용하시오.
메타분석	전략, 인지과제, 자기지식을 구별, 조직, 분석하는 유형	수학시험의 유형 중에서 중요한 부분과 중요하지 않은 부분을 구분하시오.
메타평가	지식과 인지 전반에 대한 지식을 조정하고 판단하는 유형	수업의 목표와 평가가 일관성이 있는가?
메타창안	전략, 인지과제, 자기에 대한 지식을 설계, 구성, 창안하는 유형	자신에게 맞는 시험전략을 설계하시오.

출처: 김석우 외(2021).

지금까지 살펴본 Anderson & Krathwohl의 인지적 특성의 교육목표 분류를 잘 이해하고 활용한다면, 학생들의 고등정신능력을 기르는 데 효과가 있을 것으로 기대된다.

3 인지적 특성의 평가 문항 개발

학생의 인지적 특성을 타당하고 신뢰롭게 평가하기 위해서는 합리적 절차에 의해 문항과 검사도구를 제작해야 한다. 이 절에서는 성취평가제 실시에 따른 평가도구 개발의 원리와 절차에 대해 살펴본다.

준거참조기반 성취평가제는 국가 교육과정에 근거하여 개발된 교과목별 성취기준에 도달한 정도로 학생의 학업성취수준을 평가하는 제도이다. 성취기준은 각 교과목에서 학생들이 학습을 통해 성취해야 할 지식, 기능, 태도의 능력과 특성을 진술한 것으로 교사가 무엇을 가르쳐야 하는지, 학생이 무엇을 공부하고 성취해야 하는지에 대한 실질적인 지침을 제공한다. 그러므로 평가도구 개발 시 학생들의 성취기준의 도달 정도를 타당하고 신

뢰롭게 평가할 수 있도록 교수·학습 평가의 준거로 성취기준을 적절하게 활용해야 한다.

1) 평가도구 개발의 원리

성취평가제에 기초하여 학생의 인지적 특성을 평가하는 도구를 개발하는 기본 원리는 다음과 같다(최정순 외, 2014).

첫째, 성취기준 내용과 행동특성에 부합하는 문항을 출제한다.

둘째, 학기단위 성취수준 기술 내용을 토대로 학생의 성취도를 변별할 수 있는 문항을 구성한다.

셋째, 교사가 수업에서 가르친 성취기준에서 제시하고 있는 내용의 범위와 수준을 반영하여 성취 정도를 측정해야 하므로 수업한 내용 및 활동에 기반하여 문항을 개발한다.

넷째, 성취평가제의 목적은 학생들이 무엇을 알고, 무엇을 할 수 있는지에 대한 구체적인 분석을 통해 학생의 학습 향상에 필요한 정보를 제공하는 것이므로 단순 암기 위주의 문항 출제는 지양한다.

다섯째, 단지 변별도를 높이려는 목적으로 중요하지 않은 주변 내용과 관련된 문항을 출제하거나 인위적으로 소수점 배점을 하는 것을 지양한다.

2) 평가도구 개발의 절차

첫째, 평가계획과 교수·학습활동을 반영하여 출제계획을 수립한다. 평가계획에서 지필평가의 범위에 해당하는 성취기준 및 평가방법, 반영비율 등을 확인하고, 성취기준의 도달 정도를 평가할 수 있도록 문항의 내용과 유형, 문항의 수를 구체적으로 설정하여 평가도구 개발의 기본적인 틀을 마련한다. 그리고 각 평가문항에 해당하는 내용 영역, 성취기준, 난이도, 배점 등 문항정보표 초안을 작성한다. 문항정보표는 기존의 이원목적분류표에서 행동영역을 제외하고 개편한 양식이며, 문항을 제작하는 데 가장 핵심적인 사항이다. 문항정보표 양식에는 문항번호, 문항에 관련된 내용영역, 성취기준, 난이도(어려움, 보통, 쉬움), 배점, 정답 구분, 복수 구분 등이 표시되어 있으며, 선택형과 서답형 간에는 양식에 약간의 차이가 있다. 서답형은 선택형과 달리 정답을 직접 입력해야 한다. 한편, 2022년부터 성취평가제가 적용된 이후 「학교생활기록 작성 및 관리지침」(교육부훈령 제321호)에서 기존의 '이원목적분류표' 작성 의무화 규정이 삭제되었다. 그 대신 개정된 교육목표분류학에 따른 이원목적분류표가 사용되고 있다.

표 3-14 개정된 교육목표분류학에 따른 이원목적분류표

문항 번호	지식 유형	인지과정						난이도		
		기억하다	이해하다	적용하다	분석하다	평가하다	창안하다	상	중	하

둘째, 평가도구를 제작한다. 교수·학습 상황을 고려하여 지문과 자료를 구성하고, 성취기준에서 강조하는 내용 및 행동 요소를 측정하기에 적합한 평가유형으로 문항을 작성한다. 문항의 자료 및 발문 구성의 단순화, 복잡화, 그리고 문제해결을 위해 요구되는 지식과 기능 및 사고능력의 범위 등을 통해 난이도를 조정한다. 지필평가는 타당도와 신뢰도를 높일 수 있도록 출제하고, 평가의 영역, 내용 등을 포함한 문항정보표 등 출제계획을 작성하여 활용하며, 동일 교과 담당교사 간의 공동 출제를 한다(교육부훈령 제321호).

서술형 문항은 단순 암기 위주의 지식과 이해 보다는 고등사고능력을 측정할 수 있어야 하므로 이에 적합한 성취기준을 선택한다. 수행평가 문항은 학생들의 성취기준에 도달한 정도를 확인하기에 적절한 과제의 종류나 적절한 평가 상황을 선택한다. 특히 서술형과 수행평가 문항은 예시답안 및 채점기준표를 마련하는 것이 중요하다. 서술형 문항은 학생들의 응답 자유도가 높기 때문에 성취기준에 근거한 채점기준을 작성하며, 부분점수에 대한 명확한 기준을 마련한다. 수행평가는 수행과정에서 요구되는 구체적인 능력을 명시하여 성취기준에 도달한 정도를 평가할 수 있도록 채점기준을 마련한다.

셋째, 평가도구를 검토한다. 교과(학년)협의회 또는 출제진이 성취기준 도달을 측정하기에 적합한 평가문항인지 검토한다. 문항과 답지가 성취기준의 내용과 교육과정의 내용에 적합하게 출제되었는지, 성취기준의 중요도를 고려할 때 문항별 배점이 적절한지, 문항의 구성요소(발문, 답지, 자료 등)가 갖추어야 할 조건을 충족시키고 있는지 등을 검토한다. 수행평가의 경우 성취기준과 학생들의 활동을 연결할 수 있는 문항으로 구조화되어 있는지를 검토한다.

넷째, 평가도구를 확정한다. 평가범위에 해당하는 성취기준과 교육과정의 내용에 적합한 문항을 확정하고, 확정된 문항에 대해 문항정보표(또는 이원목적분류표)를 최종 작성한다.

4 인지적 특성 평가문항 제작에서의 유의사항

교육목표 도달 정도를 충실하게 확인할 수 있으면서, 타당도와 신뢰도, 객관도 등을 고루 갖춘 평가 문항을 제작하는 것은 상당히 어렵다. 따라서 평가자는 인지적 특성의 평가문항을 잘 제작하기 위해 지속적으로 노력해야 한다. 인지적 특성을 평가하는 문항을 제작할 때 유의해야 할 사항들은 다음과 같다(성태제, 2009).

첫째, 교육목표와 교육내용이 무엇인지 정확히 알아야 한다. 교육내용을 자세히 알지 못하면 좋은 문제를 제작하기가 어렵다. 그러므로 교육내용이 무엇이고 측정내용은 무엇인지 확실하게 알아야 한다.

둘째, 피험자의 독해력과 어휘력 수준을 고려해야 한다. 검사를 받을 피험자 집단의 어휘수준을 고려하여 문항을 제작해야 문항의 타당도를 높일 수 있다. 질문의 답을 알고 있음에도 불구하고 질문의 어휘수준이 너무 높아서 질문을 이해하지 못하여 문항의 답을 틀리게 되는 경우가 발생하지 않도록 해야 한다.

셋째, 문항 유형에 따른 특징, 장단점, 복잡성 등을 고려해야 한다. 문항 유형에 따라 측정하고자 하는 정신능력의 수준이 다를 수 있고, 문항 특성에 따라 적합한 문항 내용이 있다. 예를 들어, 단순암기능력을 측정하기 위해서는 역사적 사건과 연도, 작품과 작자 등을 포함하는 연결형 문항이 가장 바람직한 문항이라 할 수 있다.

넷째, 피험자에게 미칠 수 있는 부정적인 영향을 고려해야 한다. 이는 윤리적인 문제로서 평가 문항이 정의적인 행동특성에 어떤 영향을 미치는지를 고려해야 한다는 것이다. 그리고 출제한 문항이 학교현장에 어떤 영향을 주는지, 또는 학교외 사교육을 조장하지는 않는지, 또는 평가문항에 포함된 내용이 특정집단에 유리하거나 불리하지는 않은지 등을 유의해야 한다. 특히 지문내용 자체에 사실이 아닌 것이 나오는 오류가 없도록 해야 한다.

제 4 장 수행평가와 피드백

1. 수행평가의 의미와 필요성
2. 수행평가의 특징
3. 수행평가의 방법
4. 수행평가의 시행절차
5. 수행평가의 문제점
6. 수행평가에서의 피드백
7. 피드백의 유형

제 4 장 수행평가와 피드백

수행평가(performance evaluation)는 1997학년도부터 우리 학교현장에 본격적으로 적용되었다. 수행평가는 전통적인 선택형 시험이나 표준화검사의 대안으로 대두된 수행평가는 직접 평가, 참평가, 대안적 평가 등 다양한 명칭으로 표현되고 있다. 이 용어들 간에는 의미의 차이가 있으나, 선다형 시험의 대안으로 학습자의 수행에 대한 직접적인 평가를 강조한다는 공통점이 있다.

수행평가는 유구한 역사를 갖고 있는 평가방식이므로 새로운 평가방식은 아니다. 산업계에서는 직원들의 직무능력을 평가하기 위해 수행평가를 실시해 왔으며, 교사들도 학생들을 평가하기 위해 오래전부터 수행평가를 실시해 왔다. 수행평가는 전통적인 평가방식이 시대사회적인 상황의 요구로 인해 부활했다고 할 수 있다(권대훈, 2005).

수행평가의 부활에 가장 직접적인 영향을 미친 요인은 기존의 표준화학력검사에 대한 비판이다. 표준화학력검사에 대한 주요 비판점들을 몇 가지 제시하면, ① 교수-학습과정을 촉진하지 못하고, 진단적인 정보를 제공하지 못하며, 즉각적인 피드백을 제공할 수 없다, ② 집단의 성취도는 예언할 수 있지만 개개 학생의 수행을 제대로 예언할 수 없다, ③ 검사의 내용이 학교의 교육과정이나 수업내용과 일치하지 않는다, ④ 교육 프로그램이나 교육과정을 평가하는 데 부적합하다, ⑤ 학교의 교육과정을 지배하여 소위 '시험공부'를 유도한다, ⑥ 개인을 분류· 명명한다, ⑦ 일부 표준화검사(가치관검사, 태도검사)는 학생 개인 및 가족의 사생활을 침해할 소지가 있다, ⑧ 문화 및 사회적인 측면에서 편향되어 있다, ⑨ 우수한 학생이나 창의적인 학생에게 불리하게 작용할 수 있다, ⑩ 시험불안을 유발하여 검사결과를 왜곡시킨다, ⑪ 기껏해야 한정된 지식이나 기술을 피상적인 수준에서 측정한다, ⑫ 건전한 심리학 또는 교육이론에 근거하지 않고 있다, ⑬ 학교의 질을 높이거나 책무성을 고양할 수 없다 등이다. 표준화학력검사는 주로 선다형으로 제작되고 있으므로 이에 대한 비판은 선다형 시험에 대한 비판이라고 할 수 있다. 수행평가의 지지자들은 학교교육의 병폐가 선택형 시험에 기인한다고 본다. 이들에 따르면 선택형 시험은 기억력만 측정하고 있으며, 교수·학습 과정에 부정적인 영향을 주어 교육의 질을 저하시킨다는 것이다(권대훈, 2005).

이 장에서는 수행평가의 의미와 특징, 과정중심평가로서의 수행평가, 과정중심평가에서의 피드백 등을 살펴본다.

1 수행평가의 의미와 필요성

수행평가(performance evaluation)는 기존의 선다형 문항에 의한 평가의 한계를 극복하고자 하는 문제의식에서 비롯되었다. 수행평가는 학생 스스로가 자신의 지식이나 기능을 나타낼 수 있도록 산출물을 만들거나 행동으로 나타내거나, 답을 구성하도록 요구하는 평가 방식이라고 정의할 수 있다. 이때 수행(performance)이란 구체적인 상황에서 실제로 행동을 하는 과정이나 그 결과를 의미한다. 수행평가는 새로운 문제나 특정 과제를 해결하는 능력을 측정하기 위한 체계적인 시도로서, 실제 또는 모의 상황에서 학생들이 특정 산출물을 만들어내거나 구체적인 활동을 수행하게 함으로써 자신들의 능력을 직접적으로 나타내 보이는 반응들을 전문가인 평가자가 직접 관찰한 결과를 전문적으로 판단함으로써 이루어지는 평가이다.

수행평가는 문제의 정답에 반응하도록 요구하는 평가방식이 아니라 자신이 알고 있는 것을 글이나 행동으로 나타내도록 하는 평가방식이다. 그리고 교육의 결과뿐만 아니라 교육의 과정도 함께 중시하며, 인지적 영역뿐만 아니라 정의적 영역과 신체적 영역도 중시하는 전인적인 평가 방식이다. 학생의 현재 상황뿐만 아니라 학생의 발달 과정을 종합적으로 평가하는 것이며, 학생 각각에 대한 개별적인 평가와 함께 집단에 대한 평가를 중시하는 방식이다.

수행평가는 그 의미가 폭넓은 용어로서 학생들에게 답이나 산출물을 만들어내게 함으로써 그들의 지식이나 능력을 입증하도록 요구하는 전략들을 사용한다. 수행평가는 다양한 접근방식을 사용하고 있어서 여러 가지 용어와 혼용되고 있다. 대안적 평가(alternative evaluation), 실제적 평가(authentic evaluation), 포트폴리오평가(portfolio evaluation), 직접평가(direct evaluation)등이 사용되고 있다. 수행평가는 전통적인 선택형 문항 중심의 지필평가와 구별된다는 점에서 대안적 평가로, 수행 과제들이 실생활의 문제와 직접적으로 관련된다는 점에서 실제적 평가로 표현된다. 또한 장기간에 걸쳐 수집된 자료인 학생의 작품집이나 결과물 등을 이용하여 평가한다는 점에서 포트폴리오 평가라고도 불리며, 학생의 능력과 기술에 대한 증거를 관찰이나 면접에 의하여 직접적인 측정치로 확보한다는 점에서 직접평가라고 표현하기도 한다.

그런데, 수행평가는 왜 필요한 것인가? 첫째, 학생이 인지적으로 아는 것도 중요하지만, 아는 것으로만 끝나는 것이 아니라, 아는 것을 실제로 적용할 수 있어야 한다. 따라서 학생들이 아는 지식을 실제에 적용할 수 있는지의 여부를 파악하는 평가방식이 요구된다. 둘째, 현대사회는 다양한 개인적인 특성이나 상황이 중시되고 있기 때문에, 획일적인 표준화검사를 적용하기 어려운 시대이다. 따라서 이러한 개인의 특성이나 상황을 충분히 고려한 검사가 필요하다. 셋째, 현대의 교육은 학습자 개인에게 의미있는 학습활동이어야 하며, 교수·학습 목표와 평가내용을 보다 직접적으로 관련시켜야 한다. 개인에게 의미있는 학습활동과 목표와 연계된 평가내용은 학생들로 하여금 교수·학습 목표를 효율적으로 달성할 수 있도록 이끌어 줄 수 있다.

2 수행평가의 특징

인공지능(AI) 등 첨단 과학기술의 발전과 변화의 흐름 속에서 세계는 빠르게 변화하고 있다. 과학기술의 변화는 교육을 비롯해 정치, 경제, 문화 등 사회의 여러 부분들의 변화를 유발하고 있다. 교육평가에서도 결과지향적인 평가방식이 점차 과정지향적인 평가방식으로, 양적인 평가방식에서 질적인 평가방식으로, 실제적이고 직접적인 평가방식으로의 전환이 현재의 추세라고 볼 수 있다.

이러한 추세와 관련해서 수행평가의 특징은 다음과 같다(한국교육과정평가원, 2017).

첫째, 수행평가는 학생의 성장과정에 대한 지속적인 평가이다. 수행평가는 단편적인 영역에 대한 일회적인 평가 보다는 학생 개개인의 변화와 발달과정을 종합적으로 평가하기 위하여 지속적으로 이루어질 것을 강조한다.

둘째, 수행평가는 과정과 결과를 함께 평가한다. 수행평가는 교수·학습의 결과 뿐만 아니라 과정도 중시하는 평가로, 학생의 성장과 발달을 중시한다.

셋째, 수행평가는 의사소통·협업 등의 능력을 강화한다. 수행평가는 모둠활동 등을 통하여 의사소통과 협업 등의 능력을 강화시킬 수 있다.

넷째, 수행평가는 실제 상황과 유사한 맥락에서의 평가이다. 수행평가는 실제 발생할 수 있는 문제상황과 유사한 형태로 구성되어야 한다.

다섯째, 수행평가는 능동적인 학습활동을 유도한다. 수행평가는 학생들이 문제의 정답을 선택하는 것이 아니라 스스로 답을 구성하거나 행동으로 나타냄으로써 능동적인 학습활동을 유도한다.

여섯째, 수행평가는 정의적인 특성 평가를 통한 전인교육을 추구한다. 수행평가는 학생의 인지적인 영역 뿐만 아니라 정의적인 영역에 대한 종합적이고 전인적인 평가를 중시한다.

3 수행평가의 방법

많이 사용되고 있는 수행평가의 방법으로는 서술형 또는 논술형검사, 구술시험, 토론, 실기시험, 실험·실습, 면접, 관찰, 자기평가 및 동료평가 보고서, 연구보고서, 포트폴리오 등이 있다. 이러한 방법들을 학습에 있어서 기존의 지식과 권위, 가치에 대한 수동적인 수용보다는 자기 나름의 세계를 구성해가는 과정을 강조하는 인지심리학과 구성주의 학습이론 등의 영향을 받아서 수행평가 방법으로 활용되고 있다. 한국교육과정평가원(1999)에서는 다양한 평가방법들을 수행평가 본질을 구현하는 정도에 따라 널리 사용되고 있는 수행평가 방법들과 보통 수행평가 방법에 포함시키지 않는 것들을 구분한 바 있다. 이에 따르면 진위형, 연결형, 선다형, 완성형, 단답형, 서술형 등은 보통 수행평가 방법에 포함시키지 않는다. 논술형 검사, 연구보고서, 포트폴리오, 자기평가 및 동료평가 보고서, 면접, 구술시험, 토론, 실기시험, 실험· 실습, 관찰, 실제 상황에서의 평가 등은 수행평가 방법으로 받아들여지고 있다.

이하에서는 이러한 수행평가의 방법들을 구체적으로 살펴본다.

1) 논술형 검사

논술형 검사는 흔히 에세이 테스트(essay test)라고도 불린다. 논술형 검사는 주어진 질문에 여러 문장이나 한편의 완성된 글로 응답하는 검사 유형이다. 논술형 검사는 일종의 서술형 검사이기는 하지만, 개인 나름의 생각이나 주장을 창의적으로 논리적이면서도 설득력있게 조직해서 작성해야 한다는 점에서 일반 서술형 검사와 다르다. 논술형 검사는 서술된 내용의 폭과 깊이 뿐만 아니라 글을 조직하고 구성하는 능력을 동시에 평가한다. 논술형 검사를 통해 학습자의 창의력, 문제해결력, 비판적 사고력, 정보 수집 및 분석 능력 등 고등정신능력을 구체적으로 평가할 수 있다.

2) 구술시험

구술시험(oral test)은 종이와 붓이 발명되기 전부터 시행되어 오던 가장 오래된 수행평가의 한 형태이다. 구술시험은 학생들에게 특정 교육내용이나 주제에 대해 질문을 한 다음, 학생으로 하여금 그 특정 내용이나 주제에 대해 자신의 의견이나 생각을 발표하도록 하여 학생의 준비도, 이해도, 표현력, 판단력, 의사소통능력 등을 직접 평가하기 위한 방법이다. 교사는 평가기준표를 이용하여 학생의 여러 능력을 평가할 수 있다.

표 4-1 구술시험 평가기준표

평가요소	점수			비고
	상	중	하	
준비도(구술시험을 위해 관련 자료 등 준비를 제대로 했는가?)				
이해력(질문한 내용을 제대로 이해하고 발표했는가?)				
조직력(발표한 내용을 제대로 조직하여 체계적으로 발표했는가?)				
표현력(자신의 의견을 제대로 표현했는가?)				
판단력(주어진 시간 안에 적절히 발표했는가?)				
의사소통능력(다른 사람들의 시선을 끌면서 설득력있게 발표했는가?)				
계				

출처: 백순근 편(1998).

3) 면접법

면접법(interview)은 평가자와 학생이 서로 대화를 통해서 얻고자 하는 자료나 정보를 수집하여 평가하는 방법이다. 즉 평가자가 학생과 직접 대면하여 평가자가 질문하고 학생이 대답하는 과정을 통해 지필평가나 서류만으로는 알 수 없는 사항들을 알아보고 그것을 평가하는 방법이다. 구술시험은 주로 인지적인 영역을 중심으로 한 학업성취도를 평가하기 위한 방법이라고 한다면, 면접법은 주로 정의적인 영역이나 신체적인 영역에 대한 것을 평가하기 위한 방법이라는 점에서 차이가 있다. 면접법은 대상자에 대한 보다 깊은 정보를 얻을 수 있고, 사전에 예상할 수 없었던 정보나 자료를 얻을 수 있으며, 면접 과정에서 융통성을 발휘할 수 있다는 장점이 있다.

4) 관찰법

관찰법(observation)은 학생들을 이해하고 학생들의 지식이나 기능을 평가하기 위한 가장 보편적인 방법 중의 하나로서, 개별 학생 또는 집단을 단위로 관찰하여 평가한다. 예를 들어, 학생들 간의 사회적인 관계 구조를 파악하기 위해 한 집단 내에서 개인간 또는 소집단간의 역동적인 관계를 집중적으로 관찰할 수 있다. 특히 나이가 어리거나 지적 능력이 낮은 학생들을 대상으로 평가할 때 평가상황을 의도적으로 마련할 수 없는 경우가 있기 때문에 인위적이지 않은 자연적인 상황에서의 관찰법을 자주 사용한다.

객관적이고 정확한 관찰을 하기 위해서는 관찰 대상을 있는 그대로 기록하는 일화기록법이나 체크리스트나 평정 척도 등을 이용하기도 하고, 비디오 녹화를 한 후 분석하기도 한다.

5) 찬·반 토론법

찬·반 토론법(discussion)은 교수·학습활동과 평가활동을 통합적으로 수행하는 대표적인 방법 중 하나이다. 특정 주제에 대해 학생들이 서로 토론하는 것을 보고 평가한다. 교사는 학생들에게 개인적으로나 사회적으로 서로 다른 의견을 제시할 수 있는 토론 주제를 제시하고, 학생들은 이에 대해 토론을 한다. 개인별 또는 집단별로 찬반 토론을 하도록 한 다음, 토론을 위해 사전에 준비한 자료의 다양성이나 충실성 그리고 토론 내용의 충실성과 논리성, 반대 의견을 존중하는 태도, 토론 진행 방법 등을 총체적으로 평가하는 방법이다.

표 4-2 찬·반 토론법 평가기준표

평가요소	점수			비고
	상	중	하	
준비도(찬반 토론을 위해 자료 등 준비를 제대로 했는가?)				
이해력(토론할 내용을 제대로 이해하고 발표했는가?)				
조직력(토론할 내용을 제대로 조직하여 체계적으로 발표했는가?)				
표현력(자신의 의견을 제대로 표현했는가?)				
판단력(상대방이 발표한 내용의 핵심을 제대로 파악하고 대응하는가?)				
의사소통능력(다른 사람들의 시선을 끌면서 설득력있게 발표했는가?)				
토론태도(상대방의 의견을 존중하면서 토론을 진행했는가?)				
계				

출처: 백순근 편(1998).

6) 실기시험

실기시험은 학생들의 지식이나 기능을 직접 행동으로 나타내도록 하는 것이다. 학생의 운동기능적 영역에 대해 실기시험을 치를 수 있다. 수행평가에서의 실기시험과 기존의 실기시험의 가장 큰 차이점은 실기를 하는 상황의 성격이 다르다는 것이다. 기존의 실기시험에서는 평가가 이루어지는 상황이 통제되거나 강요되는 경우가 대부분이다. 수행평가에서의 실기시험은 가능한 한 교수·학습 활동과 평가활동을 분리하지 않고 수업시간에 자연스럽게 평가하는 것이 바람직하다.

7) 실험·실습법

실험·실습법은 자연과학이나 공학 분야에서 많이 사용되는 것으로 어떤 과제에 대해서 학생들로 하여금 직접 실험·실습을 하게 한 후 그 결과보고서를 제출하게 한다던가, 시뮬레이션을 통해 실험·실습을 대신해서 평가수단으로 활용할 수 있다. 평가자는 학생들의 실험·실습 과정을 직접 관찰하거나 비디오 녹화 후에 실험·실습 과정을 볼 수 있다. 학생들이 제출한 실험·실습 결과보고서를 고려하여 평가한다.

8) 연구보고서법

연구보고서법은 각 교과별 혹은 통합교과적으로 특정 주제에 대해 자기 나름대로 자료를 수집하고 분석·종합하여 연구보고서를 작성하여 제출하도록 하고 평가하는 방법이다. 이 교사는 연구보고서를 평가할 때 다음과 같은 평가 기준들을 참고로 평가할 수 있다. ① 연구내용(연구주제의 명확성과 독창성, 연구주제의 수준), ② 연구방법(자료가 다양하고 충분하게 수집되었는가?, 자료를 연구문제와 연구목적에 맞게 분석했고, 합리적으로 종합했는가?), ③ 연구결과(연구결과가 적절하게 도출되었는가?), ④ 보고서작성법(보고서 작성법에 맞게 작성되었는가?), ⑤ 연구태도(연구보고서를 작성하기 위해 충분한 시간과 노력을 했는가?, 같은 팀원과 상호 협력이 잘 이루어졌는가?), ⑥ 연구발표(발표 준비를 충실하게 하였는가?, 설득력있게 발표하였는가?). 이러한 평가기준들을 종합적으로 활용하여 평가할 수 있다.

9) 포트폴리오

포트폴리오(portfolio)는 자신이 만든 작품을 지속적으로 모아둔 작품집을 말한다. 포트폴리오를 활용한 수행평가는 자신의 변화하고 발전하는 과정을 스스로 파악할 수 있게 하고, 그 작품집을 이용하여 다른 사람들에게도 쉽게 평가를 받을 수 있는 장점이 있다. 포트폴리오에는 학생이 만든 다양한 작품이나 결과물들(시, 소설, 글, 과제보고서, 연구보고서, 그림, 작품집 등)이 포함된다. 학생들은 자신이 제작한 포트폴리오를 통해 자신의 장점이나 약점, 성실성, 잠재 가능성 등을 스스로 인식할 수 있다. 포트폴리오 평가는 단편적인 영역에 대해 일회적으로 평가하는 것이 아니라 학생의 변화·발달 과정을 종합적으로 평가하는 방법이다.

4 수행평가의 시행절차

학교현장에서 수행평가의 시행은 일반적으로 교육과정 운영계획, 교수·학습 및 수행평가, 학기말 평정 및 기록의 과정으로 진행된다(한국교육과정평가원, 2017).

(1) 교육과정 운영계획

수행평가를 하기위한 첫 번째 과정은 교육과정의 성취기준을 분석하는 것이다. 성취기준은 각 교과에서 학생들이 성취해야 할 지식, 기능, 태도 등의 특성을 진술한 것으로, 이는 교수· 학습 및 평가의 실질적인 근거가 된다. 성취기준은 해당 교육과정 내용, 성취수준과 연계성을 가지므로, 평가계획을 수립하기 전에 깊이있게 분석할 필요가 있다.

성취기준을 분석한 후에는 수행평가의 영역, 방법, 횟수, 시기, 기준, 반영비율 등과 성적처리방법 및 결과의 활용 등 전반적인 평가계획을 수립한다. 수행평가의 계획 단계에서 교사가 학생의 변화와 성장에 관한 자료를 다양하게 수집하기 위해 기록방법을 선택하고 결정하여 미리 기록지를 준비할 필요가 있다. 평가계획은 국가 수준의 교육과정 및 각 시·도 단위 교육과정, 시·도 학업성적관리 시행지침, 학교단위의 학업성적관리규정 등을 반영하여 학교 상황이나 학생 특성에 적합하게 수립하면 된다.

(2) 교수·학습 및 수행평가

교수·학습과 연계하여 수행평가 과제와 채점기준을 개발하며 수행평가를 운영하는 교수·학습 및 수행평가 단계에서 이루어지는 활동은 다음과 같다.

첫째, 수행평가 과제를 개발하기 위해서는 교육과정의 내용과 성취기준 및 성취수준, 학생의 수준 및 특성 등을 분석한다. 그리고 선정한 수행평가 과제의 특성을 고려하여 문제 상황을 결정한다. 결정된 문제 상황을 바탕으로 과제를 수행하는 데 필요한 시간, 참여 방법, 산출물의 형태 등을 고려한 세부과제를 작성한다. 수행평가 과제를 개발한 후에는 교과(학년)협의회를 통하여 성취기준의 적합성, 평가방법의 타당성, 평가 시행가능성 등을 공동으로 검토하고 수정한다. 검토하고 수정한 후 수행평가 과제를 확정한다.

둘째, 수행평가의 수행과정이나 산출물에 대해 평가하기 위해서는 채점기준이 명확하게 제시되어야 한다. 채점기준이란 수행평가의 대상이 되는 수행과정이나 산출물의 질을 판단하기 위한 일련의 지침이라고 할 수 있다. 채점 과정에서 채점자의 주관적인 판단이 개입될 수 있기 때문에 채점의 일관성을 확보하기 위해서 채점기준을 사전에 명확히 해야 한다. 채점 기준에는 ① 수행평가 과제 수행을 판단하는 준거인 지식, 기능, 태도의 구체적인 평가요소, ② 성취수준의 준거를 평가하기 위한 평가요소별 척도(배점), ③ 평가요소에 근거하여 학생의 수행 수준을 구별할 수 있는 세부적인 내용이 포함되어야 한다.

채점방식에는 총체적인 채점과 분석적인 채점이 있다. 총체적(wholistic)인 채점은 학생의 수행과정 혹은 결과물에 대해 개별적인 평가요소에 초점을 맞추기보다 전체적인 과정 혹은 결과물에 초점을 맞추어 평가하는 방식이다. 이 방법은 학생의 성취도를 등급이나 순위로 구별할 때에는 유용하지만, 개별 학생들의 수행을 향상시키기 위한 피드백을 해 주기에는 한계가 있다. 반면 분석적(analytic) 채점은 학생의 수행 과정 혹은 결과물에 대해 평가의 범주를 구분하고 각 범주별로 수행능력을 판단하는 방식이다. 이 평가방법은 채점자 간에 일관된 채점이 가능하나 채점에 많은 시간이 소요된다. 두 가지 채점방식의 특징과 장단점을 고려하고, 과제 유형과 특성에 따라 평가 방법을 선택 또는 병행하는 것이 적절하다. 한편, 채점기준과 함께 예시답안을 만들면 평가도구의 적절성도 검토할 수 있고, 이후 실제 채점과정에서도 보다 신뢰롭고 효율적인 방식으로 채점을 할 수 있다. 예시답안 개발이 어려울 경우에는 채점기준을 최대한 상세하게 작성하면 수행평가의 타당성과 신뢰성을 높일 수 있다. 채점이 완료되면 학생에게 채점 결과를 공개하고 이의신청을 받아 처리하고 확인해야 한다. 만약 학생이 평가결과에 대해 이의를 제기한 경우에는 채점 결과를 면밀히 검토하여 학교 학업성적관리위원회에서 정한 절차에 따라 적절한 조치를 취해야 한다.

셋째, 최근에는 학생들의 수행과제에 대한 평가의 공정성과 정확성을 확보하기 위해 평가 루브릭(rubric)을 이용한다. 루브릭은 수행평가에서 활용하는 주요한 채점도구로서 과제의 수준마다 적용할 수 있는 평가척도를 포함하고 있다. 루브릭은 학습자에게는 과제를 수행하기 위한 수행기준이 되며, 교사에게는 수행과정 혹은 수행결과를 평가하는 데 사용하는 평가지침의 역할을 한다. 학생들이 과제를 시작하기 전에 루브릭을 안다면, 학생들은 기대된 것과 그 기대에 도달하기 위해 무엇을 해야 하는지를 알게 된다. 학부모에게는 학생이 받은 점수에 대해 논리적으로 이해하기 위한 합리적인 도구가 된다. 교사는 평가 루브릭을 통해 교사의 주관이 많이 배제된 비교적 공정한 평가를 할 수 있게 된다.

넷째, 수행평가를 통해 학생의 학습과 성장을 지원하고, 교사의 수업과 평가의 질을 개선하기 위해서는 학생들의 수행과정과 결과에 대한 적절한 피드백이 제공되어야 한다. 과정을 중시하는 수행평가에서는 평가결과 성취도가 어떠한지를 중심으로 수행결과에 대한 피드백 뿐만 아니라 학생이 과제를 수행하는 환경 또는 학생들 간의 관계 속에서 수행과정에 대한 피드백을 함께 제공해야 한다. 또한 인지적인 측면 뿐만 아니라 정의적인 측면에 대한 피드백을 실시하는 것도 중요하다.

(3) 학기말 평정 및 기록

평가를 시행한 후에는 수행의 최종 결과를 학생에게 제공하고 함께 의사소통하기 위해 수행평가결과를 기록한다. 평가결과의 기록은 학생의 학습과 성장을 돕고, 학생의 학습동기를 향상시키는 방향으로 제시되는 것이 바람직하다. 또한 수행평가 결과 뿐만 아니라 수행과정 중의 관찰 및 누가 기록을 바탕으로, 학생의 성취수준의 특성 및 학습활동 참여도 등 특기할만한 사항을 학교생활기록부 교과학습발달상황의 '과목별 세부능력 및 특기사항'란에 구체적으로 기록해야 한다.

5 수행평가의 문제점

우리나라에서 수행평가는 1998년 학교교육 정상화를 위한 정부의 교육개혁과 함께 등장했다. 이후 지금까지 학교에서 수행평가는 다양한 방식으로 실시되고 있음에도 불구하고, 여러 가지 문제점과 제한점이 나타나고 있다. 몇 가지 수행평가의 문제점을 살펴본다.

첫째, 수행평가를 실시하는 데 있어서 교사와 학생 모두에게 많은 시간과 비용이 요구된다. 수행평가는 선다형 지필평가에 비해 채점의 공정성을 기하기 위해서 교사에게 많은 노력이 요구되며, 수행평가를 실시하는 데 시간이 오래 걸리고, 채점에 소요되는 시간도 길다.

둘째, 무엇보다도 수행평가에서는 명확한 채점 기준의 설정이 가장 큰 이슈이고 문제점이라고 할 수 있다. 앞서 살펴본 것처럼 수행평가에서는 다양한 방법들이 사용되고 있다. 여러 가지 방법으로 실시되는 수행평가에서는 수행의 과정과 결과에 대해 만점 및 부분점수 등을 부여해야 하는데, 어떤 근거에서 만점을 주고 부분점수를 몇 점으로 주어야 하는지에 대해 명확한 기준을 설정하기가 어렵다. 채점자에 따라서 점수가 달라지게 된다면, 수행평가의 타당성과 신뢰성에 대해 논란이 생길 수 밖에 없다. 따라서 채점자의 주관에 따른 채점의 차이를 최소화 하기 위해서 객관적이고 신뢰로운 점수 부여 기준을 명확히 설정해야만 한다.

셋째, 수행평가에서 타당도는 매우 중요하다. 평가에서 타당도는 평가결과가 평가목적에 얼마나 부합하느냐를 말하는 것으로 평가결과가 사용되는 목적에 따라 타당도를 판단한다. 수행평가는 학생의 능력이나 기술에 대한 직접적인 측정이므로 전통적인 검사도구

못지않게 타당도가 중요하다. 수행평가의 내용에 대한 타당성 분석을 제외하고 전통적인 수리적 접근으로는 수행평가의 타당성을 입증하기가 어렵다는 것이 문제이다.

넷째, 수행평가의 결과가 아무리 타당하다고 하더라도 결국 신뢰도를 확보하지 못한다면 어떤 목적으로도 수행평가 결과를 사용할 수 없다. 수행평가의 신뢰도를 확보하기 위해서는 한 명이 아닌 다수의 채점자 확보, 명확한 채점 기준 마련, 채점자의 전문성 확보를 위한 채점자 훈련 등이 요구된다. 현실적으로 한 명의 교사가 많은 학생들의 수행평가 과제를 한번에 일관되고 신뢰롭게 채점하는 것은 매우 어려운 일이다. 과제수가 많고, 채점해야 할 학생수가 많으면 많을수록 채점자의 피로도는 커질 것이며, 이는 채점의 일관성에 부정적인 영향을 미치는 주요 요인이 될 수도 있다. 결국 이러한 요인들인 수행평가 결과의 신뢰도를 떨어트리는 요인이 되는 것이다. 채점자의 평가 외에도 학생의 자기평가, 동료평가 결과를 수행평가 결과에 부분적으로라도 반영하는 것은 수행평가 결과의 신뢰도를 높일 수 있는 방안으로 고려될 수 있다.

6 수행평가에서의 피드백

수행평가를 포함하여 넓은 의미에서 평가의 가장 본질적인 목적은 학생이 제대로 잘 배웠는지를 확인하는 것이다. 학생의 배움(학습)을 평가하는 것은 학생을 줄 세우거나 선발하기 위한 것은 아니다. 그럼에도 불구하고, 평가는 평가 활용의 측면에서 이루어지는 학습결과에 대한 판정과 성적 부여, 입시에의 활용에 편중되어 왔다. 이러한 평가의 고질적인 병폐를 극복하기 위해 도입된 것이 바로 수행평가이다. 또한 수행평가는 학생의 성장과 발전에 초점을 맞춘 평가로 인식되면서 평가결과의 활용의 다른 측면이 강조되고 있는데, 그것이 바로 피드백(feedback)이다.

피드백은 학생이 보인 활동에 대한 적절한 반응을 의미한다. 평가의 의미에 비추어보면 피드백은 평가를 통해 학생의 현재 상황을 파악하고, 보다 나은 성장을 위하여 적절한 학습 처방을 제공해주는 것이다. 평가결과는 학생과 교사의 교육활동의 결과를 되짚어보는 유용한 정보를 제공한다. 수업이 진행되기 전에 진단평가를 통해 학습에 어려움을 겪는 학생에게 주목하여 이에 맞는 처방을 할 수 있다. 형성평가의 경우에는 해당 차시에 대한 학생의 이해도와 교사의 수업 방법을 진단할 수 있어 재학습과 수업 방법의 효과성을 검토할 수 있다. 단원이나 영역의 교수·학습이 완료된 후에 실시하는 총합평가는 성취기준의 도달 정도와 성장을 확인하여 추후 학습활동에 반영할 수 있는 정보를 제공해준다. 최근 강조되고 있는 과정중심평가(process-oriented evaluation)에서는 피드백을 중시한다.

이 절에서는 피드백의 유형을 살펴보고 학생의 성장에 대해 도움이 되는 피드백에 대해 알아본다.

1) 피드백의 구조

피드백은 학생들이 성취해야 할 목표와 학생의 현재 수준 그리고 학생들이 도달하기 위한 처방 즉 교육방법을 종합하여 기술해야 한다(강대일·정창규, 2018, pp.210-213).

① 성취목표

성취목표는 학생이 교수·학습을 통하여 도달해야 할 목표를 의미한다. 학습목표를 학생에게 명확하고 실질적으로 인식시켜주기 위해 성취목표 대신 모범 답안, 우수사례를 제시하는 방법도 있다. 일반적으로 성취목표는 국가 수준 교육과정에서 제시한 학교급별, 교과목별 성취기준을 의미한다. 성취기준에 도달하기 위해 학습내용을 구성했다면, 지엽적인 지식보다는 성취기준이라는 큰 틀에서 이해 및 숙지 상태를 확인하고 피드백을 해주면 될 것이다. 도달해야 할 수업목표를 먼저 생각하고, 학생 입장에서는 학습목표가 무엇인지를 명확히 인지시켜주는 것에서부터 피드백이 시작될 수 있다.

② 현재 수준

성취목표를 분명히 했다면, 학생들이 도달해야 할 성취목표에 얼마만큼 도달했는지 학생의 현재 수준을 명확하게 제시해야 한다. 평가결과를 통해 나타난 학생의 현재 수준을 알려주고, 학생 스스로 성취목표와의 차이를 인식할 수 있도록 하며, 평가결과의 객관적인 정보 제공을 통해 학습목표와 학생의 수준을 비교하여 제시해 주어야 한다. 2015 개정 교육과정에서는 학생들이 알아야 할 성취기준의 도달 정도를 평가기준이라고 정의하였다. 교육부에서는 평가기준을 3단계로 제시하고 있다. 평가기준은 성취기준의 도달 수준에 따라 다음 표와 같다.

표 4-3 성취기준의 도달 수준에 따른 평가기준

평가기준	설명
상	성취기준에 제시된 지식, 기능, 태도에 대한 이해와 수행이 우수한 수준
중	성취기준에 제시된 지식, 기능, 태도에 대한 이해와 수행이 보통인 수준
하	성취기준에 제시된 지식, 기능, 태도에 대한 이해와 수행이 미흡한 수준

③ 처방(학습전략)

처방을 통해 학생의 성취수준 향상에 도움이 될 학습방법과 학습결손을 극복하기 위해 학생이 노력해야 할 점 등을 구체적으로 안내해야 한다. 또한 학생의 학습동기를 촉진할 수 있도록 격려해주어야 한다. 피드백 영역이 인지적 영역에서 정의적 영역으로까지 확대되어야 한다는 것은 피드백이 단순히 모르는 것을 알게 되는 것 이상으로 많은 것을 얻을 수 있는 시간이 된다. 어쩌면 초등학생들에게 시험이 두려운 것은 시험을 보는 시간 혹은 자신의 점수를 확인할 때가 아닌 피드백 시간일지 모른다. 마치 잘못한 아이를 혼내듯 "왜 이 문제를 틀렸느냐?"라는 식의 말은 모르는 것을 배워가는 학생들에게 별로 도움이 되지 않는다. 왜냐하면 틀린 것을 지적하는 교사의 표정과 목소리가 학생들에게는 더욱 크게 느껴지기 때문이다. 그래서 초등학교 저학년 일수록 더욱 더 피드백 시간에 임하는 교사의 마음가짐, 자세가 중요한 것이다. 학생들에게 틀린 문제에 대한 이해 뿐만 아니라 이 문제를 해결함으로써 또 다른 내용을 배우고 싶어하는 마음이 들게 하거나 그 교과에 대해 조금 더 편안하게 느끼는 학생의 내적 학습동기를 유발할 수 있는 차원까지 고려하여 피드백 하는 것이 바람직하다. 그리고, 주로 문제를 틀렸거나 부족한 학생들 위주로 피드백을 하는 경우가 많은데, 사실 우수한 학생에게도 피드백이 필요하다. 어떤 부분이 우수했는지, 더 발전하기 위해 어떤 노력을 기울여야 하는지에 대한 정보를 제공해 준다면 그 학생이 현재보다 더 성장할 수 있을 것이다.

2) 좋은 피드백이 되기 위한 조건

좋은 피드백이 되기 위한 조건에는 다음과 같은 것들이 있다(강대일·정창규, 2018, pp.216-220).

첫째, 중요한 부분에 초점을 맞추어 피드백을 주는 것이 좋다. 사소한 오류에 대한 자세한 지적은 학습동기를 저하시킬 수 있다. 학생들에게 보다 의미있고 중요한 메시지의

전달이 중요하다.

둘째, 글과 더불어 다양한 표와 그래프, 그림 등을 이용하는 것이 효과적이다. 피드백은 학습자가 현재의 수준을 쉽게 이해하도록 제공되어야 한다. 따라서 글과 말 보다는 다양한 형태의 자료로 제공했을 때 보다 쉽게 자신의 상황을 이해할 수 있다.

셋째, 피드백은 구체적이고 명확해야 한다. 피드백은 학습자가 자신의 상황을 명확하게 인식했을 때 효과적이다. 추상적일 때보다는 구체적일 때, 암시적일 때보다는 명확할 때 더 효과적이다. '노력이 필요하다', '좀 더 열심히 하면 잘 될거야'와 같이 막연한 피드백 보다는 '어떤 부분을 더 해야 한다'라는 구체적인 제시가 더 좋다.

넷째, 평가 전 학습목표와 과제에 대한 정확한 정보 제공이 더 효과적이다. 피드백을 학습과정 중, 후에 제공하는 방법도 있지만, 학습하기 전에 학습목표와 과제에 대해 충분히 이해할 수 있도록 정보를 제공하는 것은 학습자로 하여금 목표를 명확하게 인지시켜 학습목표에 도달하는 데 용이하다. 학교에서 학기 초에 평가계획을 학생에게 안내하고, 수행평가를 하기 전에 평가기준안을 학생에게 공개하는 이유도 여기에 있다.

다섯째, 자기평가와 동료평가를 활성화해야 한다. 수업 중의 학습으로서의 평가, 학습을 위한 평가의 관점에서 교사 혼자서 전체 학습 과정을 관찰하고 피드백하기에는 한계가 있다. 교사의 평가 후 피드백과 더불어 학습의 전 과정에 대한 자기 성찰을 기반으로 한 자기평가와 함께 활동한 동료가 평가에 참여하는 동료평가가 피드백의 효율성과 학습목표의 이해를 높이는 데 도움이 된다.

여섯째, 결과와 과정에 모두 중점을 두어야 한다. 과정중심평가에 대한 오해는 과정이 강조되는 것이 마치 결과보다 과정이 더 중요하다는 의미로 이해되는 것이다. 과정적인 피드백 못지않게 결과에 대한 피드백 또한 중요하다. 다만 피드백의 방법을 고민해봐야 한다. 기존의 총합평가에서는 학습결과에 대한 피드백이 중심이 되었고, 제공하는 형태 또한 점수와 등급으로 한정되어 있어서 학생의 성장과 발전보다는 선발과 분류의 목적에 치중되었다. 선발과 분류에만 치중한 피드백은 학생에게 교육적이라고 말하기 어렵다. 교수·학습 과정에서 피드백을 통하여 학생들에게 학습효과를 극대화시켜 학생이 성장할 수 있는 환경을 조성해야 한다. 부진한 학생에게는 '결과'보다는 '과정'에 대한 피드백에 집중하는 것이 좋고, 과거에 비해 발전했는지를 알려주는 성장참조적 정보를 주는 것이 바람직하다. 또한 우수한 학생에게도 피드백이 필요하다.

일곱째, 일회성이 아니라 교수·학습 내에서 지속적으로 피드백이 주어져야 한다. 중간, 기말의 총괄평가를 실시한 후의 단발성 피드백 보다는 교수·학습이 이루어지는 과정 중에 지속적으로 피드백이 제공되어야 한다. 새로운 과제를 시작할 때는 초기 단계에, 복잡하고 어려운 과제일 경우에는 자주 하는 것이 좋다. 의존적인 학생에게는 빈번하게 해야 하며, 자율적인 학생에게는 피드백을 자주 주지 않아도 된다. 그리고 모든 과목을, 모든 차시를, 모든 학생에게 적절하게 피드백하는 것이 어려우므로 학생들의 개별적인 특성을 고려하여 부분적으로 접근하는 방법도 있다. 예를 들어, 수학에 어려움이 큰 학생들을 선별적으로 접근하는 것이다. 수학의 경우에는 부진의 수준이 다양하다. 기초학습부진과 교과학습부진을 구분해야 한다. 정규 수업시간에 그 학생만을 위해 개별적으로 피드백을 하기에는 한계가 있다. 특히 기초학습부진 학생에게는 특별한 조치가 필요하다. 정규 수업시간 이외에도 개인별 맞춤형 피드백을 제공하기 위해 수업시간 외에 자투리 시간 및 방과후 시간을 활용하는 방법도 있다. 방과후 시간을 활용하기 위해서는 사전에 학부모의 동의가 꼭 필요하다.

여덟째, 피드백은 즉각적이어야 한다. 피드백은 우선 학생이 평가 문항 또는 수행과제에 대해 기억하고 있을 때 제공하는 것이 좋다. 일반적으로 평가 후 제공되는 피드백은 2주 이상 늦어지면 학습효과가 떨어진다. 이런 연구결과는 학습자의 성향과 상황에 따라 다르다. 우수한 학생에게는 스스로 성찰 및 자기주도학습을 촉진시켜주기 위해 일부러 피드백을 지연하여 제공할 수 있으며, 수업 중에 일어나는 과제 수행에 대한 피드백이라면 즉각적으로 제기하는 것이 효과적이다. 어려운 과제는 고차적인 사고가 필요하므로 즉각적인 것보다는 지연해서 제공하는 것이 효과적이다. 또한, 여러 가지 개선점을 한꺼번에 알려주는 것보다 가장 시급한 부분을 짚어주는 것이 효과적이다.

7 피드백의 유형

여기서는 한국교육과정평가원에서 펴낸 김희경 외(2014)의 '창의인성교육을 위한 학생평가 이렇게 하세요'를 참고하여 피드백의 유형에 대해 살펴본다.

1) 모범답안 또는 문제풀이 제시

교사는 채점기준에 근거하여 채점을 하고, 채점 결과에 근거하여 학생을 평가한다. 채점기준에 비추어 봤을 때 얼마나 차이가 있는지 학생들에게 모범답안을 알려주는 것도 피드백에 해당한다. 계산 과정이 포함되는 문항의 경우에는 문제 풀이 과정을 확인하고, 학생들과 함께 문제를 풀어보며 오류가 발생한 부분을 알려주는 식의 피드백을 할 수 있다.

그런데, 학생 한명 한명에게 모두 개별적으로 모범답안을 제시해주거나 문제풀이를 해주어야 하겠는가? 물론 학생 입장에서는 개별적으로 지도를 받는 것이 가장 좋을테지만, 모든 학생을 매번 개별적으로 지도하기는 어려울 것이다. 전체 학생을 대상으로 주의집중을 유도한 후에 문항을 검토하고 문항에서 중요한 부분, 실수하기 쉬운 부분이 무엇인지 알려주고, 정답과 오답을 구분하고, 각각이 왜 정답이고, 오답인지 이유를 설명해 준다면 피드백 효과를 거둘 수 있을 것이다.

2) 가정통지표 제공

통상적으로 평가결과를 가정통지표에 기록하여 나눠주는 것으로 피드백을 마무리한다고 해도 과언이 아니다. 교육부 훈령에 초등학교 교과학습발달상황은 교과별 성취기준에 따른 성취수준의 특성을 진술하도록 되어있는 만큼 학생들의 수준이 어떠한지 결과를 제공하는 것은 선택의 문제는 아니다.

그러나 초등교사들 중에는 간혹 성취수준 혹은 평가결과를 알려주는 것을 불편해 하는 경우가 있다. 점수화, 서열화가 사라지는 추세에 따른 것이다. 예를 들면, 90점, 85점처럼 점수로 안내하는 것이 사라지는 상황에서 상, 중, 하의 성취수준을 알려주는 것도 어차피 줄 세우기가 된다는 이유에서 불편해 하는 것이다. 그리고 문제풀이 과정에서 학생들이 자신의 수준을 충분히 알아차릴 수 있으므로 굳이 평가결과, 즉 점수나 등급을 알려주는 것 자체가 교육적이지 못하다는 것이다. 그래서 등급화(잘함, 보통, 노력을 요함)에 따른 부담감이 있다면 학생들의 성취수준을 평가요소별로 명확하게 진술하는 방식으로 학생과 학부모에게 제시하는 것이 나을 수 있다.

수행평가의 경우에는 지필평가와 달리 문제풀이 과정을 정확하게 확인하기 어려울 수 있으므로 학생들의 수행 과정을 관찰하면서 평가결과를 좀 더 세부적으로 기록하는 데 관심을 기울일 필요가 있다.

3) 개별 면담

학급 전체를 대상으로 학생들의 공통적인 오개념에 대한 교정, 공통적인 강점에 대한 칭찬, 공통적인 약점에 대한 보충학습을 제시할 수도 있지만, 학생의 반응 정도에 따라 오개념을 따로 정리하여 학습자 개개인에게 맞게 구체적으로 피드백을 해줌으로써 학생들이 오개념을 바로 잡을 수 있으며 부족한 부분을 보충할 수 있다. 또한 학습부진 학생이나 특별한 관심이 필요한 학생의 경우에는 집단면담 보다는 개별면담을 통한 피드백이 유용할 것이다. 개별면담은 교사와 학생이 더 집중적인 의사소통을 할 수 있고, 학생에게는 관심과 배려를 받고 있다는 느낌을 주는 장점이 있다.

4) 진술문

학생들의 평가결과를 학교생활기록부에 입력하는 것이 진술문의 대표적인 예라고 할 수 있다. 초등학교에서는 교과학습발달상황의 세부능력 및 특기사항에 학년 말에 성취수준 및 학습활동 참여도를 입력하여 학생의 성취수준과 수업 중의 사항에 대하여 피드백을 제공한다. 중등학교에서는 세부능력 및 특기사항에 학생의 수업 참여도 및 특이사항을 기술하여 학생에게 안내하고 있다. 특히 고등학교에서의 기록은 대학입시에 중요한 비중을 차지한다. 이 밖에도 학생이 제출한 보고서나 논술에 교사가 첨삭하여 기술하는 방식도 이에 해당한다.

표 4-4 학교생활기록부의 세부능력 및 특기사항의 진술문 작성 예시

세부능력 및 특기사항
국어: 의사소통의 특성을 이해하여 효과적으로 듣기·말하기 활동을 하고, 토의에서 의견을 타당하게 제시하면서 타인의 의견을 능동적으로 수용하고, 토론에서 정확한 절차와 규칙에 따라 타당하면서 다양한 근거를 제시함.
수학: 우리나라의 위치와 영역이 지니는 특성에 대해 사례를 활용하여 설명하고 국토 사랑의 실천방안을 제시할 수 있으며, 우리 국토의 지역 구분 사례를 조사하여 시·도 단위 행정 구역 및 주요 도시의 위치 특성을 분석하여 설명함.
- 중략 -

5) 전체 학급에 공통적인 피드백

평가를 하고 난 뒤 학급에서 한 두명이 아니라 대다수의 학생이 어려움을 겪거나 모르는 경우에는 학급 전체에 공통적으로 피드백을 할 수 있다. 예를 들어, 체육 교과의 경우

실기시험을 통해 평가를 했거나 음악 교과의 전통악기를 다루는 것을 배우고 평가했다면 교사가 다시한번 잘못된 행동을 교정해주고 전체적으로 시범을 보여 피드백을 하는 것이 학생에게는 많은 도움을 줄 수 있을 뿐만 아니라 교사에게도 효율적인 시간 활용을 가능하게 할 것이다.

제 5 장 검사도구의 양호도

1. 검사도구
2. 타당도
3. 준거타당도
4. 신뢰도
5. 객관도
6. 실용도

교육평가의 탐구 ❶

교육평가의 내연

제 5 장 검사도구의 양호도

교육평가는 일련의 교육의 과정 중에 이루어진다. 간단히 말하면, 교육목표의 설정, 학습경험의 선정과 조직, 교수·학습 과정, 교육평가의 순서로 진행된다. 교육평가의 가장 기본적인 기능은 학생의 학업성취 정도를 평가하는 것이라고 볼 수 있는데, 각급 학교에서 실시하는 중간시험과 기말시험은 인지적 영역에 대한 학생의 학업성취를 평가하기 위한 도구이다. 시험에서 출제하는 문항이 바로 평가도구에 해당한다. 물론 평가도구에는 인지적 영역 이외의 특성들을 평가하기 위한 도구들도 포함된다. 가령, 학생의 지능, 창의성, 흥미, 적성, 동기, 자아존중감 등 여러 가지 정의적 특성을 평가하기 위한 검사(test)들도 평가 도구이다. 또한, 심동적 특성에 대한 검사도구들도 있다. 이하에서는 이러한 인지적, 정의적, 심동적 검사도구들을 약칭하여 평가도구라고 하겠다.

이러한 평가도구들은 평가자와 피평가자에게 큰 영향을 미친다는 점에서 타당하고 신뢰롭게 사용되어야 한다. 특정 평가도구가 얼마나 타당하고 신뢰로운지를 판단하기 위해서는 일정한 판단 기준이 있어야만 하며, 평가 관계자는 이러한 판단 기준을 잘 알고 있어야 한다. 그러므로 이 장에서는 평가도구의 질 판단 기준에 대해 상세히 살펴보고자 한다.

1 검사도구

검사(test)의 의미는 어떤 사실이나 일의 상태 또는 물질의 구성 성분 등을 조사하는 것이다. 예를 들면, 어떤 학생의 지능을 알아보기 위해 지능 검사를 실시하는 것이며, 그 학생의 창의성, 학습동기, 특정 분야에 대한 흥미나 적성, 자아존중감, 친구관계 등에 대해 알아보기 위해 관련 검사를 시행하는 것이다. 즉 인간의 다양한 내면적, 외현적 특성을 알아보려는 목적에서 검사를 실시한다. 검사는 인간을 대상으로 하기도 하지만, 사물이나 자연 현상에 대해서도 검사를 한다. 어떤 제품을 생산한 이후 판매하기 전에 그 제품이 설계한 대로 잘 제작되었는지, 작동은 잘 되는지 알아보기 위해 품질 검사를 한다. 자동차의 엔진, 타이어, 계기판 등이 정상적으로 작동하는지 살피기 위해 기능 검사를 실시하며, 대기의 오염도를 측정하기 위해 장비를 동원하여 검사한다. 이와 같이 우리는 일상 생활에서도 여러 분야에서 다양한 목적으로 검사를 실시하고 있다.

어떤 사람이나 대상을 측정하고 평가하기 위해 사용되는 도구를 검사도구라고 한다. 검사도구가 얼마나 유효한지를 알아보는 개념이 검사도구의 양호도 이다. 이하에서는 검사도구의 양호도를 판단하기 위한 여러 기준들로 타당도, 신뢰도, 객관도, 실용도 등을 살펴본다.

2 타당도

타당도(妥當度, validity)의 개념은 어떤 검사 또는 검사도구가 측정하려고 하는 것을 얼마나 충실하게 측정하고 있는가로 정의할 수 있다. '측정'은 우리말로 무엇인가를 '재는 것'이며, 우리는 키와 몸무게를 재고 신체의 건강 상태를 판단한다. 만약, 몸무게를 재기 위해 사용한 체중계가 어떤 학생의 체중을 정확하게 재지 못하고, 매번 체중을 측정할 때마다 다른 수치가 나온다면 그 체중계는 타당한 검사도구라고 할 수 없다. 이와 마찬가지로, 우리가 인간의 다양한 내면적·외현적 특성을 측정하기 위해 사용한 검사도구들은 높은 타당도가 요구된다. 타당도가 낮은 검사도구들로 얻은 결과(수치)에 근거하면, 잘못된 판단이나 해석을 할 수 있기 때문에 검사도구의 타당도는 매우 중요한 문제이다.

타당도는 '이 검사나 검사도구가 무엇을 재고 있는가'라는 질문의 형태로 표현할 수 있으며, 이때 '무엇(what?)'에 해당하는 것은 검사의 준거(criterion)로서 타당도를 판단하는 기준이 된다. 쉽게 말하면, 어떤 지능검사로 지능을 제대로 타당하게 측정할 수 있어야 하는데, 지능이 아닌 흥미를 주로 측정한다면 타당한 지능검사라고 보기 어려울 것이다.

Grolund와 Linn(1990)은 타당도를 이해하기 위해 다음과 같은 네 가지를 주의할 점으로 제시하고 있다(김석우 외, 2021. 재인용).

첫째, 타당도는 피험자 집단에 사용된 측정도구나 검사에 의하여 얻은 검사 결과의 해석에 대한 적합성이지 검사 자체와 관련된 것은 아니다. 즉, 검사의 타당도라는 표현을 쓰기는 하지만 엄밀하게 말하면 검사 결과에 의한 해석에 대한 타당성을 말하는 것이다.

둘째, 타당도는 정도의 문제이다. 타당도가 있다 또는 없다라고 말하는 것이 아니라 타당도가 낮다, 적절하다, 높다 등으로 표현해야 한다.

셋째, 타당도는 검사가 의도하는 특별한 목적이나 해석에 제한된다. 즉, 어떤 검사가 모든 목적에 부합할 수는 없으므로, '이 검사는 무엇을 측정하는 데 타당하다'라고 표현해야만 한다.

넷째, 타당도는 단일한 개념이다. 타당도를 다양한 종류로 구분하기보다는 다양한 종류의 근거에 기초한 단일한 개념으로 해석하고 있다.

타당도를 판단하는 방법은 크게 내용타당도, 준거타당도, 구인타당도의 세 가지로 나눌 수 있다. 그런데, 준거타당도 속에 예언타당도와 공인타당도가 포함된다. 그러므로, 타당도의 종류에는 내용타당도, 예언타당도, 공인타당도, 구인타당도가 있다.

1) 내용타당도

(1) 정의

내용타당도(內容妥當度, content validity)의 관심은 하나의 검사를 구성하는 문항들이 전집(全集, universe)의 내용 영역과 행동 영역을 얼마나 잘 대표하고 있느냐 이며, 이를 문항 표집의 적절성이라고 표현할 수 있다. 예를 들면, 어떤 지능검사의 문항들이 지능을 측정하고 평가하는 데 관련된 내용 영역과 행동 영역을 충분히 포함하고 있다면, 그 지능검사에 대해 내용타당도가 높다고 말할 수 있다. 내용타당도는 그 분야의 전문가들에 의해 판단된다. 전문가들은 어떤 검사도구에 대해 그것이 검사가 측정하고자 하는 속성을 제대로 측정하였는지를 주관적으로 판단한다. 전문가들이라고 하더라도, 견해의 차이가 있을 수 있다. 가령, 창의성에 대해 서로 다른 정의를 따르게 되면, 내용타당도에 대한 판단이 달라질 여지가 있다. 그렇기 때문에 내용타당도에 의한 검사도구의 타당성 입증은 논란의 여지가 있을 수 있다. 내용타당도의 단점은 객관성의 근거가 부족할 수 있다는 점과 계량화 하기 어렵다는 것이다. 그러나, 어떤 검사를 개발할 때, 전문가의 의사결정은 중요한 역할을 하므로 내용타당도의 단점이 있다고 해도 과학성이 없다고 볼 수는 없으므로, 내용타당도를 검토하는 것은 의의가 있다.

내용타당도와 유사한 의미를 갖는 용어로 안면타당도(face validity)가 있다. 안면타당도란 검사도구의 문항들이 검사제작자나 피험자들에게 얼마나 친숙한지를 말한다. 어떤 특성을 측정할 때 검사제작자나 피험자들에게 익숙한 내용이라면 안면타당도가 있다고 한다. 만약 학업성취도검사에서 안면타당도가 너무 낮으면 피험자들에게 검사 문항이 낯설게 느껴지고 검사의 목적을 이해하지 못하거나 문항에 적절하게 반응하기 어려울 수도 있다. 이러한 경우에는 피험자 능력에 대한 추정에서 오차가 클 수 있어서 사용할지 여부를 신중하게 결정해야 한다. 그리고, 안면타당도는 학문적으로 과학성을 높지 않기 때문에 최근에는 이 용어를 사용하지 않는다.

(2) 추정방법

학교교육에서 교육목표의 성취 정도를 판단하는 학업성취도검사의 경우에 타당도 검증을 위해 내용타당도가 많이 사용된다. 내용타당도를 교과타당도와 교수타당도로 구분하는 의견도 있다(성태제 외, 2009). 교과타당도(curriculum validity)란 검사가 교육과정에 있는 내용을 얼마나 잘 포함하고 있느냐 하는 문제이고, 교수타당도(instructional validity)는 수업 중에 가르치고 배운 내용이 얼마나 잘 포함되어 있느냐를 말하는 것이다. 학업성취도검사에서는 교과타당도와 교수타당도가 높아야 하며, 이를 위해 교육목표를 내용 영역과 행동 영역으로 나눈 교육목적이원분류표가 사용되어 왔다.

(3) 장단점

내용타당도는 비록 계량화하기 힘들기는 하지만, 전문가들의 판단에 의하여 검사의 타당성을 입증받을 수 있으므로 검사 목적에 부합하다는 것을 검증할 수 있는 장점이 있다. 일반적으로, 어떤 분야에서든 전문가들은 그들 나름의 전문적인 판단 기준을 공유하고 있으므로, 동일한 검사도구에 대해 서로 전혀 다른 견해를 표출하는 경우는 많지 않다고 볼 수 있다.

하지만, 검사의 주요 내용에 대한 공통된 인식이 확보되지 않았을 경우에는 내용타당도가 높게 나타나지 않을 수도 있다. 예를 들어, 인간의 성격에 대한 정의는 매우 다양한데, 그 가운데 어떤 정의를 토대로 검사도구를 제작했느냐에 따라 전문가들 간에도 내용타당도에 판단이 크게 달라질 수도 있는 것이다. 이와 같이, 내용타당도의 단점은 타당도를 판단하는 객관적인 기준을 확보하기 어려울 수 있다는 것과 계량화되지 않기 때문에 타당도의 정도를 수치로 표기할 수 없다는 것이다.

3 준거타당도

준거타당도(準據妥當度)의 정의는 한 검사의 점수와 하나의 준거의 상관계수로 검사도구의 타당도를 나타내는 것이다. 준거타당도는 준거 관련 타당도(criterion-related validity)라고 표현되기도 한다. 이하에서는 준거타당도라고 쓴다. 준거타당도는 경험적 타당도, 목표지향타당도라고도 부른다. 준거타당도는 검사도구의 측정결과와 현재나 미래의 특정 준거간의 경험적 관계를 토대로 타당성을 평가하는 방법이라는 점에서 경험적 타당도라고 하며, 교육현장에서 관심을 갖는 준거는 교육의 목표 및 내용이기 때문에 목표지향 타당도라고도 한다. 준거타당도는 예언타당도와 공인타당도를 포함한다.

1) 예언타당도

(1) 정의

예언타당도(豫言妥當度, predictive validity)는 준거타당도의 하나로서, 현재 어떤 검사도구에서 나온 피험자의 점수와 미래에 나타날 어떤 행동 특성을 준거로 하여 얼마나 미래를 잘 예언할 수 있는지를 추정하는 타당도이다. 예언타당도의 관심은 어떤 검사점수가 미래의 행동 특성을 얼마나 잘 예측하는지 알아보는 것이기 때문에, 예언타당도를 예측타당도라고 표현하기도 한다. 예를 들어, 어떤 사람이 비행기 조종사가 되기 위한 훈련을 받는데, 비행기 조종사로서의 적성 검사를 실시했을 때, 그 검사에서 높은 점수를 받은 조종사가 나중에 실제로 비행사로서 오랜 시간 동안 안전운항을 했다면, 그 적성검사는 예언타당도가 높다고 할 수 있다. 또 다른 예로 대학입학수학능력시험을 들 수 있다. 많은 대학들은 신입생 선발 전형에서 수능점수를 주요한 요소로 포함시키고 있다. 그 이유는 수능점수가 대학 입학 후의 성공적인 학업성취에 대한 예측 자료로 받아들여지기 때문이다. 즉, 수능시험점수가 높은 학생은 대학에서도 성공적으로 학업을 수행할 가능성이 높다고 볼 수 있으므로, 수능의 예언타당도가 높다고 볼 수 있는 것이다.

(2) 추정방법

예언타당도를 추정하는 절차는 다음과 같다. 먼저 어떤 피험자 개인이나 집단에게 새로 제작한 검사를 실시한다. 그 다음 일정한 시간이 지난 후에 그 검사에서 측정한 내용과 관련된 행동을 측정한 후 첫 번째 검사에서의 점수와 미래의 준거 간의 상관계수를 산출해서 예언타당도를 추정한다. 이 때 상관계수는 최소 0.0에서 1.0 사이에 분포하며, 0.0에 가까울수록 예언타당도가 낮은 것이고, 1.0에 가까울수록 예언타당도가 높은 것이다. 0.0은 무상관, 전혀 상관이 없음을 뜻하며, 1.0은 완전한 상관, 한 검사로 미래의 행동 특성을 완전하게 예측할 수 있다는 뜻이다. 0.0과 1.0은 이론적인 수치이며, 대개의 검사도구에서 나온 수치들은 0.0과 1.0 사이 어딘가에서 나타난다. 상관계수가 클수록 예측의 정확성이 커지고 예측의 오차는 적어진다.

(3) 장단점

예언타당도의 장점과 단점을 살펴보자. 예언타당도의 장점은 선발, 채용, 배치 등을 목적으로 하는 검사나 시험에 적절하다는 것이다. 예언타당도가 높은 검사도구는 현재의 검사 결과로 미래의 행동 특성을 잘 예측할 수 있기 때문이다. 하지만, 미래의 행동 특성이 잘 예측되었는지를 확인하기 위해서는 시간이 오래 걸린다는 것이 단점이다. 또한, 일정한 시간이 지난 후에 상관 계수를 산출해야 하기 때문에, 검사 실시 후에 해당 특성이 변화될 수 있는 가능성을 배제할 수 없다는 것도 단점이다. 가령, 초등학교 3학년에 실시한 수학시험 점수는 그 학생의 중학교에서의 수학 학업성취에 대한 예측을 어느 정도 가능하게 해주지만, 그 학생이 중학교 입학 전에 수학 공부를 아주 열심히 해서, 학업성취도 향상이 매우 급격하게 이루어질 가능성도 있는 것이다.

2) 공인타당도

(1) 정의

공인타당도(共因妥當度, concurrent validity)는 어떤 검사도구에서 구한 점수와 이미 타당성을 검증받은 다른 검사도구에서 구한 점수와의 상관계수를 산출하여 어떤 검사도구의 타당성을 추정하는 방법이다. 이 때, 두 검사도구 간에는 공인(共因)이 있다는 전제가 가정된다. 공인(共因)이란 공통요인, 공통관계, 공변관계를 의미한다. 즉 공인타당도에서는 검사 X와 검사 Y 사이에 어떤 공통요인, 공통관계, 공변관계가 있다고 가정하고, 검사 결과에 따라 공인의 정도를 산출한다. 만약 두 검사간에 공인이 높다면, 검사X로 검사

Y를 추정하거나 대체할 수 있다고 본다.

(2) 추정방법

예를 들어, 유아용 지능검사를 새로 개발했다면, 동일 집단에 새로 개발된 검사와 거의 동시에 K-ABC 지능검사를 실시하여 두 검사의 상관계수를 계산함으로써 새로 개발된 검사의 타당성을 검증한다(김석우 외, 2021). 이러한 방법이 공인타당도를 추정하는 것이다.

예언타당도와 공인타당도 간에는 두 가지 차이가 있다. 첫째, 예언타당도는 행동의 준거가 미래에 있고, 공인타당도는 행동의 준거가 현재에 있다. 공인타당도는 검사 X와 준거 Y가 본질적으로 동시에 측정된다. 한 행동특성을 측정한 검사 X와 검사 밖에 존재하는 행동준거 Y 간에 현재 어느 정도 일치하느냐를 판단한다. 둘째, 공인타당도는 준거의 성질을 예언에 두지 않고, 공통된 요인이 있는지에 둔다. 공인타당도는 검사 X와 검사 Y 간에 어떤 공통요인, 공통관계, 공변관계가 있는지를 알아보고 검사 X로 검사 Y를 대체할 수 있느냐는 개념이다.

아래의 예를 통해 공인타당도의 의미를 살펴본다. 수학 성적검사와 지능, 학교에 대한 태도, 수학과목에 대한 태도, 일반적 자아개념, 수학 자아개념 등에 관한 상관이 다음과 같았다고 하자(황정규, 1998).

표 5-1 수학성적과 지능, 태도, 자아개념과의 단순상관

	수학 학업성적
지능	.20
학교에 대한 태도	.30
수학 과목에 대한 태도	.45
일반적 자아개념	.20
수학 자아개념	.68

위의 결과에 의하면 다른 어떤 변인보다 수학 학업성적은 '수학에 대한 자아개념'에 의해 가장 영향을 많이 받는다는 결론이 가능하다. 수학에 관련된 일반적인 정의적 특성(학교에 대한 태도, 일반적 자아개념)보다 수학에 대한 자아개념이 수학 성적과 깊은 관계가 있다는 것, 그리고 지능은 거의 영향을 미치지 못한다는 추론이 가능하다. 이와 같은 예시에서도 볼 수 있듯이, 공인타당도는 새로운 연구의 가능성을 탐색하고, 새로운 해석이

나 이론을 모색하기 위해 유용하게 이용될 수 있는 타당도 검증 방법이라는 것을 시사받을 수 있다.

(3) 장단점

공인타당도의 장점은 검사결과가 계량화되어 타당도에 대한 객관적인 정보를 제공한다는 것이다. 단점은 기존에 타당성을 인정받은 검사가 없을 경우에는 공인타당도를 추정할 수 없다는 것이다.

3) 구인타당도

(1) 정의

구인타당도(構因妥當度, construct validity) 개념을 이해하기 위해서 먼저 구인(構因)의 의미를 살펴본다(황정규, 1998). 구인타당도는 한 검사가 조작적으로 정의되지 않은 어떤 특성이나 성질을 측정했을 때, 그것을 과학적 개념으로 분석하고 의미를 부여하는 과정으로 규정할 수 있다. 조작적 정의(operational definition)는 한 개념이 관찰되는 사태를 정의의 한 부분으로 포함하는 정의(정범모, 1992; 41)이며, 정의하는 성향이 나타나는 조건을 정의의 일부로 포함시키는 정의(장상호, 2016; 158)이다. 조작적 정의는 추상적으로 밖에 설명할 수 없는 개념들을 측정이 가능한 형태로 명명하는 정의이다. 교육을 인간 행동의 계획적 변화로 정의하는 것은 조작적 정의에 해당한다. 교육을 인간 행동의 계획적 변화로 정의하면, 교육의 실제에 포함되는 요인과 활동을 구성요소로 교육을 정의하는 것이다. 지적 능력을 IQ 지능지수로 정의하는 것도 조작적 정의에 해당한다.

심리학자들은 인간의 지능을 측정하기 위해 지능검사를 창안했다. 그러나 지능이란 추상적인 개념에 비추어 보아 어떤 지능검사가 타당한지를 판단할 외적 준거가 없다. 준거타당도처럼 근거가 되어줄 준거가 존재하지 않는다. 그렇다면 무엇에 근거해서 지능검사를 타당화할 것인가? 그럼에도 지능검사는 의미있고 유효한 측정도구이다. 지능은 우리의 상상적 정신능력에 의해 창안해 낸 가설적인 실체이다. 이것이 바로 구인이다(황정규, 1998). 구인(構因, construct)이란 검사도구에 반영되어 있다고 가정하는 인간의 어떤 행동특성을 의미한다. 구인은 인간의 심리적 특성이나 행동 양상을 설명하기 위하여 존재를 가정하는 심리적 요인을 말한다.

'이 특성을 가진 사람은 X의 상황 아래서는 Y의 행동을 보일 것이다'라는 법칙 정립이 구인타당도의 핵심 과정이다. Cronbach와 Meehl(1955)은 구인타당도는 우선 그 성질이 아직 모호하고 조작적으로 정의되지 아니한 구인이 대상이며, 이 구인의 성질에 관한 이론과 법칙을 정립하려는 과정이기 때문에 검사 자체보다도 준거의 확인과 이론 형성이 보다 중심이 되는 타당화 방법이라고 주장했다(황정규, 1998; 재인용). 이와 같은 이유로 구인타당도라고 지칭하기 보다 '구인타당화(construct validation)'이라고 지칭하는 것이 더 적절하다는 주장도 있다.

(2) 추정방법

구인타당화의 과정 속에는 예언타당도, 공인타당도의 모든 과정이 포함된다. Cronbach(1970)는 구인타당도를 검증하기 위한 일반적 절차를 다음과 같이 제시했다(황정규, 1998; 재인용).

첫째, 검사점수 혹은 검사결과의 원인이 되는 구인이 무엇인지를 시사한다. 이 과정은 관찰 및 검사의 논리적 분석을 기초로 한 상상적 행위로 이루어진다.

둘째, 구인에 관련된 이론적 배경을 연구하고, 이론에서 추리할 수 있는 가설을 추출하는 과정이다. 이것은 과학의 논리적 추론 과정이다.

셋째, 가설을 검증하기 위해 귀납적이고 경험적인 연구를 실행하는 과정이다.

이상의 절차를 '교우관계도 검사'를 예로 들어 설명한다. '교우관계도 검사'는 친구가 몇 명인지, 어떤 아이들하고 친구가 되는지, 친구들하고의 관계는 원만한지, 친구들하고의 관계를 만족하는지 등을 알아보기 위한 검사라고 할 수 있다. 교우관계도 검사를 검사 X라고 할 때, '사회성' 개념을 교우관계도 검사의 구인으로 시사할 수 있으며, '친구의 수(number)'가 행동 특성 Y라고 할 수 있다. 심리학자들은 상상적 추리를 통해 '사회성'이 '교우관계도'의 구인 중 하나라고 가정한다. 물론 교우관계도의 구인에는 사회성 외에도 가정배경, 외모, 자기존중감, 성격 등 여러 가지가 포함될 수 있다. 심리학자들은 여러 가지 구인들을 종합하여 교우관계도 검사를 개발한다. 교우관계도 검사에서 높은 점수를 받은 학생은 낮은 점수를 받은 학생보다 친구가 많을 것이다'라는 가설을 추출한다. 즉, 검사 X를 통해 어떤 행동 특성 Y를 추정하는 것이다. 가설을 검증하기 위해 교우관계도 검사를 실시한 후, 가설이 성립하는지를 검증한다. 이 때 만약 검사가 타당하게 개발되었다면, 검사의 결과가 가설을 지지할 것이다. 즉, 교우관계도 검사에서 점수가 높은 학생은 이 검사에서 점수가 낮은 학생보다 친구가 많을 것이다'라는 가설이 성립됨을 입증하는 결과를 보여줄 것이다.

구인타당도를 검증하는 방법으로는 상관계수법, 실험설계법, 요인 분석을 들 수 있다(김석우 외, 2021; 203). 상관계수법은 각 구인에 의해 얻은 점수와 심리 특성을 측정하는 총점의 상관계수에 의해 타당도를 검증하는 방법이다. 예를 들어, 학습능력검사가 읽기, 쓰기, 셈하기, 암기하기라는 여러 영역 구인의 점수로 구성되어 있다면 각 구인에 의한 점수 간의 상관 및 각 구인 점수와 학습능력검사 총점과의 상관을 구할 수 있다. 이때 암기하기 구인 점수와 학습능력검사 총점의 상관이 낮고, 다른 구인 간의 상관에 비해 암기하기와 각 구인 간의 상관도 낮다면 암기하기는 학습능력을 나타내는 구인이 될 수 없다고 판단하게 된다.

실험설계법은 심리적 특성을 구성하는 심리적 구인을 실험집단(experimental group)에는 처치를 하고 통제집단(control group)에는 처치를 하지 않았을 경우 실험집단과 통제집단 간에 심리적 구인에서 차이가 나타나면 그 구인을 심리적 특성을 구인으로 보는 기법이다. 실험설계법은 실험연구 방법을 활용하는 것으로, 실험연구는 보통 상관연구의 연장으로 이루어진다. 정적 상관으로 나타난 교사의 질문 횟수와 학생의 성취 간의 관계 연구를 예로 들어 설명한다(신명희 외, 2023). 연구자는 교사들을 실험집단과 통제집단으로 무선할당(random assignment) 한다. 무선할당은 실험 전에 실험집단과 통제집단의 동질성을 확보하기 위한 것으로, 두 집단이 비교 가능하다는 것을 확인시켜 준다. 실험집단의 교사들은 학생들이 질문의 답에 실패했을 때 조언과 암시를 제공하도록 훈련을 받는데, 연구자는 이 훈련을 통해 '교사의 빈번한 조언' 변수를 계획적으로 조작하였다. 통제집단의 교사들은 아무런 훈련도 받지 않고 평상시에 그들이 하는 방식으로 수업을 했다. 학년말에 이 두 집단 교사들이 가르친 학생들의 읽기 성적을 비교하였는데, 실험집단 교사들이 가르친 학생들의 성적이 통제집단 교사들이 가르친 학생들의 성적보다 통계적으로 유의미하게 높았다면, 이 연구는 교사의 조언 제공이 학생의 성취를 높이는 원인이라는 결론을 내리게 한다.

요인분석(factor analysis)은 복잡하고 정의되지 않은 많은 변수 간의 상호관계를 분석하여, 상관이 높은 변수를 모아 요인으로 규명하고, 그 요인의 의미를 부여하는 통계적 기법이다.

(3) 장단점

구인타당도의 장점은 응답자료에 기초하고 계량적 방법에 의하여 검증되므로 과학적이고 객관적이라 할 수 있다는 것이다. 또한 심리적 특성에 부여한 조작적 정의의 타당성을 밝혀 주므로 많은 연구의 기초가 될 수 있다. 구인타당도의 단점은 요인 분석을 실시할 경우 변수 혹은 문항들간의 보다 안정적인 상관계수를 얻기 위하여 많은 연구 대상이 필요하다는 것이다. 요인 분석을 하기 위하여 일반적으로 300명 이상의 응답자가 필요하다(박도순 외, 2007).

4) 타당도의 적용

타당도 검증은 행동과학의 자료 분석의 기본적인 절차이다. 타당도가 보장되지 않은 검사도구를 통해 얻은 자료로 인간의 심리적 특성을 진단하고, 인성을 측정하고, 학업성취를 비교하며, 교육의 효과를 확인하는 것은 타당하지 않은 자료에 근거하여 잘못된 결론을 유도할 수 있기 때문에, 타당도 확보는 검사도구에서 중대한 문제이다(김석우 외, 2021). 이상에서 살펴본 내용타당도, 구인타당도, 공인타당도 등은 각각 개념적으로 독립적인 것이므로 검사도구의 타당도를 검증하기 위해서는 모든 방법을 사용하여 타당도를 검증하는 것이 바람직하다.

타당도 지수에 의하여 평가하는 절대적인 기준은 없으나, 상관계수에 의하여 추정하는 공인타당도와 예언타당도의 경우 .60 이상이면 타당도가 높다고 볼 수 있다. 상관계수의 언어적 표현기준에 의한 타당도 평가는 〈표 5-2〉와 같다.

표 5-2 상관계수 추정에 의한 타당도 평가

상관계수에 의한 타당도 지수	타당도 평가
.00 이상 ~ .20 미만	타당도가 거의 없다
.20 이상 ~ .40 미만	타당도가 낮다
.40 이상 ~ .60 미만	타당도가 있다
.60 이상 ~ .80 미만	타당도가 높다
.80 이상 ~1.00 미만	타당도가 매우 높다

출처: 성태제(2019).

4 신뢰도

검사도구의 타당도와 함께 신뢰도를 고려해야 한다. 타당도는 무엇(what)을 측정하고 있느냐의 문제이고, 신뢰도는 어떻게(how) 얼마나 잘 재고 있느냐의 문제라고 할 수 있다. 즉 신뢰도는 측정하려는 것을 얼마나 안정적이고 일관성있게 오차를 최소화하여 측정하는가에 관심을 둔다.

교육학이나 심리학 등 사회과학에서 어떤 측정도구로 인간 행동을 오차 없이 측정한다는 것은 불가능하기 때문에, 측정의 오차는 극복하기 힘든 문제이다. 하지만, 얼마나 그 오차를 줄이는가에 따라 검사의 질은 높아질 수 있으며, 오차의 최소화가 신뢰도의 과제라고 할 수 있다. 신뢰도란 검사 점수의 양호도를 판단하는 중요한 개념 중 하나로서, 측정이 얼마나 일관성 있으며, 오차로부터 얼마나 벗어나 있는지를 나타낸다.

어떤 검사도구가 어떤 특성을 측정할 때마다 동일하거나 유사한 점수를 얻는다면, 이 검사도구의 신뢰도는 높다고 말할 수 있다. 가령, 어떤 학생의 체중을 재는 동일한 체중계로 세 번 측정했을 때, 세 번 모두 65kg으로 결과가 나왔다면 이 체중계의 신뢰도는 매우 높다. 반면, 어떤 체중계는 연속하여 세 번 쟀는데, 그 결과가 60kg, 57kg, 63kg으로 나왔다면, 이 체중계의 신뢰도는 매우 낮은 것이다.

신뢰도를 추정하는 방법은 두 가지이다. 두 검사 점수의 상관계수로 측정하는 방법과 측정의 오차개념으로 추정하는 방법이 있다. 상관계수로 추정하는 방법은 동일한 검사를 두 번 실시하거나 하나의 검사와 동형검사 점수의 상관계수를 사용하는 것이다. 또 측정의 오차개념으로 추정하는 방법은 진점수와 관찰점수의 비율을 사용하는 것으로, 관찰점수의 분산에서 진점수 분산이 차지하는 비율이 높고 오차점수의 분산이 작다면 신뢰도가 높아지게 된다.

신뢰도를 검증하는 방법에는 대표적으로 재검사 신뢰도, 동형검사 신뢰도, 반분검사 신뢰도, 문항내적 일관성 신뢰도 등이 있다.

1) 재검사 신뢰도

재검사 신뢰도(test-retest reliability)는 동일한 검사를 동일한 대상에게 일정한 시간 간격을 두고 두 번에 걸쳐 실시했을 때 두 번 실시한 시험점수가 일치되는 정도를 의미한다. 두 번 실시한 점수가 일치되는 정도를 의미한다는 점에서 안정성 계수라고 부른다. 검사-재검사 신뢰도에서 오차의 근원은 시간 간격이다.

검사-재검사 신뢰도는 동일 검사를 동일 집단에게 두 번 실시하여 얻은 두 검사점수간의 상관계수로 추정된다.

신뢰도 추정방법이 간단하다는 장점을 지니고 있지만 여러 가지 단점을 지니고 있다. 첫째, 시험 간격 설정에 따른 논란이다. 시험 간격 설정은 검사를 두 번 시행하는 데 따른 기억 효과를 배제하기 위한 기간을 의미한다. 일반적으로 2주에서 4주의 기간을 설정하나 검사도구의 특성이 시험 간격 설정의 주요 변수가 된다.

둘째, 검사를 두 번 시행하는 데 따른 문제점이다. 현실적으로 검사를 두 번 시행해야 하는 번거로움과 동일한 검사환경, 검사에 대한 동일한 동기와 검사태도를 만들기 어렵다는 점이 문제로 제기된다.

2) 동형검사 신뢰도

동형검사 신뢰도(parallel-form reliability)는 문항내용은 다르지만 측정내용, 문항수, 문항형식 등이 같도록 만든 두 개의 동형검사를 동일한 대상에게 연속적으로 실시했을 때 두 개의 검사에서 받은 점수가 일치되는 정도를 의미한다. 동형검사 신뢰도는 두 검사의 유사성을 측정하며 평행검사 신뢰도라고도 한다.

동형검사 신뢰도는 두 개의 동형검사가 제작되어 동일 피험자에게 검사가 두 번 시행되어야 한다. 두 번 시행으로 얻어진 각 피험자의 검사점수간의 상관계수를 계산하여 동형검사 신뢰도를 추정한다.

동형검사 신뢰도는 두 개의 동형검사를 동일 집단에게 동시에 시행하므로 시험 간격이 문제가 되지 않으며 신뢰도 계수 추정이 쉽다는 점이 장점이다. 단점으로는 동형검사 제작이 어렵다는 점을 들 수 있다. 동형검사 신뢰도는 추정 시 두 검사의 동형성 여부에 따라 동형검사 신뢰도 계수가 달리 추정되는 단점이 있으므로 연구자의 검사도구 제작 능력에 따라 신뢰도 계수가 영향을 받는다.

3) 반분검사 신뢰도

반분검사 신뢰도(split-half reliability)는 한 번에 실시한 검사문항을 동형이 되도록 두 부분으로 나누어 두 부분에서 얻은 점수들이 어느 정도 일치하는가의 정도를 의미한다. 반분검사 신뢰도는 하나의 검사를 가지고 추정해낸 동형검사 신뢰도라는 점에서 아주 간편하고 경제적인 방법이다. 반분검사 신뢰도는 한 개 검사를 반쪽으로 나누어 구한 상관계수이므로 Spearman-Brown의 수정공식을 교정하여 문항수를 두 배로 증가시켰을 때의 신뢰도를 구하면 된다.

검사점수를 양분하는 방법으로 전후절반법, 기우절반법, 문항특성에 따른 양분법, 무선양분법이 있다. 반분검사 신뢰도는 한 번의 검사 실시로 신뢰도를 추정할 수 있는 장점을 지니고 있으나, 검사를 양분하는 방법에 따라 신뢰도 계수가 변하는 단점을 지니고 있다.

특히 속도검사에서 반분검사 신뢰도를 사용할 때, 주의가 필요하다. 만약에 100문제 중에 60개를 풀었다면, 60개 문항을 거의 다 맞혔을 것이고, 그 문항들을 짝수와 홀수로 나누어 신뢰도를 구한다면 거의 1.0에 가까운 신뢰도를 구할 수 있기 때문이다. 따라서 속도검사에서는 검사-재검사 신뢰도가 더 적합한 것으로 여겨진다.

반분검사 신뢰도 추정방법은 검사재검사 신뢰도와 동형검사 신뢰도의 문제점을 극복할 수 있는 장점을 지니고 있다. 즉 한 번의 검사를 실시하여 신뢰도를 간편하게 추정할 수 있다. 그러나 반분신뢰도는 원래 검사를 반분하기 때문에 신뢰도가 과소 추정될 가능성이 있다. 그래서 추정된 신뢰도를 그대로 사용할 수 없고 교정공식을 적용한 이후에 사용해야 한다.

4) 문항내적 일관성 신뢰도

문항내적일관성 신뢰도(internal consistency reliability)는 검사를 구성하고 있는 문항간의 일관성을 측정하므로 검사도구가 얼마나 오차 없이 정확하게 측정하고자 하는 속성을 측정하였느냐 하는 문제이다. 내적일관성 신뢰도에는 반분검사 신뢰도, Kuder-Richardson 20, Kuder-Richardson 21, Hoyt 신뢰도, Cronbach α 등이 있다.

내적 일관성 신뢰도 가운데 검사를 한 번 실시하여 양분하지 않고 문항 간의 일치 정도를 추정하는 방법은 KR-20, KR-21, Hoyt 신뢰도, Cronbach α계수 등이 있다. 이 가운데 가장 널리 사용되는 방법은 Cronbach 알파(α)계수이다.

Cronbach 알파 계수를 추정하는 공식은 다음과 같다.

$$\alpha = \frac{n}{n-1}\left[1-\frac{\sum_{i=1}^{n}\sigma^2 Y_i}{\sigma^2 x}\right]$$

n: 문항수

$\sigma^2 Yi$: i 번째 문항점수의 분산

$\sigma^2 x$: 총점의 분산

Cronbach α계수는 검사를 양분하지 않아도 되는 장점과 단일한 신뢰도를 추정하는 결과를 얻을 수 있고, 재검사 신뢰도, 동형검사 신뢰도, 반분검사 신뢰도가 지니는 단점을 극복할 수 있는 장점이 있다. 최근 각종 연구보고서에서 가장 많이 활용되는 신뢰도 추정 방법이라 할 수 있다. 그러나 검사도구의 신뢰도를 과소 추정하는 점을 들 수 있으나 이를 단점이라 할 수 없다.

5) 신뢰도의 적용과 신뢰도에 영향을 미치는 요인

(1) 신뢰도의 적용

검사도구를 개발하거나 검사도구를 사용할 때 신뢰도에 대한 정보가 제공되어야 한다. 일반적으로 재검사 신뢰도가 가장 높고, 동형검사 신뢰도, 반분검사 신뢰도, 문항의 내적 합치도, Cronbach α 계수 순인데, 재검사 신뢰도의 경우 과대추정과 과학성의 결여로 인해 최근에는 사용이 권장되지 않으며, 가장 최근에 제안된 Cronbach α 계수가 일반적으로 사용되고 있다.

(2) 신뢰도 증가에 영향을 미치는 요인

신뢰도 증가에 영향을 주는 요인들은 다음과 같다(김석우 외, 2021).

첫째, 양질의 문항수가 많아야 한다. 인간의 속성을 측정할 때 적은 수의 문항보다 많은 수의 문항으로 검사를 실시할 때 측정의 오차를 줄일 수 있다. 양질의 문항수를 증가시키면 신뢰도계수는 증가하지만 계속 선형적으로 증가하는 것이 아니라 곡선형적으로 증가한다.

둘째, 개별 문항의 난이도를 중간으로 맞추려고 노력하는 것보다 개별 문항으로 구성된 전체 검사의 난이도가 중간 정도가 되도록 검사를 구성하는 것이 바람직하다. 검사가 너무 어렵거나 너무 쉬우면 검사의 불안과 부주의로 인하여 일관성있게 응답하기 어려우므로 신뢰도가 낮아진다.

셋째, 문항의 변별도가 높아야 한다. 변별도가 높은 문항은 능력이 높은 피험자와 능력이 낮은 피험자를 구분해 주는 정도를 의미하므로, 문항변별도가 높을수록 검사의 신뢰도가 높아진다.

넷째, 검사도구의 측정내용이 보다 좁은 범위의 내용이어야 한다. 이는 검사내용의 범위가 좁을 때 문항간의 동질성을 유지하기가 쉽기 때문이다.

다섯째, 검사시간이 충분해야 한다. 피험자들은 검사시간이 충분할 때 안정적으로 응답하고 자신의 능력을 제대로 발휘할 수 있다. 이는 문항수와 관계되는 것이기도 하다. 그러므로 신뢰도는 속도검사에는 적절하지 않다.

여섯째, 피험자들이 검사에 대한 흥미가 높고 일정 정도로 성취동기가 높으면 신뢰도는 증가한다.

일곱째, 피험자 집단이 이질적일 때 신뢰도는 증가한다. 신뢰도는 진점수 분산 대 관찰점수의 분산으로 정의되므로, 진점수 분산이 작다면 오차요인이 더 크게 작용하게 되어 신뢰도는 상대적으로 작아진다. 따라서 동일 검사라도 집단이 동질적일 경우 신뢰도가 상대적으로 작을 수 있다.

(3) 타당도와 신뢰도의 관계

타당도와 신뢰도의 관계에 대해 살펴보면, 타당도와 신뢰도는 다른 개념이기는 하지만, 상호간에 연관성이 있다. 검사도구에서 관찰된 점수는 진점수와 오차점수로 구분되며, 진점수는 타당한 진점수와 타당하지 않은 진점수로 구분된다. 타당하지 않은 진점수는 신뢰롭기는 하지만 타당성이 없는 내용을 측정한 점수를 뜻한다. 이때 진점수는 신뢰도에 해당하는 부분이며, 타당한 진점수는 타당도가 된다.

따라서 타당도가 높기 위해서는 신뢰도가 높아야 하지만, 신뢰도가 높다고 해서 반드시 타당도가 높은 것은 아니다. 즉, 신뢰도와 타당도의 관계에서 신뢰도는 타당도를 위한 필요조건이지 충분조건은 아니다. 즉, 적정한 난이도와 높은 변별력이 있는 좋은 문항으로 구성된 검사는 신뢰도가 높을 가능성이 많으며, 이는 타당도가 높기 위한 필요조건인 것이다.

5 객관도

1) 평가자내 신뢰도

평가자내 신뢰도(intra-rater reliability)는 한 평가자가 모든 측정 대상에 대하여 계속해서 일관성있게 평가하였는지를 의미한다. 평가자내 신뢰도인 개인의 일관성이 전제되지 않는다면, 채점의 기준이 대상에 따라 변화된다는 것을 의미한다. 그러므로 평가자내 신뢰도는 평가자간 신뢰도 추정의 기본 전제 조건이 된다.

2) 평가자간 신뢰도

평가자간 신뢰도(inter-rater reliability)는 한 평가자가 다른 평가자와 얼마나 유사하게 평가하였는지를 의미한다. 학교교육과 관련하여 평가자간 신뢰도가 중요한 상황은 실기고사, 논술고사, 입시면접 등이다. 예를 들면, 대입 미술 전공 실기고사에서 어떤 학생이 그린 인물화를 보고 채점자들이 서로 다른 평정을 하거나 체육 실기고사에서 어떤 학생의 무용 실기를 평가하는데 5명의 채점자들이 서로 전혀 다른 채점 결과를 냈다면 이는 객관도가 낮은 경우이다. 실기고사, 논술고사, 입시면접 등이 피평가자에 미치는 영향은 매우 클 것이므로, 평가에서의 공정성은 무엇보다도 중요하다. 평가의 공정성을 담보하기 위해서 사전에 공통적인 평가 기준을 마련한다. 공통적인 평가 기준이 있음에도 불구하고, 동일 대상에 대한 평가 결과가 평가자마다 크게 다르다면, 평가자간 신뢰도가 낮은 것이다.

평가자간 신뢰도를 추정하기 위해서는 우선 평가자가 동일한 행위를 하거나 같은 문항에 응답해야만 하며, 평가자들은 상호독립적으로 동일한 평가대상자들을 평가해야만 한다(김석우 외, 2021). 평가자간 신뢰도를 추정하는 방법은 변수에 따라 달라진다. 양적 변수일 경우에는 상관계수법이나 일반화가능도이론을 사용하며, 질적 변수일 경우에는 일치도 통계와 Cohen의 Kappa 공식을 사용한다.

3) 객관도의 적용

객관식 검사에서는 객관도가 문제되지 않지만 서답형 문항으로 구성된 지필검사, 평가자의 평정을 요구하는 관찰이나 면접에서는 다양한 오류로 인해 채점의 오차가 발생한다.

후광효과는 평가대상에 대한 평가자의 인상이 평정에 영향을 주는 것으로, 외모가 준수한 학생에게 성적을 높게 주는 것을 예로 들 수 있다. 관용 혹은 엄격함의 오류는 평정자의 평정기준이 후하거나 인색하여 높거나 낮은 점수를 주는 오류를 말한다. 집중경향의 오류는 판정을 내리기 어렵거나 잘 모를 경우 중간 점수를 부여하는 오류를 말한다. 논리적 오류란 평정할 문항들이 논리적으로 관련되어 있을 때 유사하게 평정을 하는 것으로, 예를 들면 어휘력과 발표력은 서로 다른 평정 내용인데 평정자의 논리적인 판단에 따라 유사하다고 생각되어 유사하게 평정을 하는 것이다. 근접의 오류는 평정문항이 연속되어 있을 경우에 유사하게 평정을 하는 것이다. 대비의 오류는 평정자의 대비되는 특성을 지닌 평가대상에 대하여 과대 혹은 과소 평정을 하는 것을 말한다.

일반적으로 객관도가 낮은 이유는 검사도구 자체가 불완전해서일 수도 있겠으나, 평가자의 소양이 부족해서 일수도 있다. 따라서 객관도를 높이기 위해서는 평가도구 및 평가기준을 객관화해야 하며, 채점자의 평가의 대한 소양, 즉 평가전문성을 높여야 하며, 가능하다면 혼자 평가하는 것보다는 여러 사람이 공동으로 평가하여 그 결과를 검토하고 종합하는 것이 바람직하다.

6 실용도

검사도구의 실용도(practicality)는 검사도구의 목적과 관련하여 실제적인 활용도를 의미한다. 어떤 검사도구가 문항제작, 평가실시, 채점에 드는 비용, 시간, 노력 등을 최소화하면서 평가의 목적을 달성할 수 있는 정도를 뜻한다. 실용도의 의미를 검사도구의 내적 실용도와 외적 실용도로 구분할 수 있다. 검사도구의 내적 실용도는 평가자의 입장에서 검사 목표를 달성하는 데 검사 도구의 준비에서 결과를 산출하기까지 얼마나 신속한지를 의미하며, 외적 실용도는 제작된 검사도구를 사용하는 데 얼마나 편리한지를 뜻한다. 내적 실용도는 검사에 필요한 시간과 도구의 사용 범위가 중요한 요인으로 신속성과 활용성을 판단하는 것이다. 외적 실용도는 검사에 투입되는 평가자의 노력이 가장 중요한 판단 기준이며 검사 도구의 편의성을 의미한다.

(1) 내적 실용도

검사도구의 내적 실용도는 검사 준비에서부터 검사의 결과를 산출하기까지 걸리는 시간이 빠를수록 높아진다. 내적 실용도가 높아지기 위한 조건들은 다음과 같다.

첫째, 같은 목적을 위해서는 전체 문항수가 적을 뿐만 아니라 하위문항이 적을수록 내적 실용도가 높아진다.

둘째, 검사문항들의 지시사항이 간단하고 분명해서 피평가자가 이해하기 쉬울수록 내적 실용도가 높아진다.

셋째, 검사도구의 활용 범위가 넓을수록, 그리고 반복해서 사용할 수 있을 때 내적 실용도가 높아진다.

(2) 외적 실용도

검사도구의 외적 실용도는 평정자의 노력과 도구 제작 및 도구 사용의 비용을 측정하는 것이다. 다음은 외적 실용도가 높기위해 필요한 조건들이다.

첫째, 평정자가 검사를 시행하기 위해서는 검사도구를 이해하기 쉬워야 한다. 검사의 절차와 방법을 배우는 데 많은 노력과 시간이 필요하다면 실용도는 낮아진다.

둘째, 검사도구를 제작하는 투입 비용이 최소화 되어야 한다. 문항 제작이나 검사에 고도의 기술이 필요하거나 다른 도구를 많이 사용하여 비용이 많이 든다면 검사의 실용도는 낮아진다.

셋째, 검사를 시행할 때 통제해야 할 다른 외적 상황들이 최소화 되어야 한다. 통제해야 할 외적 상황들이 많을수록 실용도는 낮아진다.

외적 실용도는 추정하는 방법은 비용 편익을 기초로 한 비용편익법과 내용 전문가 패널을 기초로 분석하는 내용분석법의 CVR을 사용한다.

비용편익법

비용편익법(Practicality on Cost and Benefit: PCB)은 특정 검사도구를 사용할 때 드는 비용과 편익을 비교하고 분석하여 검사도구의 실용도를 측정하는 방법이다. 실용도를 계산하는 공식은 다음과 같다.

$$P = (MB \times Ns) - (MC \times Nf) - tc$$

MB = 전체 평균이익
MC = 전체 평균비용
tc = 개별 검사비용
Ns = 성공수
Nf = 실패수

그런데, 검사의 비용과 편익을 데이터로 정확하게 산정할 수 있으면 이 방법으로 실용도를 산출할 수 있지만, 그렇지 못할 경우에는 이 방법으로 실용도를 산출할 수 없다.

내용분석법

비용편익법(PCB)으로 실용도를 산출할 수 없을 경우에는 내용 전문가 패널의 내용분석법(Practicality on Content Analysis: PCA)을 이용하여 실용도를 산출할 수 있다. 내용분석법에 의한 실용도 계수는 Lawsher의 CVR(CVR)을 사용한다. CVR 공식은 다음과 같다.

$$CVR = \frac{en-(N/2)}{N/2}$$

N: 전체 응답자수
EN: '실용적이다'라고 응답한 응답자수

표 5-3 응답자수에 따른 CVR의 최소값(P=.05, Lawsher, 1975) 기준

응답자수	10	11	12	13	14	15	20	25	30
최소값	.62	.59	.56	.54	.51	.49	.42	.37	.33

예를 들어, 어떤 회사에서 신입사원을 선발하기 위해 제작한 직무적성검사의 외적 실용도를 내용분석법에 의해 산출할 때 직무적성검사 전문가 20명을 대상으로 리커르트 5점 척도에서 '실용적이다'라고 대답한 응답자수가 10명이라면, 공식에 따라 산출되는 실용도의 CVR값은 .00으로 20명일 때의 최소값인 .42에 미치지 못하므로 이 직무적성검사 만

으로는 응시자의 전반적인 직무적성을 평가하는 데는 실용적이지 못하다고 판단하는 것이다.

(3) 실용도의 적용

만약 검사도구의 타당도가 확보되지 않는다면, 검사도구의 실용도는 추정하는 것이 별 의미가 없다. 즉 타당하지 않은 검사도구는 실용도를 논할 가치가 없는 것이다. 실용도는 검사도구의 타당도에서 시작되며, 실용도의 첫 번째 원리는 타당도라고 할 수 있다. 그러나 타당도가 높아진다고 해서 당연히 실용도가 높아지는 것은 아니다. 타당도를 높이기 위해서 검사의 구성요인들을 정밀하게 할 목적으로 문항수를 늘리면 검사도구의 타당도는 높아지지만, 그로 인해 실용도는 낮아진다. 신뢰도 또한 실용도에 영향을 미친다. 검사를 반복해서 측정한 결과가 일관됨을 보여주는 신뢰도가 확보되지 않는다면 실용도를 논의할 필요가 없다. 검사의 지시사항이 간단하고 명백해서 검사문항을 이해하는 데 어려움이 없을 경우, 즉 실용도가 높아지면 검사도구의 신뢰도 또한 높아진다. 따라서 타당도와 신뢰도가 높은 검사도구라 할지라도 실용도가 떨어진다면 그 검사도구를 실제로 활용하는 데는 한계가 생길 수 있다.

제 6 장 문항 제작

1. 문항 제작의 기초
2. 문항의 구성 요소
3. 좋은 문항의 조건
4. 문항 제작자의 자격
5. 문항의 유형
6. 문항 유형 분류 및 문항 제작
7. 문항의 제작과 편집

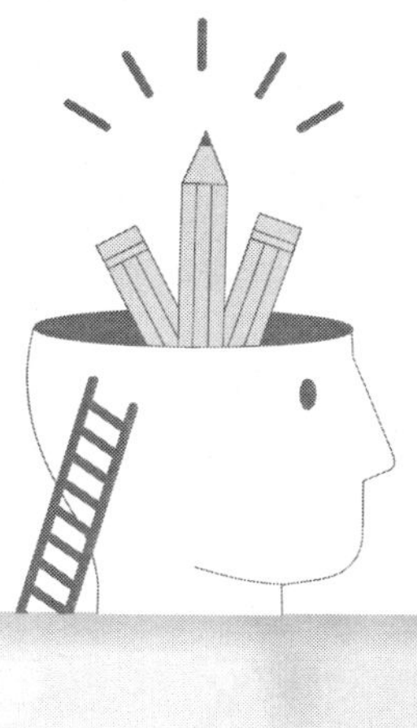

제 6 장 문항 제작

1 문항 제작의 기초

5장에서 살펴본 바와 같이, 검사(test) 도구의 기본 조건은 타당도와 신뢰도를 확보하는 것이다. 타당도와 신뢰도는 평가 유형 및 방법, 문항 수, 검사 요건 등 여러 요인에 의해 영향을 받지만, 평가도구 자체의 측면에서는 무엇보다 검사 문항(test item)의 질(quality)에 의존한다. 각각의 문항이 신뢰롭고 타당해야 한다는 것이 검사의 가장 기본적인 요건이다.

2 문항의 구성 요소

검사 문항은 출제자가 피험자에게 어떤 자극을 제시하고, 피험자가 이에 반응하는 형식을 따른다. 문항의 형식은 대개 질문의 형식을 띠기도 하지만, 반드시 모든 문항이 의문문과 같은 형식을 취하는 것은 아니기 때문에 문항은 '질문(question)'과는 다르다. 문항의 요소는 지시문, 지문, 그래픽, 문두, 답지 등으로 구성되어 있다. 문항의 대표적인 구성 요소는 지시문(direction), 문두(stem), 답지(option)이다. 지시문은 문항에 어떻게 반응해야 하는지를 알려주는 문장이다. '아래의 지문을 읽고, 안내에 따라 답하시오.'가 지시문에 해당한다. 지시문은 일련의 문항에 공통적으로 사용되는 공통지시문과 각각의 문항에 사용되는 개별지시문으로 구분된다. 문두는 피험자의 반응을 유도하기 위해 질문을 하거나 반응을 요청하는 상황을 제시하는 부분이다. '다음 중 민주주의 정치 제도에 대한 설명으로 적절하지 않은 것을 고르시오'가 문두에 해당한다. 답지는 선택형 문항에서 문두에 대한 선택지를 말한다. 서답형 문항은 지시문과 문두로만 구성된다. 답지는 정답지와 오답지로 구분된다.

3 좋은 문항의 조건

다음과 같은 조건을 충족시키기 위해 노력한다면 좋은 문항이 될 수 있는 가능성이 커진다(박도순, 2007).

첫째, 문항에서 요구하는 능력이 원래 측정하고자 하는 능력과 일치해야 한다. 즉, 문항 내용과 평가 목표가 일치해야 한다.

둘째, 복합성(complexity)을 지녀야 한다. 단순 지식의 기억 여부를 묻기 보다는 분석, 종합, 평가 등의 고등정신능력을 묻는 문항이어야 한다.

셋째, 참신성(novelty)을 지녀야 한다. 문항의 형식 및 내용이 현재까지 많이 사용되어 온 진부성을 벗어나 수험자에게 새로운 경험을 주는 것이어야 한다.

넷째, 문항이 모호하지 않도록 구조화 되어야 한다. 구조화란 문항의 체계성과 명료성을 의미하는데, 문항 제작자는 수험자가 답해야 할 방향을 명확하게 안내해야 한다. 일반적으로 선택형 문항이 서답형 문항보다 더 구조화되어 있다고 볼 수 있다.

다섯째, 문항은 학습동기를 유발시킬 수 있어야 한다. 검사나 시험도 교육활동의 일부이므로, 학생들의 사고력을 배양하고 학습에 대한 흥미와 도전감을 불러일으키도록 제작되고 활용될 필요가 있다.

여섯째, 문항 제작 원리와 검토 지침 등에 충실해야 한다. 검사 목적 및 학생 수준에 적합하고, 문항 제작 원리 혹은 유의점에 충실하며, 교육적으로 바람직하고, 특정 집단에 유리하거나 불리하지 않고 공정해야 하는 요건을 충족시켜야 한다.

4 문항 제작자의 자격

교육의 질이 교사의 질을 넘어설 수 없듯이, 문항의 질 또한 문항 제작자의 질을 넘어설 수 없다. 훌륭한 문항 제작자가 갖추어야 할 조건을 제시하면 다음과 같다(박도순, 2007).

첫째, 평가하려는 교과목에 대해 충분히 이해해야 한다. 이를 위해 담당 교과의 교육과정, 교과서, 교사용 지도서의 내용을 두루 섭렵하고, 정확하게 이해할 필요가 있다.

둘째, 평가받는 대상에 대해 잘 알고 있어야 한다. 평가대상의 인지 및 학습 발달의 수준, 어휘수준, 어려워하는 문항들의 특성을 파악할 필요가 있다.

셋째, 문항 제작에 대한 지식, 기술, 기능을 습득해야 한다. 문항 제작 절차, 문항의 유형 및 장점과 단점, 좋은 문항의 조건, 문항 제작 시 유의점 등에 대해 깊은 이해가 갖추어졌을 때 타당하고 신뢰로운 검사 문항 제작이 가능해지기 때문이다.

넷째, 훌륭한 언어 구사력 및 문장력을 갖춰야 한다. 문항 제작자는 자신의 생각을 글로 정확하고 명료하게 표현할 수 있어야 한다. 자신의 작성한 글이나 문항을 국어 교사를 비롯해 동료 교사들에게 검토받는 과정을 거친다면 문장력이 길러질 수 있을 것이다.

다섯째, 풍부한 문항 제작 및 검토 경험을 쌓아야 한다. 앞서 제시한 조건을 두루 갖추었다고 해도, 좋은 문항을 제작하기 위해서는 실제로 문항을 제작하고 검토해보는 경험을 풍부하게 쌓아야 한다.

5 문항의 유형

일반적으로 문항의 유형은 응답자의 반응 형식에 따라 선택형 문항(selection-type-item)과 서답형 문항(supply-type-item)으로 구분된다. 선택형과 서답형의 구분은 수험자가 제한된 답지에서 선택하여 표기하는가 아니면 답을 구성하여 작성하는가에 따른 것이다. 선택형에는 진위형, 연결형, 선다형이 포함되며, 서답형에는 단답형, 완성형, 논술형이 포함된다.

표 6-1 문항 형식의 분류

선택형 문항	서답형 문항
• 진위형(true-false form) • 연결형(matching form) • 선다형(multiple choice form)	• 완성형(completion form) • 단답형(short-answer form) • 논술형(essay)

문항의 유형에 따라 용도가 다르고 장단점이 있으므로, 교육목표와 평가목적, 수험자들의 특성 등을 고려하여 문항 유형을 결정해야 한다. 선택형 문항과 서답형 문항의 특징을 비교하면 〈표 6-2〉와 같다.

표 6-2 선택형 문항과 서답형 문항의 특징 비교

구분	선택형 문항	서답형 문항
측정 수준	지식, 이해, 적용, 분석	종합, 평가
문항 반응의 특징	선택반응, 정확한 지식	문항이 요구하는 지식, 회상 및 구성 반응
대표성	높음	낮음
문항제작	어려움	쉬움
제작시간	많음	적음
채점의 객관성	높음	낮음

출처: 권대훈(2016).

6 문항 유형 분류 및 문항 제작

문항 유형은 분류 기준에 따라 여러 형태로 분류할 수 있다. 널리 사용되는 문항 유형 분류는 선택형과 서답형, 주관형과 객관형 등이 있다. 선택형(selection type)과 서답형(supply type)은 수험자의 반응 형식에 따른 구분이다. 선택형은 수험자가 제한된 답지 중에서 선택하여 표기하는 방식이며, 진위형, 연결형, 선다형이 포함된다. 진위형(true-false form)은 피험자에게 진술문을 제시하고, 진위(眞僞) 여부를 판단하게 하는 형식이다. 연결형(matching form)은 일련의 전제와 답지를 연결(배합)시키는 지시문 그리고, 전제와 답지의 세 가지로 구성되는 문항 형식이다. 선다형(multiple choice form)은 문두와 두 개 이상의 답지로 구성되는 문항 유형이며, 우리나라에서는 대개 사지 또는 오지 선다 유형을 주로 사용하는 편이다.

서답형은 수험자가 지시 또는 질문에 따라 스스로 답을 구성하여 작성하는 방식이며, 완성형, 단답형, 논술형이 포함된다. 완성형(completion form)은 진술문의 주요 내용을 비워놓고 그에 적합한 내용을 써넣게 하는 유형이다. 단답형(short answer form)은 간단한 용어, 숫자, 기호 등을 응답하는 유형이다. 논술형(essay)은 수험자 자신이 답을 구성하여 쓰는 유형이다.

이상의 분류 방식을 따를 때, 유의해야 할 점이 있다. 선택형(진위형, 연결형, 선다형)을 객관형(objective type)과 동일시하고, 서답형(완성형, 단답형, 논술형)을 주관형(subjective type)과 동일시하는 것이다. 채점에서의 공정성은 다른 무엇보다도 중요한 조건이기 때문에, 채점자의 주관이나 편견이 배제되는 것을 공정하다고 보는 경향이 있다. 그런데, 채점 과정에서 주관성이 개입되는 수준으로 볼 때, 보통 진위형, 연결형, 선다형은 객관적이고, 논술형은 주관적이라고 할 수 있다. 단답형과 완성형의 경우에는 채점 과정에서 주관성이 개입되는 정도가 문항의 특성에 따라 유동적이다. 하나의 정답만이 있는 단답형 문항이나 하나의 숫자만이 정답으로 인정되는 완성형 수학 문항의 경우에는 채점 과정에서 주관성이 개입될 여지가 거의 없다. 따라서 이러한 단답형, 완성형 문항은 주관형 문항이라고 하기 보다 객관형 문항에 더 가깝다고 볼 수 있다. 그러므로, 선택형과 서답형을 무조건 객관형과 주관형으로 보는 것은 적절하지 않을 수도 있음에 유의해야 한다.

이하에서 문항 유형의 정의, 문항 제작 시 유의해야 할 사항, 문항유형별 장점과 단점 등에 대해 살펴본다.

1) 선택형 문항

(1) 진위형

진위형(true-false form)은 피험자에게 진술문을 제시하고, 진위(眞僞) 여부를 판단하게 하는 형식이다. 참 또는 거짓 둘 중 하나를 고르는 형식이라서, 양자택일형(alternative-response type) 이라고도 한다. 진술문을 하나만 주고 그것이 옳은지 틀린지를 판단하게 하는 방식도 있지만, 진술문 두 개를 주고 그 중 어느 것이 옳은 것인지를 묻는 방식도 있다.

진위형 문항을 제작할 때의 유의사항은 다음과 같다.

첫째, 진위형 진술문에는 한 가지 해석만 가능한 절대적인 참, 절대적인 거짓의 진술문을 사용해야 한다. 그런데, 절대적으로 참이거나 절대적으로 거짓인 진술문을 만들기란 그렇게 쉬운 일이 아니다. 어떤 사상(事象), 사실, 법칙에 관한 지식에서 참과 거짓이 완벽하게 구분되는 것만 있는 것은 아니다. 그러나, 진위형 문항을 제작할 때에는 이런 조건을 만족시킬 만한 사실에 한해서만 질문해야 한다.

특히 거짓이 문항은 본질적으로 부정확한 개념이어야 한다. 참인지 거짓인지를 가리기가 어렵고 논쟁거리가 될 수 있는 문장은 사용하지 말아야 한다. 그럼에도 불구하고, 부득이하게 그런 문장을 사용해야 한다면 그러한 판단에 필요한 정보와 근거를 밝혀주는 것이 바람직하다. 아래의 예를 참고하기 바란다(황정규, 1998).

검토문항 인구는 기하급수적으로 증가하고 식량은 산술급수적으로 증가한다. ( )

수정문항 말사스의 이론에 의하면 인구는 기하급수적으로 증가하고 식량은 산술급수적으로 증가한다. ( )

둘째, 하나의 문항에는 하나의 내용만 포함시켜야 한다.

하나의 진위형 문항에는 참이거나 거짓인 내용이 하나만 들어가야 한다. 두 개의 내용이 하나의 진술문에 포함되는 경우에, 하나는 참인데 다른 하나는 거짓인 경우에는 피험자가 참과 거짓 중 무엇이라고 반응해야 할지 난감해진다. 이 때는 내용을 분리하여 각각의 진술문에 응답하게 해야 한다.

검토문항 링컨은 미국의 제16대 대통령이며 민주당 출신 대통령 이다. ( )

수정문항 링컨은 미국의 제16대 대통령이다. ( )
링컨은 민주당 출신 대통령이다. ( )

셋째, 가능한 한 부정문은 사용하지 않는 것이 좋다. 왜냐하면 진위형 문항에서 '아니다' 혹은 '아닌'이란 부정어를 사용하는 경우에는 피험자에게 혼동을 유발할 위험이 있기 때문이다. 꼭 부정문을 써야만 한다면 부정어 밑에 줄을 긋거나 표시를 해주고 혼동을 방지하는 것이 좋다. 특히 이중부정문은 피해야 한다.

넷째, 문장은 단순하고 명료하게 표현해야 한다. 조건이 많은 긴 문장에서는 한 쪽이 참, 한 쪽은 거짓이 될 가능성도 있고, 내용 자체를 이해하는 데 어려움을 겪을 수 있으므로 이런 문장으로 진술하는 것은 가급적 피해야 한다.

다섯째, 정답의 단서가 될 수 있는 절대적 어구나 일반적인 의미의 어구를 사용하지 않아야 한다. '때때로', '대체로', '흔히', '~하는 경향이 있다' 등과 같이 일반화의 의미를 갖는 진술문은 대체로 참일 가능성을 암시하고, '모든', '반드시', '결코', '절대'등의 절대적인 의미를 갖는 어구들은 대체로 거짓을 가능성이 높음을 암시한다. 따라서 이런 어구들을 사용하지 않는 것이 적절하다.

진위형 문항의 장점으로는 첫째, 문항을 제작하기 쉽다. 둘째, 반응에 필요한 시간이 짧으므로 제한된 시간 내에서도 많은 양의 문항을 출제할 수 있다. 이것은 많은 교수목표를 포함시킬 수 있다는 의미이기도 하다. 셋째, 채점을 신뢰롭고, 빠르게 객관적으로 할 수 있다. 넷째, 읽기 능력이나 언어 능력이 충분히 발달하지 않은 초등학교 저학년 대상의 평가문항으로 적절하다.

진위형 문항의 단점은 첫째, 추측이나 우연에 의해 정답 반응을 할 수 있는 가능성을 배제할 수 없다. 진위형 문항으로만 구성된 검사는 신뢰도가 낮다. 둘째, 단순 암기나 기억 수준의 내용에 치우칠 수 있다. 셋째, 진위형은 문항 형식으로 인해 진위 판단의 모호성을 배제하기가 어렵다, 넷째 진위형은 학습동기를 유발하기 어렵다.

진위형 문항을 제작할 때의 유의사항들을 잘 준수한다면, 진위형 문항으로 학생이 기본적인 지식을 습득하고 있는지를 평가할 수 있다. 모든 학문 영역의 기초는 대개 어떤 용어, 사실, 개념, 법칙, 이론 등의 의미를 기억하고 이해하는 것이다. 따라서 진위형은 문항 제작에 고도의 기술을 요구하지 않으며, 짧은 시간에 많은 문항을 만들 수 있기 때문에 교사들이 잘 사용하는 문항 형식이다. 특히 형성평가에서 진위형 문항을 사용하는 것이 효과적이다.

(2) 연결형

연결형(matching form)은 일련의 전제와 답지 그리고 이 둘을 연결(배합)시키는 지시문의 세 가지로 구성되는 문항 형식이다. 전제와 답지에는 단어, 어구, 문장, 기호 등을 사용할 수 있다. 연결형에서 전제는 자극군이고, 답지는 반응군이다. 이 둘을 서로 관계되는 것끼리 찾아연결하도록 하는 문항 형식으로서, 배합형, 결합형이라고도 한다. 연결형 문항의 형식은 단순배합형, 복합배합형, 분류배합형, 관계분석형 등등 여러 가지가 있지만(황정규, 1998), 가장 흔히 쓰이는 유형은 단순연결형이다.

연결형 문항을 제작할 때의 유의사항은 다음과 같다.

첫째, 전제나 답지는 동질성이 있는 것끼리 묶어야 한다. 전제는 전제대로, 답지는 답지대로 같은 개념, 사실, 현상, 법칙에 속하는 것끼리 묶어서 제시해야 한다. 동질성이 전혀 없는 것은 정답의 단서를 주게 되며 문항의 난이도가 낮아진다.

둘째, 전제나 답지의 수를 적절히 한다. 전제는 5개, 답지는 7-8개가 적당하다. 전제와 답지의 수가 일치하면 마지막에 남는 항목은 자동적으로 연결이 되므로 답지의 수는 전제보다 2-3개 정도 더 많이 제시되는 것이 적절하다.

셋째, 전제나 답지의 각 항목 사이에 중첩되는 개념이 있지 않도록 해야 한다. 전제는 전제대로, 답지는 답지대로 동질성이 있어야 하는데, 이로 인해 항목 간에 개념이 중첩되거나 한 항목이 다른 항목을 포괄할 수 있는 개념이어서는 안 된다.

연결형의 장점은 첫째, 문항 제작이 비교적 간편하면서도 포함되는 내용이 진위형만큼 포괄적이기 때문에, 고등정신능력을 측정할 수 있다. 둘째, 채점이 신뢰롭고 객관적이므로 검사의 객관도 및 신뢰도를 높일 수 있다. 연결형의 단점은 첫째, 정교하게 제작하지 않으면 진위형의 단점처럼 단순한 사실을 기억하는지 측정하는 수준에 머물 수가 있다. 둘째, 동질적인 전제와 동질적인 답지를 만들기 쉽지 않을 경우에는 억지스러운 답지를 만들 수도 있다. 셋째, 연결이 진행될수록 항목이 줄어들기 때문에 추측 요인이 작용할 가능성이 커진다.

(3) 선다형

선다형(multiple choice form)은 문두와 두 개 이상의 답지로 구성된다. 선다형은 진위형과 연결형에 비해 내재적인 결함이 적기 때문에 선택형 문항에서 가장 보편적으로 사용되고 있다. 검사의 목표 측면에서 단순 사실 지식의 기억이나 이해부터 적용, 분석, 종합, 평가에 이르기까지 교육목표 수준을 다양하게 설정할 수 있다. 그러나 타당도와 신뢰도가 높은 선다형 문항을 제작하기는 쉽지 않으며, 많은 시간과 노력이 요구된다. 답지 하나하나가 제 기능을 다 하고 있느냐가 선다형 문항의 양호도를 결정하는 데 큰 영향을 미친다.

일반적으로 사지선다형이나 오지선다형이 많이 사용되지만, 다른 유형도 있다. 선다형은 여러 개의 답지 중 하나만 정답이고 나머지는 오답인 정답형(correct-answer form)

과 여러 개의 답지 중 '가장 맞는 답'을 선택하게 하는 최선답형(best-answer form)으로 구분된다. 최선다형은 모든 선다형 문항의 모체라고 볼 수 있으며, 그 외의 형태는 모두 변형인 셈이다(황정규, 1998). 최선답형은 선다형 문항의 여러 형식 가운데 가장 제작하기 힘들지만, 좋은 최선답형 문항을 만들기만 하면 어떤 형식보다도 타당하고 유용하다고 볼 수 있다.

선다형 문항의 유형으로는 정답형과 최선답형 이외에도 불완전 문장형, 다답형, 합당형, 부정형 등이 있다. 각 유형을 간략히 설명하면 다음과 같다(황정규, 1998). 불완전 문장형은 문항의 진술문이 일부분 비어있는 불완전 문장으로 되어 있고, 이 빈 곳에 채워야 할 정답을 답지에서 찾는 것이다. 다답형은 정답이 하나가 아니라 여러 개인 형식이다. 정답이 여러 개 있고 그것을 한 문항 속에 담고자 할 때 이 형식을 사용하면 된다. 다만, 피험자에게 반드시 답지 중에서 정답이 하나가 아니라 '여러 개'임을 강조하고 주지시키지 않으면 피험자가 착오를 하기가 쉬운 것이 단점이다. 이 유형을 사용하고 채점할 때에는 모든 정답을 다 골라야만 해당 문항의 점수를 주는 '전-무(全-無, all or none)'의 채점방법을 따라야 한다. 합당형은 여러 개의 답 중에서 하나 혹은 하나 이상이 합해서 정답이 되는 형식이다. 이 형식은 묶여 있는 답지세트 때문에 정답의 단서를 줄 수 있다는 것이 단점이다. 부정형은 답지 중 거짓인 항목을 한 개 주고 그것을 선택하게 하는 방법이다. 이 형식을 사용할 때에는 반드시 부정적인 표현의 어구에 밑줄을 긋거나 글자를 굵게 한다거나 하는 등 다른 방법으로 주의를 환기시켜야 한다.

선다형 문항을 제작할 때의 유의사항은 다음과 같다.

첫째, 답지 중 정답은 분명하고, 오답은 그럴듯하게 제작해야 한다. 선다형 문항 제작의 핵심은 "답지의 틀을 짜는 기술(technic)"이다(황정규, 1998). 정답은 분명하고 논쟁이 없을 정도로 명확해야 하며, 오답은 정답을 정확히 알지 못하는 피험자에게 마치 정답인 것처럼 보여서 오답으로서 매력이 있도록 만들어야 한다. 오답의 매력도가 낮으면 정답률이 높아질 수 있다.

둘째, 각 답지에 반복되는 어구는 문두에 포함시켜서, 가능하면 문두는 간결하고 단순하게 서술해야 한다.

검토문항 한글을 창제한 조선의 세종대왕은 몇 대 임금인가? (　　)

① 1대 임금　　② 2대 임금
③ 3대 임금　　④ 4대 임금

수정문항 한글을 창제한 조선의 세종대왕은 몇 대 임금인가? (   )

① 1 ② 2

③ 3 ④ 4

셋째, 술어나 개념의 정의를 다루는 문장에서는 문두에 술어를 두고, 답지에 정의를 두어야 한다. 이렇게 해야 개념의 정의를 정확히 아는 학생만이 정답을 찾을 수 있고, 추측에 의해 정답을 찾을 가능성이 줄어든다.

넷째, 정답을 쉽게 고를 수 있거나 오답을 제거할 수 있는 단서를 주지 않아야 한다. 언어적 연상(verbal association), 문법적 구조(grammatical construction), 문항 간 공통 요소 등은 정답의 단서가 될 수 있다(황정규, 1998). '대기를 누르고 있는 힘을 무엇이라고 하는가?'라는 문항에서 '누르고'라는 말이 곧 '압력'이라는 언어적 연상을 유발한다. '~이', '~가'라는 조사는 앞의 명사의 받침에 의해 결정된다. 이것을 고려하지 않고 받침 없는 말 다음에 '가'가 있으면 자연히 정답의 단서를 주게 된다. 1번 문항과 3번 문항에 공통적인 요소가 있으면 한쪽의 내용에서 다른 한쪽의 정답을 추론할 가능성이 있다. 한정된 범위의 학습내용에서 문항을 만들기 때문에 이러한 단서를 완전히 제거하기는 어렵지만, 어떤 문항의 정답 단서가 다른 문항을 통해 제공되고 있지 않은지 신중하게 검토해야 한다. 이외에도 정답을 오답보다 길게 쓰는 경향을 피해야 하고, 오답과 정답의 길이를 비슷하게 유지해야 한다.

선다형 문항의 장점은 첫째, 문항 형식이 갖는 융통성이 크다. 둘째, 채점이 쉽고 객관적이다. 셋째, 다른 선택형에 비해 추측 요인이 작게 작용한다. 넷째, 제한된 시간 내에 많은 문항의 검사를 실시할 수 있고, 넓은 영역의 학업성취 수준을 측정할 수 있다. 다섯째, 답지의 반응을 통해 학생의 학습 결과에 대한 진단적 자료를 얻을 수 있다.

선다형 문항의 단점은 첫째, 창의적 사고능력, 문제해결능력 등 고등정신능력을 측정하는 데 한계가 있다. 둘째, 추측이나 우연에 의해서 정답을 맞힐 가능성을 완전히 배제할 수 없다. 셋째, 좋은 문항을 만들기가 어렵다는 점이다. 좋은 선다형 문항을 제작하기 위해서는 문항 제작에 대한 전문적인 지식을 갖춰야 하며, 문항 제작 경험이 풍부해야 한다.

2) 선택형 문항

(1) 완성형

완성형(completion form)은 진술문의 주요 내용을 비워놓고 그에 적합한 내용을 써넣게 하는 유형이다. 완성형에는 불완전 문장형, 불완전 도표형, 제한 완성형의 세가지가 있다. 불완전 문장형은 진술문의 일부를 비워놓고 적합한 단어, 구, 기호, 수식 등을 적는 방식이며, 불완전 도표형은 도표를 제시해 주고 빈 칸에 내용을 채우도록 하는 형식이다. 제한 완성형은 문장의 두 군데 이상을 비우고 적절한 내용으로 채우도록 하는 형식이다. 이때 여러 개의 답지를 제시해주고, 그 중에서 선택하게 하는 형식이어서, 선택형과의 혼합 형식이라고 볼 수도 있다.

완성형 문항을 제작할 때의 유의사항은 다음과 같다.

첫째, 문장 중 중요한 부분을 비워 놓아야 한다. 의도하는 교수목표에 관련된 부분을 비워놓아야 한다.

둘째, 빈칸의 수와 길이를 적절하게 제한해야 한다. 빈칸의 수는 문장의 길이와 내용에 따라 다를 수 있지만, 대개 2-4개가 적당하다. 빈칸이 너무 많으면 마치 수수께끼처럼 되어서, 아무 것이나 넣어도 문장이 될 수 있다.

셋째, 문장 속에 정답의 단서를 포함하지 말아야 한다. 완성형은 문장의 일부 내용이 제시되기 때문에 그 안에 정답의 단서가 포함될 수도 있다.

넷째, 채점을 할 때는 빈칸 하나 하나를 단위로 채점해야 한다. 목적에 따라서는 전부 다 맞아야 정답으로 할 수도 있으나, 빈칸 하나에 1점을 주고, 빈칸 마다의 점수는 동일하게 하는 것이 바람직하다.

다섯째, 교과서에 있는 문장을 그대로 옮겨서 출제하지 말아야 한다. 의미는 동일하되 용어나 표현을 일부 다르게 함으로써 단순 기억에 의해 정답을 적을 수 있게 하지 않아야 한다.

완성형 문항의 장점과 단점은 다음에 설명한 단답형과 비슷하기 때문에 단답형 문항을 설명하면서 같이 다룬다.

(2) 단답형

단답형(short answer form)은 간단한 용어, 숫자, 기호 등으로 응답하는 유형이다. 대개 '~는 무엇인가?', '~을 쓰시오'와 같은 지시문 형식으로 되어 있다. 혹은 간단한 숫자나 수식, 기호 등을 적게 하기도 한다. 단답형은 주로 사실적 지식을 묻는 경우에 많이 사용한다.

단답형 문항을 제작할 때 유의해야 할 사항은 다음과 같다.

첫째, 답이 간단한 단어, 어구, 수, 수식으로 대답할 수 있어야 한다. 될 수 있는 한 간략한 대답을 요구하도록 질문을 하는 것이 좋다.

둘째, 정답의 수는 될 수 있는 대로 하나 혹은 몇 개 이내가 되도록 한정해야 한다. 정답이 한 개인 것이 가장 좋으며, 부득이한 경우 2-3개도 무방하다.

셋째, 질문이 명료해야 한다. 질문이 명료하지 않으면 다양한 답을 정답으로 인정해야 하는 경우가 초래될 수 있으므로, 정답 시비가 발생하지 않도록 하기 위해서는 질문의 의미가 명확하고, 다른 해석의 여지가 전혀 없어야 한다.

넷째, 술어에 관한 지식을 물을 때는 술어를 제시하고, 정의를 대답하게 해야 한다.

검토문항 새끼를 낳아 젖을 먹여 키우는 동물을 무엇이라고 하는가?

수정문항 포유동물의 정의를 적으시오.

완성형과 단답형 문항의 장·단점은 다음과 같다(황정규, 1998).

완성형과 단답형의 장점은 첫째, 간단한 지식, 사실, 공식, 명칭 등을 쉽게 출제하고 짧은 시간에 광범위한 내용을 검사하는 데 유용하다. 둘째, 문항 형식은 간단하면서도 선택형처럼 구조화되어 있지 않기 때문에, 추측에 의한 정답 반응을 상당히 배제할 수 있다. 셋째, 도표, 그림, 지도 등 언어로 전달하기 어려운 자료에서 명칭, 기능, 구조 등을 묻는 데 유용하게 사용할 수 있다는 것이다.

반면, 완성형과 단답형의 단점은 첫째, 학생들이 피상적인 학습에 그치고, 깊이있는 학습경험으로부터 멀어지게 만들 수 있다. 둘째, 이 문항 형식으로는 추론, 일반화, 해석, 비교, 분석 등의 고등사고능력을 평가하기 어렵다. 셋째, 학생 반응은 간단하지만 출제자가 주관적인 판단을 해야 하는 경우가 발생할 수 있어서, 채점자의 주관성이 개입할 여지가 있다. 예를 들어 용어를 정확하게 적어야 하는 문제에서 학생이 철자를 틀리게 적었을 때, 정답으로 처리할지 오답으로 처리할지 판단하기 애매할 수가 있다. 또는 수식을 적어야 하는 문제에서 수식의 일부가 틀렸거나 수식은 맞았는데 숫자가 틀린 경우에 판단하기가 어려울 수 있다.

(3) 논술형

논술형(essay)은 수험자 자신이 답을 구성하여 쓰는 유형이다. 논술형의 특징은 피험자가 자신의 능력을 자유롭게 구사할 수 있도록 하기 위해 반응을 제한하지 않는다는 것이다. 논술형 문항에서는 설명, 예시, 논의, 비교, 분석, 분류, 재조직, 비판, 대안 제시 등 추상적이면서도 구체적인 인지적 특성을 나타내 보일 것을 요구한다. 그래서 논술형 문항은 분석력, 종합력, 조직력, 문제해결력, 창의력 등의 고등정신능력을 평가하기 위한 목적으로 사용된다. 논술형 문항을 통해 피험자의 어휘력과 작문 능력을 평가할 수 있으며, 학습태도와 가치를 평가하는 데에도 사용할 수 있다. 논술형 문항에서 허용하는 피험자의 반응은 다양하지만, 반응 범위의 제한 여부에 따라 제한 반응형과 확대 반응형으로 나눌 수 있다(김석우 외, 2021). 제한 반응형(restricted response form)은 응답의 범위와 형태를 엄격하게 제한하는 형식이다. 일반적으로 제한 반응형은 정의하고, 열거하고, 기술하고, 이유를 제시하도록 하는 문항으로 활용된다. 확대 반응형(extended response form)은 분석력, 종합력, 평가력, 비판력과 같은 고차적인 능력을 측정하기 위해 응답방식에 아무런 제한을 가하지 않고 충분하게 자유를 주는 형식이다.

논술형 문항을 제작할 때의 유의사항은 다음과 같다.

첫째, 피험자 집단의 특성을 고려해야 한다. 시험 전에 출제자가 논술형 문항이 포함되어 있음을 공지하고, 학습을 깊이있게 할 것을 강조했음에도 불구하고, 어떤 피험자는 논술형 문항 답안을 작성하지 않고 포기하는 경우가 발생할 수 있다. 피험자가 해당 문항의 내용에 대해 학습을 했더라도 문항에서 요구하는 만큼 충분히 적을 수 없다고 판단하면 아예 처음부터 답을 적을 엄두를 내지 못할 수도 있는 것이다. 어떤 피험자에게는 논술형 문항이 자신의 능력을 발휘할 수 있는 좋은 문항으로 보일 수 있지만, 준비가 부족한 피험자에게는 큰 장벽과도 같이 느껴질 수 있다. 그러므로, 논술형 문항 출제의 전제 조건은 학생들의 깊이있는 학습경험이다. 평소 수업에서 학생들이 사고능력을 기를 수 있도록 발표와 토론, 말하기와 글쓰기를 충분히 경험할 수 있는 학습 기회가 제공되어야 한다. 그렇지 않다면, 논술형 문항은 학생들간의 학습 격차만 확인하는 데 그칠 수도 있다. 논술형 문항을 통한 사고능력 평가가 잘 이루어지기 위해서는 평소 수업에서 논리적인 말하기와 체계를 갖춘 글쓰기 방식에 대한 학습이 충분히 이루어져야 하며, 논술형 문항의 답안 작성 및 채점의 지침과 기준을 충분히 안내해야 한다.

둘째, 피험자에게 어떤 답안의 내용을 요구하는 지, 어떤 사고능력을 발휘해야 하는지 분명하게 제시해야 한다. 즉 질문의 요지가 분명하고 구조화 되어야 한다. 논술형의 장점은 다른 문항 형식에서는 측정하기 어려운 분석력, 응용력, 종합력, 비판력, 창의력 등을 비교적 쉽게 측정할 수 있다는 것이다. 이러한 장점을 살리기 위해서는 교수목표에 진술된 목표의 차이에 따라 그 의미를 분명히 재음미하고, 적절한 문항을 제작해야 한다. 그러므로 '~에 대해 논하시오', '을 제시하시오.', '~을 설명하시오'와 같이 짧게 기술하는 것보다는 문제상태가 될 만한 충분한 자료를 제시하는 자료제시형이 더 좋다(황정규, 1998).

셋째, 논쟁점이 있는 논술형 문항은 피험자의 의견을 먼저 밝힌 후 그 의견을 논리적으로 전개하도록 하는 것이 좋다(김석우 외, 2021). 즉 찬성과 반대 중에서 선택하여 작성하도록 한다. 자신의 의견과 일치하는 주장으로 논지를 전개할 때, 자신의 능력을 최대한으로 발휘할 수 있기 때문이다.

넷째, 여러 문항 중에서 선택해서 쓰게 하는 방식은 가급적 피해야 한다. 논술형 시험에서 여러 개의 질문을 주고 그 중에서 몇 개를 피험자가 선택해서 쓰게 하는 방법을 사용할 수도 있다. 이 방법의 치명적인 결점은 각 문항의 내용 표본이 다르기 때문에 결과의 가비교성을 상실한다는 점이다(황정규, 1998).

논술형 문항의 장점은 첫째, 반응의 자유도가 크다. 논술형에서는 제시된 문항의 지시 이외에는 아무런 제약이 없다. 피험자는 자유도를 활용할 수 있고, 적극적으로 활용해야 한다. 둘째, 논술형은 고등정신능력을 측정하는 데 효과적이다. 셋째, 논술형 문항은 깊이 있는 학습을 촉진할 수 있다. 피상적인 학습으로는 논리적이고 추상적인 사고력을 기르기 어려우므로, 논술형 문항에서 좋은 평가를 받기 위해서는 피험자가 사고력을 기르기 위한 노력을 해야만 한다. 반면, 논술형 문항의 단점은 첫째, 채점의 객관성이 부족할 수 있다. 논술형 문항은 채점자에 따라 채점 결과가 달라질 수 있기 때문에 객관도와 신뢰도가 선택형 문항에 비해 낮을 수 있다. 둘째, 논술형 문항은 표본수가 제한된다. 논술형 문항에 반응하는 데는 많은 시간이 필요하므로 표본수를 늘리기 어렵다. 표본수가 적으면 검사의 타당도와 신뢰도가 낮아질 수 있다. 셋째, 채점에 시간과 노력이 많이 든다. 채점하는 데 시간이 오래 걸리면 피로감이 커질 것이고, 이는 채점의 일관성에 부정적인 영향을 미칠 수 있다.

논술형 문항이 가진 장점에도 불구하고 논술형 문항에서의 신뢰도와 객관도가 낮다는 단점으로 인해 논술형 문항을 사용하는 데 주저하는 출제자도 있을 것이다. 논술형 문항의 신뢰도와 객관도를 높이기 위해서는 채점을 보다 신뢰롭고 객관적으로 해야 한다. 논술형 문항의 채점 방법은 크게 두 가지인데, 분석적 방법과 개관적 방법이 있다. 개관적 방법(global method)은 답안 전체를 하나의 단위로 보고 전체적인 관점에서 채점하는 방법이며, 분석적 방법(analytical method)은 채점의 기준을 요소로 분석해서 배점하고 그 기준에 의해 채점한 다음, 종합하는 방법이다. 개관적 방법은 답안지를 질적으로 보고 채점하고자 할 때, 답안을 비교해서 서열을 결정하려고 할 때, 반응의 자유도가 매우 커서 분석적인 채점을 하기가 곤란할 때 유효하다. 두 방법이 각기 장단점을 가지고 있으나, 분석적 채점 방법이 더 효과적이다. 개관적 방법은 채점 시간이 덜 걸릴 수 있지만, 채점의 신뢰도가 떨어지고, 피험자가 채점 결과에 대해 이의를 제기했을 때 대한 채점 근거를 명확히 제시하기 어렵고, 구체적인 피드백을 해주기 어려운 것이 단점이다.

논술형 문항을 채점할 때의 유의사항은 다음과 같다. 첫째, 채점의 기준을 명료하게 설정해야 한다. 둘째, 모범답안을 작성해 두는 것이 좋다. 모범답안이 없이 채점을 하면 비록 기준이 있더라도 채점 도중에 일관성이 흐트러질 가능성이 있다. 검사도구의 양호도와 관련하여 채점자 내 신뢰도 및 채점자 간 신뢰도 라는 개념이 있는데, 이것이 채점의 일관성과 관련된 것이다. 셋째, 채점에서의 편견이나 착오가 발생하지 않도록 해야 한다. 논술형 문항을 채점할 때에는 채점자의 인적 사항을 가리고 답안지의 내용만 보고 채점하도록 한다. 또한 답안의 내용이 아니라 글씨체나 철자법 등에 영향을 받지 않아야 한다. 넷째, 학생 단위로 채점하지 말고 문항 단위로 채점해야 한다. 논술형 문항이 여러 개일 때는 한 학생의 답안지 전부를 동시에 채점하려고 하지 말고, 각 문항별로 학생의 답안지를 채점해야 한다. 이렇게 해야 채점의 기준이 유지될 수 있고, 속도도 빠르다. 다섯째, 가능하다면 혼자 채점하기 보다는 여러 사람이 채점해서 평균을 내는 것이 바람직하다. 이 방법으로 채점의 객관성을 높일 수 있다.

7 문항의 제작과 편집

여기서는 문항 제작에 필요한 일반적인 지침을 살펴본다(권대훈, 2005).

(1) 문항이 측정하고자 하는 학습성과의 내용 및 인지 수준이 학습목표와 일치하도록 문항을 작성해야 한다. 이를 위해서 학습성과를 구체적으로 명세화한 다음 문항의

내용과 수준이 학습성과와 부합하는가를 면밀하게 검토해야 한다.

(2) 평가문항은 시험을 통해서 측정하고자 하는 전체 내용영역과 행동영역에서 고르게 출제하거나, 각 영역의 상대적 중요도를 적절하게 감안하여 출제해야 한다. 이를 위해 교육목적이원분류표 형식을 이용하는 것도 좋다.

(3) 지엽적이거나 세부적인 사항에 대한 단편적인 지식이 아니라 중요한 학습성과를 측정할 수 있도록 문항을 제작해야 한다. 교과서에 수록된 문장이나 구를 똑같이 그대로 사용하는 것은 바람직하지 않다.

(4) 상식이나 추측을 이용해서 답할 수 있는 문항이 출제되지 않도록 각별히 유의해야 한다. 선택형 문항에는 문법, 표현, 답지의 길이, 문항들의 내용 중복 등 다양한 요인들이 정답의 단서로 작용할 수 있다. 따라서 문항 내용에 정답에 대한 단서가 있는지 충분히 검토하고 정답 유추의 소지를 배제해야 한다.

(5) 모든 피험자들이 출제의도를 분명하게 파악할 수 있도록 문항을 명료하게 제작해야 한다. 문항 내용의 불명료성은 용어의 선택 및 배열이 부적절하거나 출제자의 모호한 사고에서 비롯된다. 문항은 가급적 쉽고 간결하면서도 문법적으로 정확해야 하며, 다양하게 해석될 소지를 차단해야 한다. 복합문이나 전문 용어의 사용을 피하고, 단순한 문장이나 쉽고 분명한 의미를 지닌 용어를 사용하는 것이 바람직하다.

(6) 문항에 답을 하는 데 필요한 조건이나 자료를 충분히 제시해야 한다. 이러한 조건이 명시되지 않는다면, 피험자가 혼란스러울 수 있다. 출제자는 모든 피험자들이 자신의 의도를 정확하게 파악할 것이라고 가정하지 말고, 답하는 데 필요한 조건을 빠짐없이 제시해야 한다.

(7) 문항을 필요 이상으로 어렵게 만들 수 있는 요인이 있는지 검토하여 그것이 작용할 소지를 배제해야 한다. 문항에 불필요한 단어나 구가 삽입되거나, 문항을 지나치게 구체적으로 표현하면 피험자의 실수를 유발할 수 있다. 그러므로 어렵거나 복잡한 어휘 및 표현은 가급적 사용하지 않는 것이 좋다. 계획적으로 피험자의 실수를 유발하기 위해 문항을 지나치게 복잡하거나 자세하게 출제하는 것은 결코 바람직하지 않다.

(8) 문두나 답지에 사실과 다른 내용이 포함되지 않도록 해야 한다. 왜냐하면 시험 자체가 중요한 학습과정이므로 사실과 다른 내용을 학습할 기회를 제공하지 않는 것이 바람직하기 때문이다. 그러므로 문항은 가급적 사실에 근거하여 출제해야 한다.

(9) 응답의 기준과 방법, 채점기준, 배점 등을 명료하게 제시해야 한다.

(10) 실제로 필요한 것보다 더 많은 문항을 만들어 놓고, 그 중에서 양호한 문항을 선택해서 사용하는 것이 좋다. 필요한 수의 문항만 출제했을 경우 문항의 적절성을 검토하는 과정에서 결함이 발견되면 문항을 수정하거나 다른 문항을 출제해야 하는데, 예비 문항이 있을 경우에는 빠른 대처가 가능할 것이다.

(11) 문항을 제작할 때에는 충분한 시간 여유를 갖는 것이 좋다. 시험에 임박해서 문항을 제작하느라 서두르다 보면 좋은 문항을 제작하기도 어렵고, 오류가 발생할 가능성도 커진다.

(12) 문항 제작이 완료되면, 내용 자체의 정확성은 물론 문법, 철자, 표현의 정확성을 면밀하게 검토하여 수정·보완해야 한다. 이 과정에서는 ① 정답이 분명하게 성립하는가를 검토하고, ② 문항난이도가 적절한 수준인지 따져보고, ③ 더 정확하고 간결한 표현이 가능한지 살펴보고, ④ 선택형의 경우 더 매력적인 오답지가 있는지 찾아보며, ⑤ 문항이 진정으로 중요한 성과를 재고 있는지를 확인해 보는 것이 적절하다.

다음으로는 문항편집의 일반적인 기준에 대해 살펴본다(박도순 외, 2007).

검사 문항 제작을 완료했으면, 문항 검토 및 수정을 하고, 편집을 하면 된다. 최초에 만들어진 문항을 초안이라고 하는데, 문항 초안 검토는 문항을 논리적 측면에서 검토하는 것으로, 교과 전문가의 참여는 물론 평가전문가, 경험있는 현장 교사의 참여가 절실히 요구된다. 다만 일선학교에서는 이러한 전문가의 광범위한 참여가 어려울 것으로 예상되는 바, 적어도 문항을 출제한 교사와 함께 다른 교사들과의 협의와 검토가 요구된다. 무엇보다도 출제자의 관점에서 뿐만 아니라 수험자의 관점에서도 문항을 검토하도록 노력해야 한다. 동일 교과 담당 교사 외에도 타 교과 담당 교사 혹은 이해 관계가 없는 타 학교 학생이나 졸업생 등 제2자에 의한 검토를 거치는 것이 수험자의 관점을 수용하고 나아가 본인의 출제 의도를 잘 살릴 수 있는 방안이라 할 수 있다.

검사 문항의 수정 및 보완 작업을 마친 후에는, 가능하다면 가편집을 하여 소규모의 예비 평가를 실시한 후 그 결과에 근거하여 최종 검사 문항을 수정 보완하는 작업을 완료하면 더욱 바람직하다. 수정 및 보완 작업이 완료되면 최종적으로 검사 편집 및 인쇄 절차로 들어가게 된다.

최종 검사의 편집을 위한 절차에서는 다음과 같은 점에 유의해야 한다.

첫째, 각 검사 문항이 주어진 명세적 목표를 측정하는 데 적절한가를 판단하고, 검사 문항의 표현이나 배열상에 어떤 결점이 있는지 검토한다.

둘째, 가능한 한 동일한 교수목표를 측정하는 문항끼리 묶어 준다.

셋째, 문항은 간단하고 쉬운 것부터 복잡하고 어려운 순서대로 배열한다. 단, 두 번째 유의점과 상충할 때는 두 번째 유의점을 따른다.

넷째, 검사를 받는 데 대한 지시와 각 문항 유형에 따른 응답에 관한 지시를 분명히 제시하고, 하나의 제시문(평가장면)을 두고 두 개 이상의 문항이 제시될 때는 가능한 한 묶어서 제시하는 것이 좋다. 검사에 대한 지시에 있어서도 수험자가 어떻게 응답을 해야 하고, 어느 쪽으로 답해야 하는지를 분명히 제시하고, 답을 모를 때에는 추리를 해도 좋은지에 대한 설명이 있어야 한다.

다섯째, 수험자가 읽기 쉽고 채점이 간편하도록 배열한다.

이상과 같은 최종 편집에 관련된 문제들을 충분히 고려한 후 인쇄에 들어간다. 인쇄를 할 때 문제사태의 정밀성, 선명도, 글씨의 크기, 문항 간의 간격 등 인쇄 기술에 대한 검토도 충분히 이루어져야 한다. 연령이 어린 피험자일수록 글자 크기를 크게 하는 것이 시각적으로 편안함을 줄 수 있다. 또한 장애가 있는 피험자일 경우에는 장애의 유형 및 정도를 고려하여 별도의 시험지를 제작하여 배부하거나 별도의 방식으로 시험을 실시하는 것이 바람직하다.

제 7 장 문항 분석

1. 고전검사이론에 의한 문항분석
2. 문항반응이론에 의한 문항분석

제 7 장 문항 분석

앞 장에서 문항 제작의 의미, 유형, 제작의 일반적인 기준, 문항 제작시 유의해야 할 사항, 각 유형별 장점과 단점 등을 살펴보았다. 이와 같은 문항 제작에 필요한 지식을 충분히 갖추고 문항을 제작했다고 하더라도, 문항 제작이 완벽하다고 보기는 어렵다. 인지적 영역을 비롯해 인간 내면의 다양한 심리적 특성을 측정하고 평가하기 위한 목적으로 제작되는 검사도구는 직접적인 도구가 아니라 간접적인 도구이기 때문에, 측정의 오차가 발생할 수 있다.

그렇기 때문에, 개발된 평가 문항이 실제로 의도한 목적을 잘 실현하고 있는지를 점검할 필요가 있다. 즉 문항이 검사 목적에 부합하게 잘 기능하고 있는지를 점검해야 한다. 개발된 평가 문항이 양호한지를 판단하는 것을 문항 분석(item analysis)이라고 한다. 이 장에서는 문항 분석에 대해 살펴본다. 고전검사이론과 문항반응이론을 통해 문항 분석의 구체적인 방법을 알아본다.

1 고전검사이론에 의한 문항분석

어떤 검사의 양호도는 결국 그 검사를 구성하고 있는 각각의 문항의 질(quality)에 달려 있다. 문항은 검사를 구성하는 기본적인 단위로서, 개별 문항이 양호하지 않으면 결국 검사 전체의 양호도도 낮아질 수 밖에 없다. 고전검사이론에 의한 문항분석 결과는 검사 목적에 따라 다르게 해석되므로 검사의 목적이 규준지향인지 준거지향인지에 따라 해석하는 데 유의해야 한다.

1) 기본 개념과 가정

고전검사이론에 기초한 문항분석은 문항별로 피험자들의 응답을 채점하고 총점에 의하여 문항을 분석하는 방법이다. 같은 문항이더라도 검사 대상 집단이 우수할 경우와 그렇지 않은 경우 난이도는 각기 다르게 측정된다. 고전검사이론에서의 문항분석은 검사집단의 특성에 영향을 받게 된다.

고전검사이론에서는 다음과 같은 다섯 가지 기본 가정이 요구된다.

첫째, 관찰점수는 진점수와 오차점수의 합이다.

$$X = T + e$$

둘째, 피험자의 진점수는 무수히 반복하여 측정된 점수의 평균이다.

$$T = \frac{(\Sigma X)}{n} = E(X)$$

셋째, 진점수와 오차점수의 상관은 '0'이다.

넷째, 한 검사에서 얻은 오차점수는 다른 검사에서 얻은 오차점수와의 상관이 '0'이다.

다섯째, 한 검사에서 얻은 진점수와 다른 검사에서 얻은 오차점수와의 상관은 '0'이다.

이상의 가정에서 오차점수의 평균은 '0'이라는 결론에 도달한다.

여섯째, 관찰점수의 분산은 진점수의 분산과 오차점수의 분산으로 합성된다.

그러므로 오차점수의 분산이 '0'이라면 관찰점수와 진점수의 값이 일치하며, 이는 신뢰도가 완벽하여 측정의 오차가 전혀 없음을 의미한다.

2) 문항난이도

문항난이도(item difficulty)는 문항의 어렵고 쉬운 정도를 뜻하며, 난이도 지수(P)로 표시한다. 난이도(難易度)란 어렵고 쉬운 정도라는 뜻이다. 그런데, 고전검사이론에서의 문항난이도는 총 피험자 중 정답을 한 피험자의 비율, 즉 문항의 전체 정답률을 뜻한다. 문항난이도지수는 정답의 백분율이기 때문에 최소 0%부터 최대 100%에 이르는 변산(varity)을 가지게 되며, 값이 클수록 정답률이 높은 것이므로, 그 문항이 쉽다는 의미이다. 그러나, 일반적으로 난이도를 상, 중, 하로 표현하는 의미와 난이도지수, 문항곤란도로 사용되는 의미에 혼란이 있어서 최근에는 문항통과율이라고 표현하기도 한다.

규준참조검사(norm-referenced test)에서 문항의 난이도는 학생들의 능력 차이를 잘 변별해내야 하므로 중간 수준의 난이도를 중심으로 제작해야 한다. 반면, 준거참조검사(criterion-referenced test)에서는 한 집단의 검사 점수의 평균이 높거나 낮은 것은 문제가 되지 않기 때문에 의도적으로 난이도를 조절할 필요가 없으며, 문항의 적절성을 높일 수 있도록 교육목적 이원분류표의 반영 여부가 더 중요하다.

(1) 총 사례수에 의한 문항난이도

일반적으로 문항난이도를 계산할 때 미달항(피험자가 반응하지 않은 문항)과 추측요인(추측에 의해 정답을 맞췄을 가능성)을 고려하지 않을 경우에는 다음과 같은 공식이 사용된다.

$$P = \frac{R}{N}$$

P: 문항난이도지수
N: 전체 사례수
R: 정답자 수

예를 들면, 어느 중학교 2학년 300명의 학생들이 수학 시험을 치른 결과, 어떤 문항에 정답 반응을 한 학생들이 150명 이라면 고전검사이론에서의 난이도지수는 다음과 같다.

$$P = \frac{150}{300} = .50$$

(2) 추측요인을 고려한 문항난이도

선택형 문항에서는 답지가 주어지는데, 정답을 맞춘 피험자들 중에서 정답을 정확히 모르면서 추측해서 우연히 정답을 맞춘 피험자도 있을 가능성이 있다. 이런 경우, 난이도지수가 과대추정되어 실제보다 쉬운 문항으로 나타난다. 정답을 몰랐는데 우연에 의해 운좋게 정답을 맞춘 것이므로 우연이 아니라면 그 피험자는 오답을 골랐을 것이라고 봐야 한다. 그래서 난이도지수가 과대추정된다는 말은 우연이 배제되었을 경우 오답자가 늘어날 것이므로 원래는 난이도지수가 그보다 낮게 나왔어야 하는데 우연의 의한 정답으로 원래보다 난이도지수가 높아졌다는 뜻이다.

예를 들면, 정답이 하나인 4시 선택형 문항의 경우, 추측에 의해 정답을 맞힐 확률은 1/4 이고, 오답지 중 어느 하나를 택할 확률은 1/(4-1) 이다. 어느 한 문항에서 정답 반응수 가운데 추측에 의해서 우연히 맞힌 수가 포함되어 있을 확률은 오답수에 비례할 것이라고 가정하면 추측에 의해서 맞춘 답의 분량을 추정할 수 있을 것이다. 이와 같이 추측 요인을 교정한 문항난이도는 다음의 공식에 의하여 산출한다. 추측 요인을 교정했다는 말은 추측 요인이 영향을 미치는 것을 감안하여 난이도지수 산출에 추측 요인의 영향을 고려했다는 뜻이다.

$$P = \left(\frac{R - \frac{W}{K-1}}{N}\right)$$

P: 문항난이도지수
N: 전체 사례수
R: 정답자 수
K: 답지의 수
W: 오답자 수

어떤 문항에 대한 반응 분포가 다음과 같이 나왔을 때, 추측 요인을 고려한 문항난이도는 다음과 같다.

문항분포
① 60 ② 50 ❸ 150 (정답) ④ 40
300 (전체사례수: N)

$$P = \frac{(150 - \frac{60+50+40}{4-1})}{300}$$

$$= \frac{(150 - \frac{150}{3})}{300} = \frac{100}{300}$$

$$= 0.33$$

위의 두 사례에서 보면, 총사례수에 문항난이도는 .50 이고, 추측 요인을 고려한 문항난이도는 .33 이다. 추측 요인을 고려한 문항의 난이도는 추측 요인을 고려하지 않았을 때에 비해 문항난이도지수가 낮다는 것을 알 수 있다. 추측 요인을 고려한 문항 난이도가 추측 요인을 고려하지 않았을 때에 비해 문항난이도지수가 낮아지는 것은 추측 요인을 고려해서 추측에 의해서 정답을 맞췄을 확률을 뺐기 때문이다. 즉 추측 요인을 제거한 문항난이도인 셈이다.

(3) 미달항과 추측요인을 고려한 문항난이도

어떤 검사에서 피험자가 시간이 모자라서 답을 하지 못한 문항을 미달항(non-reached item)이라고 한다. 검사 전체에 대해 피험자의 점수를 계산할 때에는 시간이 모자라서 답을 하지 못한 문항들은 모두 틀린 것으로 간주하여 채점한다. 그러나 문항 분석에서는 문항난이도를 통하여 문항의 쉽고 어려운 정도를 알려는 것이기 때문에 각 문항에 반응하지 않은 피험자는 제외시켜야 한다. 예를 들면, 속도 검사(speed test)의 경우에는 미달항이 많이 발생할 수 있는데, 이런 경우 실제로는 어렵지 않은 문항도 어려운 문항으로 분석되는 문제점이 발생하게 된다. 따라서 문항분석에서는 시간이 모자라서 반응하지 못한 미달항들을 고려하여 문항난이도를 산출하는 것이 바람직하다.

$$P = \frac{R - \frac{W}{K-1}}{N - NR}$$

P: 문항난이도지수

R: 정답자 수

N: 전체 피험자수

NR: 미달 피험자 수

K: 답지의 수

W: 오답자 수

어느 중학교 2학년 300명의 학생들이 수학 시험을 치른 결과, 어떤 문항에 대하여 다음과 같은 반응 분포가 나왔을 경우 미달항과 추측요인을 고려한 문항난이도는 다음과 같다.

문항분포
① 50 ② 40 ❸ 150 (정답자수) ④ 30 30 (미달 피험자수)
300 (전체사례수: N)

$$P = \frac{(150 - \frac{50+40+30}{4-1})}{300-30}$$

$$= \frac{(150 - \frac{120}{3})}{270} = \frac{110}{270}$$

$$= 0.41$$

(4) 서답형 문항의 난이도

서답형 문항의 난이도를 계산하는 것은 선택형 문항의 문항난이도 산출 공식과 유사하다. 서답형 문항의 난이도를 산출하는 공식은 다음과 같다.

$$P = \frac{R}{N \times A}$$

R: 전체 피험자들이 받은 점수의 총합

N: 총사례수

A: 문항에 주어진 배점

만약, 어떤 서답형 문항에 대하여 전체 피험자가 받은 점수의 합이 300점이고, 그 문항에 주어진 배점은 10점, 전체 피험자 수는 50명이라면, 서답형 문항의 난이도는 다음과 같다.

$$P = \frac{300}{50 \times 10} = \frac{300}{500} = 0.60$$

문항난이도에 의하여 문항을 평가하는 절대적인 기준은 없지만, .30 미만이면 매우 어려운 문항, .30이상 .80 미만이면 적절한 문항, .80 이상이면 매우 쉬운 문항이라고 평가한다. 문항난이도를 좀 더 세부적으로 평가하고 싶다면 5단계로 나누어 볼 수도 있다. Ebel(1965)의 기준에 따른 난이도 지수와 문항평가는 〈표 7-1〉과 같다.

표 7-1 문항난이도에 의한 5단계 문항평가

문항난이도	문항평가
.00 ~ .20 미만	매우 어려운 문항
.20 이상 ~ .40 미만	어려운 문항
.40 이상 ~ .60 미만	중간 난이도 문항
.60 이상 ~ .80 미만	쉬운 문항
.80 이상 ~ 1.00	매우 쉬운 문항

3) 문항변별도

문항변별도(item discrimination)란 문항이 검사의 목적 및 내용에 관련된 피험자의 능력을 변별하는 정도를 나타내는 지수를 말한다. 즉, 한 검사에서 어떤 문항의 정답을 맞춘 피험자의 검사 총점이 높고, 정답을 맞추지 못한 피험자의 검사 총점이 낮다면 이 문항은 피험자를 잘 변별하고 있다고 볼 수 있다. 반면, 어떤 문항의 정답을 맞춘 피험자의 검사 총점이 낮고 정답을 맞추지 못한 피험자의 검사 총점이 높다면 그 문항은 부적 변별력을 가진 문항이라고 한다. 규준참조검사(norm-referenced test)에서는 변별도가 문항의 질을 좌우하지만, 준거참조검사(criterion-referenced test)에서는 부적 변별도가 나오지 않는 한 크게 문제시되지 않는다. 예를 들면, 어떤 문항에 대해 모든 학생이 정답을 맞춰서 변별도가 '0'이 나온다고 하더라도 그 문항이 교수목표의 성취 정도를 잘 평가하고 있다면 좋은 문항이라고 할 수 있다. 문항변별도를 산출하는 공식으로는 문항변별도지수(item discrimination index)라고 불리는 상하부지수(upper-lower index)와 상관계수(correlation coefficient)가 있다.

(1) 상하부지수를 이용한 문항변별도

어떤 문항에서 정답을 맞춘 피험자나 정답을 맞추지 못한 피험자 모두 총점이 같다면, 이 문항은 변별력이 전혀 없는, 즉 변별도지수가 '0'인 문항이 된다. 즉, 검사 총점을 기준으로 상위 능력 집단(총점이 높은 집단)과 하위 능력 집단(총점이 낮은 집단)으로 나누었을 때, 상위집단의 학습자가 각 문항에서 정답을 맞추는 비율은 하위집단의 학습자가 정답을 맞추는 확률보다 의미 있게 높아야 바람직하다. 만약 이러한 비율의 차이가 의미없게 나왔다면 그 문항은 상하 능력 집단을 변별하는 데 아무런 역할을 못한 것이기 때문에 변별력이 없는 문항이라고 할 수 있다. 일반적으로 문항변별도는 검사 총점을 어떤 기준 혹은 준거에 따라 두 집단 혹은 세 집단으로 나누고 상위 능력 집단과 하위 능력 집단 간의 정답률의 차이로 산출한다.

Johnson(1951)이 제시한 문항변별도 산출 공식은 다음과 같다.

$$\text{D.I.} = \frac{R_U}{F_u} - \frac{R_L}{F_L}$$

D.I.: 문항변별도지수
RU : 상위능력 집단의 정답자수
RL : 하위능력 집단의 정답자수
FU : 상위능력 집단의 피험자수
FL : 하위능력 집단의 피험자수

예를 들어, 1000명이 실시한 20점 만점의 수학 시험에서 12점을 준거로 상위능력집단과 하위능력집단으로 구분했을 때, 집단별 문항의 정답 여부는 [그림 7-2]와 같다고 가정한다.

	상위집단	하위집단	
정답	300	180	480
오답	100	420	520
	400	600	

이 경우, 문항변별도지수를 산출하면 다음과 같다.

$$D.I. = \frac{300}{400} - \frac{180}{600} = \frac{3}{4} - \frac{3}{10} = .75 - .30 = .45$$

두 집단 간의 정답 비율 차이에 의한 문항변별도 추정은 간편하다. 그러나, 집단을 어떻게 구분하는가에 따라 문항변별도지수가 달라지므로 최근에는 거의 사용되지 않는다.

만약 위의 예에서, 상위집단은 모두 정답을 선택하고 하위집단은 모두 오답을 했을 경우 문항변별도지수(D.I.)는 +1.00이 된다. 반대로 상위집단은 모두 오답을 선택하고 하위집단은 모두 정답을 했을 경우에는 문항변별도지수가 − 1.00이 된다. 따라서 문항변별도지수는 −1.00 ≤ D.I ≤ +1.00 범위에 놓인다. 만약 상위집단과 하위집단이 모두 정답을 선택했거나 모두 오답을 선택했다면 문항변별도지수는 0이 된다.

문항변별도를 구하기 위해 두 집단을 구분하는 방법은 여러 가지가 있지만, 총피험자수에 근거하여 피험자수가 같도록 구분하거나 총점을 기준으로 상위 27%와 하위 27%로 구분하기도 한다. 일반적으로 상위집단과 하위집단의 경계선이 중간집단에 의해 영향을 많이 받는 경향이 있어서 피험자수가 적을 경우 상위 50%를 상위집단, 하위 50%를 하위집단으로 하는 방법이 많이 사용된다.

(2) 상관계수를 이용한 문항변별도

총점을 기준으로 집단을 나누어 변별도를 계산하면 변별도 추정의 정확성이 낮아진다. 예를 들면, 상위집단 내에서 점수 차이를 고려하지 않고 동일하게 추정하여 계산하므로 보다 정확한 값을 얻을 수 없게 된다. 이러한 단점을 보완하기 위하여 문항득점과 총점 간의 상관계수를 이용하여 변별도를 구하면 −1.00에서 +1.00까지 사이에 분포한다. 어떤 문항이 +1.00에 근접할 경우 정답자의 총점이 오답자의 총점에 비해 높다는 것을 의미한다. 이는 문항변별력이 높다고 해석할 수 있다. 상관계수를 계산하는 과정이 매우 복잡하기 때문에 통계 프로그램을 활용하는 것이 바람직하다. 상관계수를 사용한 문항변별도 산출 공식은 아래와 같다.

$$r = \frac{N\sum XY - \sum X \sum Y}{\sqrt{N\sum X^2 - (\sum X)^2}\sqrt{N\sum Y^2 - (\sum Y)^2}}$$

r: 문항변별도

N: 총피험자수

X: 각 피험자의 문항점수

Y: 각 피험자의 총점

문항 / 피험자	문항점수(X)										총점 (Y)	XY	X2	Y2
	1	2	3	4	5	6	7	8	9	10				
1	1	1	1	1	1	1	1	1	1	1	10	10	1	100
2	0	1	1	0	0	0	1	1	1	1	6	0	0	36
3	1	0	0	0	0	0	0	0	1	1	3	3	1	9
4	1	1	1	0	0	0	1	1	1	0	6	6	1	36
5	1	0	0	0	1	1	1	1	1	1	7	7	1	49
6	1	1	1	0	0	1	1	1	1	1	8	8	1	64
7	0	0	0	0	0	0	1	1	1	1	4	0	0	16
8	0	1	1	0	0	0	0	0	0	0	2	0	0	4
9	1	1	1	1	1	0	0	0	0	0	5	5	1	25
10	1	1	1	1	1	1	1	1	1	0	9	9	1	81
Σ	7	7	7	3	4	4	7	7	8	6	60	48	7	420

출처: 김석우(2015).

1번 문항에 대하여 상관계수를 사용한 문항변별도를 계산하면 다음과 같다.

$$r = \frac{N\sum XY - \sum X \sum Y}{\sqrt{N\sum X^2 - (\sum X)^2}\sqrt{N\sum Y^2 - (\sum Y)^2}}$$

$$r = \frac{10(48) - (7)(60)}{\sqrt{10(7) - 7^2}\sqrt{10(420) - 60^2}}$$

$$= \frac{480 - 420}{\sqrt{70 - 49}\sqrt{4200 - 3600}} = .53$$

문항변별도지수에 의하여 문항을 평가하는 절대적인 기준은 없지만, 문항변별도가 .40 이상이면 변별력이 좋은 문항이라고 할 수 있다. .20 미만인 문항은 변별력이 낮다고 보며, 변별력이 낮은 문항은 수정되어야 한다. 특히 능력이 높은 학생들은 문항을 틀리고 능력이 낮은 학생들이 문항을 맞히면 문항변별도가 음수(-)로 나오는데, 이렇게 '역(逆)'으로 변별하는 문항을 부적(negative) 변별 문항이라고 하며, 이러한 문항은 검사에서 반드시 제외시켜야만 한다. Ebel(1965)은 검사도구의 신뢰도와 관련하여 다음과 같이 기준을 설정하고 있다.

표 7-2 Ebel의 문항변별도 평가 기준

문항변별도지수	문항평가
.10 미만	변별력이 없는 문항
.10 이상 ~ .20 미만	변별력이 매우 낮은 문항
.20 이상 ~ .30 미만	변별력이 낮은 문항
.30 이상 ~ .40 미만	변별력이 있는 문항
.40 이상	변별력이 높은 문항

출처: Ebel(1965).

문항의 변별도는 문항의 난이도와 직접적으로 관련되어 있어서 문항의 난이도에 따라 문항의 변별도도 달라질 수 있다. 문항이 너무 쉽거나 너무 어려우면 피험자의 능력을 잘 변별하지 못할 수 있다.

4) 문항추측도

어떤 문항은 피험자의 어떤 능력을 측정하기 위해 제작된 것이다. 만약 어떤 문항에서 측정하고자 하는 능력이 없는 피험자들은 오답을 하게 될 것이다. 그러나 실제로 추측에 의해서 문항의 정답을 맞힌 피험자도 있을 것이다. 틀린 문항에 감점을 주지 않는 경우, 추측은 검사에서 언제든지 일어날 수 있는 행위이므로 문항추측도 역시 문항 분석의 요소가 된다.

문항추측도를 추정하기 위해서는 총 피험자 중 문항의 답을 알지 못하여 추측에 의하여 응답한 피험자의 수와 추측하여 문항의 답을 맞힌 피험자 수를 파악해야 한다. 그러나 검사가 미치는 영향이 클수록 추측하여 문항의 정답을 맞혔다고 솔직하게 대답하는 피험자는 없을 것이므로 확률 이론에 의해 추측을 한 피험자 수와 추측하여 문항의 답을 맞힌 피험자 수를 추정한다.

문항추측도(item guessing)는 문항의 답을 모르고 추측으로 문항의 답을 맞힌 비율로서 다음 공식에 의하여 추정한다.

$$\text{PGR} = \frac{\left(\frac{W}{K-1}\right)}{N}$$

PGR: 문항추측도

W: 문항의 답을 맞히지 못한 피험자수(오답자수)

K: 선택지의 수

N: 전체 피험자수

예를 들면, 200명의 피험자 중에서 150명이 4지 선다형 문항에 답을 맞히지 못했을 경우,

$$\text{PGR} = \frac{\frac{150}{(4-1)}}{200} = \frac{50}{200} = \frac{1}{4} = 0.25$$

그러므로, 문항추측도는 0.25가 된다.

5) 오답지 매력도

오답지 매력도(attractiveness of distractors)란 선다형 문항의 경우 피험자가 오답지도 정답처럼 보여 택할 가능성을 의미하며, 오답지에 대한 응답 비율로 결정한다. 오답지들이 그럴듯하여 매력적일 때 문항의 난도는 높아지며 비교, 분석, 종합 등의 고등정신능력을 측정하기 좋다. 만약 오답지의 매력이 전혀 없을 경우 답지로서의 기능을 상실하게 되므로 오답지 매력도를 높이는 것은 문항의 질을 향상시키는 데 매우 중요하다.

각 오답지의 매력도는 다음의 공식으로 추정한다. 각 오답지가 매력적인지는 오답지에 대한 응답비율에 의해 결정된다. 오답지에 대한 응답비율이 오답지 선택 확률보다 높으면 매력적인 답안이고, 오답지 선택 확률보다 낮다면 매력적이지 않은 답안이라고 할 수 있다.

$$\text{P0} = \frac{1-P}{K-1}$$

P0 : 답지 선택 확률

P : 문항난이도

K : 답지의 수

250명의 피험자가 5지선다형 문항의 각 답안에 응답한 결과와 그에 따른 오답지의 매력도 추정 결과는 〈표 7-3〉과 같다.

표 7-3 오답지 매력도 추정 결과

답안 \ 내용	응답자(명)	응답비율	비고
①	20	.08	매력적이지 않은 오답지
②	105	.42	정답
③	50	.20	매력적인 오답지
④	15	.06	매력적이지 않은 오답지
⑤	60	.24	매력적인 오답지
합계	250	1.00	

〈표 7-3〉에서 전체 피험자 250명 중에서 105명이 정답 ②번을 맞췄으므로 문항난이도는 .42이다(105/250=0.42). 이는 피험자 중 .58에 해당하는 비율의 피험자 145명이 오답을 선택했음을 의미한다. 만약 오답지들의 매력이 균등하다면 4개의 각 오답지에 균등하게 응답할 것이므로 각 오답지에 응답할 비율은 .145가 된다(.58/4=.145). 이 문항의 오답지 매력도는 .145인 것이다. 답지 ③과 ⑤는 응답한 비율이 오답지 매력도 보다 높으므로 매력적인 오답지이고, 답지 ①과 ④는 응답한 비율이 오답지 매력도 보다 낮으므로 매력적이지 않은 오답지라고 평가할 수 있다.

6) 문항반응분포

문항반응분포(item response distribution)란 피험자들이 문항의 각 답지에 어떻게 반응하고 있는지를 기술하고, 이를 기초로 하여 분석하는 것을 의미한다. 문항반응분포에서는 분석의 대상이 문항 그 자체가 아니라 문항 속에 포함되어 있는 각각의 답지에 대한 반응이다. 이를 통하여 정답은 얼마나 정답 구실을 했는지, 오답은 오답으로서 얼마나 매력이 있는지, 또한 상위 집단과 하위 집단간의 반응 형태는 어떤 차이가 있는지 등을 알 수 있다.

문항반응분포를 파악하는 목적은 다음과 같다(김성훈 외, 2010). 첫째, 정답지에 대한 비율을 통해 문항의 난이도를 확인할 수 있다. 둘째, 오답지에 대한 비율을 통해서 각 오답지의 매력도를 확인할 수 있다. 셋째, 상위집단과 하위집단별 문항반응분포를 통해 문항의 변별도에 대한 정보를 도출할 수 있다. 문항제작자는 문항반응분포를 분석한 결과에 기초하여 문항을 수정하고 문항의 질을 개선할 수 있다.

아래의 표 세 개를 통하여 문항반응분포의 사례를 예시한다(황정규, 1998).

표 7-4 문항반응분포 사례 1

〈문항 1〉				
집단		(상부)	(하부)	(전체)
답지	①	10	10	20
	*②	100	50	150
	③	20	30	50
	④	20	50	70
	미응답	0	10	10
	계	150	150	300

〈표 7-4〉 문항반응분포 사례 1의 〈문항 1〉은 정답(*표)에 대부분의 학생이 반응하고 있고, 각 오답지에도 비교적 고르게 학생의 반응이 분포하고 있어서 무난한 반응을 보이는 문항이다. 우리가 기대하는 문항반응분포는 대체로 이와 같은 형태가 되기를 바란다.

표 7-5 문항반응분포 사례 2

〈문항 2〉				
집단		(상부)	(하부)	(전체)
답지	①	10	30	40
	②	80	100	180
	*③	40	20	60
	④	20	0	20
	미응답	0	0	0
	계	150	150	300

〈문항 2〉는 정답에 60명의 학생이 반응하고 있는 데 반해서, 오답지 ②번에 180명이라는 많은 학생이 반응하고 있다. 이것은 정답이 '정답 구실'을 못하고 있는 예로 지적할 수 있다. 너무 어려운 문항은 흔히 이같은 형태의 반응을 나타내는 수가 있으나, 오히려 정답이 잘못 되어서 이같은 형태가 나오게 되는 경우가 빈번하다. 이같은 문항은 이 증거에 기초해서 재검토하고, 왜 정답이 제 구실을 못하는지, 어딘가에 오류가 있다면 그것을 수정하든지 그렇지 않으면 상대적으로 오답의 매력을 훨씬 줄이든지 해야 한다.

표 7-6 문항반응분포 사례 3

〈문항 3〉				
집단		(상부)	(하부)	(전체)
답지	①	0	0	0
	②	0	5	5
	③	10	20	30
	*④	140	100	240
	미응답	0	25	25
	계	150	150	300

〈문항 3〉은 정답이 너무 뚜렷하고 오답이 매력이 너무 적어서 이상 형태를 보이고 있는 예이다. 답지 ①과 ②는 전혀 오답으로서의 매력이 없기 때문에 형식적으로는 4지선다형 문항이지만 실질적으로는 진위형, 이자택일형 기능 밖에 하지 못한다. 이같은 문항 형태는 문항 제작 경험이 없는 초임 교사들에게서 흔히 나타나기 쉬운 형태인데, 오답의 매력을 좀 더 늘일 수 도록 수정할 필요가 있다. 상부집단과 하부집단 사이에 어떤 특이한 반응 유형을 보이면 그것도 아울러 분석해야 한다. 이것은 오류의 종류와 질을 찾아내는 데 좋은 단서가 될 수 있다. 예를 들면, 〈문항 2〉에서 오답 ④번은 능력이 낮은 학생보다 능력이 우수한 학생이 빠지기 쉬운 오답인 것을 알 수 있다. 하부집단에서 이 오답지에 반응한 학생이 한 명도 없는데, 상부집단에서는 20명이나 반응을 했다.

2 문항반응이론에 의한 문항분석

고전검사이론에 기초한 문항난이도, 문항변별도, 문항반응분포는 검사의 총점에 의해 분석되고, 집단과 검사의 특성에 의하여 제한된다는 단점이 있다. 고전검사이론에서 관찰점수는 진점수와 오차점수에 의하여 합성되었음을 가정하고, 총점에 의하여 문항을 분석하고 피험자의 능력을 추정한다. 고전검사이론의 대안으로 제시된 문항반응이론(item response theory)은 문항 각각이 불변하는 고유한 속성을 지니고 있다고 보고, 그 속성을 나타내는 문항특성곡선에 의하여 문항을 분석하는 검사이론이다.

Binet와 Simon(1916)은 나이가 증가함에 따라 문항의 답을 맞힐 확률이 증가하는 증가함수의 원리를 응용하였으며, 곡선의 기울기가 가파를수록 나이에 따라 문항의 답을 맞힐 확률이 매우 다르기 때문에 그 문항은 근접한 연령집단을 더욱 잘 변별해 줄 수 있다는 사실을 발견하였다. 이 곡선에서 연령에 따른 정답률의 변화를 파악하고, 이것을 기초로 연령에 적합한 문항을 선택하여 검사를 제작하는 것에서 문항반응이론이 시작되었다고 할 수 있다(김석우 외, 2021).

1) 기본 개념과 가정

인간의 내면적 특성을 평가하기 위한 검사의 목적은 피험자의 인지적, 정의적, 심동적 능력이나 특성의 수준을 파악하려는 것이다. 검사에서는 피험자의 능력이나 기술 수준에 따라 문항에 대한 반응이 어떻게 달라지는지를 파악해야 한다. 또한 검사를 구성하고 있는 각각의 문항이 피험자의 능력 수준을 얼마나 효과적으로 측정하고 있는지를 확인해야 한다. 문항반응이론은 문항 하나하나의 독특한 특성을 지닌 고유한 문항특성곡선에 의해 분석된다는 이론이다. 문항반응이론을 전개하기 위해서는 두 가지 가정이 충족되어야 한다.

첫째, 일차원성(unidimensionality) 가정이다. 일차원성 가정이란 하나의 검사도구는 하나의 특성만을 측정하여야 함을 의미한다. 예를 들어, 지능을 측정하는 검사는 지능만을 측정해야 하며, 창의성을 측정해서는 안 된다는 것이다.

둘째, 지역독립성(local independence) 가정이다. 지역독립성이란 어떤 능력을 지닌 피험자가 하나의 문항에 보이는 응답은 다른 문항의 응답에 영향을 미치지 않는다는 것이다. 쉽게 말해 각 문항의 답을 맞힐 확률이 상호 독립적이라는 것이다. 지역독립성 가정에는 한 문항의 내용이 다른 문항의 정답을 찾는 데 단서가 되어서는 안 된다는 의미도 포함된다.

문항반응이론의 장점은 문항 특성 불변성 개념과 피험자 능력 불변성 개념이 확보된다는 것이다. 문항 특성 불변성이란 문항의 특성인 문항난이도, 문항변별도, 문항추측도가 피험자 집단의 특성에 따라서 변화되지는 않는다는 것이다. 고전검사이론에서는 피험자 집단의 능력 특성에 따라 동일한 문항이 쉬운 문항으로도 어려운 문항으로도 분석될 수 있다. 그러나 문항반응이론에서는 문항 특성이 피험자 집단의 능력 특성에 따라 변하지 않는다.

피험자 능력 불변성이란 피험자의 능력은 특정 검사나 문항에 따라 달라지는 것이 아니라 고유한 능력 수준이 있다는 것이다. 고전검사이론에서는 피험자 집단이 동일하여도 쉬운 검사에서는 그들의 능력이 높게 나타나고, 어려운 검사에서는 능력이 낮게 나타난다. 그러나 문항반응이론에 따르면 검사의 쉽고 어려운 정도에 관계없이 피험자의 능력을 안정적으로 추정할 수 있다는 것이다.

2) 문항특성곡선

문항특성곡선(Item Characteristic Curve: ICC)은 어떤 검사에서 피험자의 능력에 따라 문항에서 정답을 맞힐 확률을 나타내 주는 곡선(그래프)를 뜻한다. 문항반응이론에서는 하나의 잠재적 능력에 근거하여 문항에 대한 반응을 설명할 수 있다고 가정하고, 관찰할 수 있는 문항의 반응과 관찰할 수 없는 능력과의 관계를 분석한다. Binet와 Simon이 사용한 문항특성곡선은 피험자의 나이와 문항의 답을 맞힐 확률과의 함수 관계를 나타낸다. 그런데 나이보다는 능력이 더 일관성이 있기 때문에 나이 대신에 피험자의 능력으로 치환한 곡선이 문항특성곡선이다(성태제, 2016).

아래의 [그림 7-1]은 문항특성곡선 그래프이다.

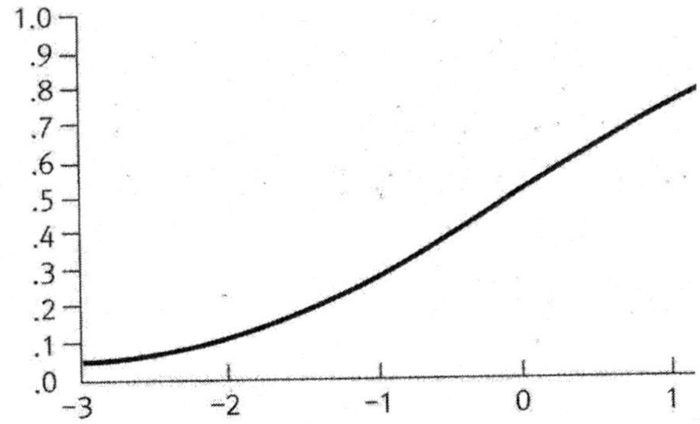

그림 7-1 문항특성곡선

그림 [7-1]에서 X축은 피험자의 능력을 의미하며, 그리스 문자 θ(theta; 세타)로 표기하며, Y축은 피험자 능력 수준에 따라 문항의 답을 맞힐 확률 P(θ)로 표기한다. 문항반응이론에 의한 문항특성곡선이란 준거변인이 실제 나이가 아니라 직접적인 관찰이 불가능한 피험자의 어떤 잠재적 특성인 능력을 의미한다.

문항반응이론에서는 각 능력 수준에 있는 동일한 능력의 피험자들이라고 하더라도 모두 똑같은 반능을 한다고 가정하지 않는다. 능력이 낮은 피험자들이라도 모두가 오답을 하는 것은 아니며, 능력이 높은 피험자들이고 해도 모두가 정답을 맞히는 것은 아니라고 가정한다. 능력이 낮은 피험자들 가운데에서도 일부는 문항의 답을 맞힐 수 있을 것이며, 능력이 높은 피험자들은 대부분 문항의 답을 맞히고 소수가 문항의 답을 맞히지 못할 것이다.

피험자의 각 능력수준에 따라 문항에 응답하는 경향은 각 능력 수준에서 조건 분포를 그린다. 이 조건 분포는 각 능력 수준에 반응하는 경향 정도를 나타내며 능력이 증가할수록 피험자들의 반응 경향은 높게 나타난다. 능력이 증가할수록 능력에 따라 문항의 정답에 반응하는 경향이 높아지므로, 능력에 따른 반응 분포의 조건 분포는 평균은 직선에 놓이게 되므로 회귀선을 그린다. 각 능력 수준에서 문항에 반응하는 경향은 각 능력 수준과 회귀선이 만나는 점을 중심으로 좌우 대칭인 정규분포를 그리며 분산은 같다.

문항반응이론에서 피험자의 능력을 측정하는 척도는 모든 피험자의 능력이 평균μ(뮤)와 표준편차(σ, 시그마)를 가진 정규분포를 이룬다는 가정 하에 능력의 평균은 0, 표준편차 1인 척도를 표현하게 된다. 피험자의 능력은 이론적으로는 -∞에서 +∞ 사이에 존재하나 실제로는 거의 대부분의 피험자의 능력은 −3.0에서 +3.0 사이에 위치한다.

문항특성곡선이 지니는 공통점은 능력이 낮은 집단에서의 문항의 답을 맞힐 확률은 낮고, 능력이 높은 집단에서 문항의 답을 맞힐 확률은 높은 증가 함수를 나타낸다. 일반적으로 곡선 S자 형태로 증가하며, 선형적으로 증가하지 않는다. 문항특성곡선에서는 능력이 높을수록 문항의 답을 맞힐 확률이 증가하지만 직선적으로 증가하지는 않는다. 문항특성곡선은 문항난이도, 문항변별도, 문항추측도에 따라 다양한 곡선이 만들어진다.

3) 문항모수

각각의 문항특성곡선들은 일반적으로 두 가지 속성, 즉 위치모수(local parameter)와 척도모수((scale parameter)를 지닌다. 위치모수는 문항이 능력 수준의 어느 지점에서 기능하는가를 뜻한다. 척도모수는 문항특성곡선이 문항의 위치모수 아래의 능력을 가진 피험자들과 위치모수 위의 능력을 가진 피험자들을 얼마나 잘 변별할 수 있는가를 뜻한다. 위치모수와 척도모수는 문항난이도, 문항변별도, 문항추측도와 관련되어 있다.

(1) 문항난이도

문항난이도(item difficulty)란 문항이 어느 능력 수준에서 기능하는가를 나타내는 지수로서, 문항이 얼마나 어려운지 그 정도를 말한다. 문항특성곡선에서는 오른쪽에 위치할수록 문항이 어렵다는 뜻이다. 문항반응이론에서의 문항난이도는 문항의 정답을 맞출 확률이 .50에 대응하는 능력수준을 말하며, β 혹은 b로 표기한다. 문항난이도의 이론적 범위는 -∞에서 +∞사이에 존재하지만, 일반적으로 문항난이도는 −2.0에서 +2.0 사이에 있으며 값이 클수록 어려운 문항으로 평가한다. 문항난이도 값이 크다는 것은 문항의 정답을 맞추기 위해서는 높은 수준의 능력이 필요하다는 것을 의미한다. 문항의 기능이 각기 다른 세 문항의 문항특성곡선이 [그림 7-2]와 같다고 가정하자(성태제, 2009).

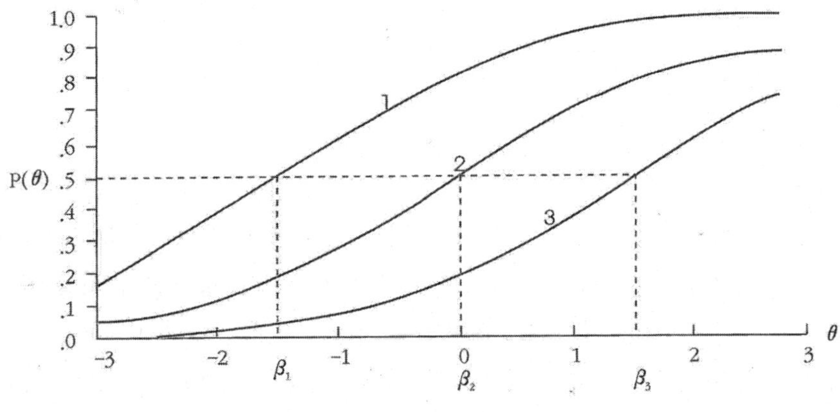

그림 7-2 문항특성곡선상의 문항난이도

[그림 7-2]의 세 문항이 기능하는 위치는 전체 능력범위에 걸치나, 1번 문항은 주로 능력수준이 낮은 피험자들에게서 기능하고 3번 문항은 보다 높은 능력수준의 피험자 집단에서 기능함을 알 수 있다. 1번, 2번, 3번 문항의 문항특성곡선을 보고 설명을 하면 능력수준이 0에 있는 피험자가 1번 문항의 답을 맞힐 확률은 .80이며, 2번 문항의 답을 맞힐

확률은 .50, 3번 문항의 답을 맞힐 확률은 .10으로 세 문항 중에서 3번 문항이 가장 어려움을 알 수 있다. 고전검사이론에서의 문항난이도는 총 응답자 중 정답자의 비율로 정의되는데, 문항반응이론에서의 문항난이도는 문항의 정답을 맞힐 확률 .50에 대응하는 능력수준을 의미하므로 두 이론에서의 문항난이도 정의가 다름을 알 수 있다. 고전검사이론에서의 문항난이도는 값이 클수록 쉬운 문항을 뜻하고, 문항반응이론에서의 문항난이도는 값이 클수록 어려움 문항이다.

문항반응이론에서의 문항난이도에 대한 언어적 표현은 〈표 7-7〉과 같다. 이와 같은 문항의 난이도에 대한 해석의 기준은 절대적인 것이 아니라 이해를 돕기 위한 서술적 표현이다.

표 7-7 언어적 표현에 의한 문항난이도의 범위

문항난이도	언어적 표현
-2.0 미만	매우 쉽다
-2.0이상 ~ -0.5미만	쉽다
-0.5이상 ~ +0.5미만	보통이다
+0.5이상 ~ +2.0미만	어렵다
+2.0이상	매우 어렵다

(2) 문항변별도

문항변별도(item discrimination)는 문항이 피험자를 능력에 따라 변별하는 정도를 나타내는 지수로서 문항특성곡선의 기울기와 관계가 있다. 문항특성곡선의 기울기가 가파를수록 문항변별도는 높아지며, 기울기가 완만하면 문항변별도는 낮아진다. 문항변별도는 문항특성곡선상의 문항난이도를 표시하는 지점에서의 기울기를 말하며, a로 표기한다.

문항반응이론에 의한 세 개의 문항특성곡선 [그림 7-3]으로 문항변별도를 살펴본다.

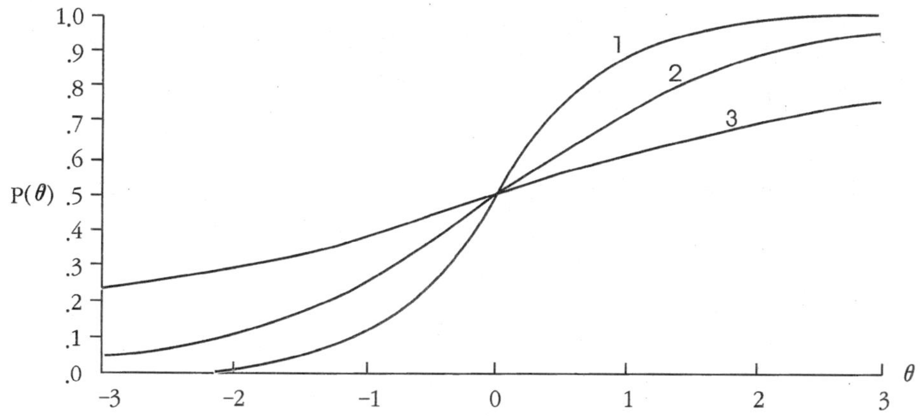

그림 7-3 문항특성곡선상의 문항변별도

[그림 7-3]의 1번, 2번, 3번 문항의 문항난이도는 같다. 세 문항 모두 정답 반응 확률 .50에 대응하는 피험자의 능력수준이 0의 위치에 있다. 그러나 능력수준 0과 p(θ) .50이 만나는 지점에서의 기울기는 세 문항별로 다르다. 1번 문항의 기울기가 가장 가파르며, 3번 문항의 기울기가 제일 완만하다. 2번 문항은 1번과 3번의 중간 정도 기울기를 나타내고 있다. 능력 수준 0에서 능력 수준1로 피험자의 능력의 높아졌을 때, 정답을 맞힐 확률이 얼마나 증가하는지를 비교해 보면 문항간의 차이를 알 수 있다. 3번 문항은 피험자의 능력수준이 0에서 1로 증가하여도 문항의 답을 맞힐 확률이 .50에서 .60으로 약 .10정도만 정답 맞힐 확률의 변화가 크지 않다. 2번 문항은 피험자의 능력수준이 0에서 1로 증가하면 문항의 답을 맞힐 확률이 .50에서 .70위치 정도로 정답을 맞힐 확률이 증가한다. 약 .20정도의 정답 맞힐 확률의 변화가 있는 것이다. 3번 문항보다 2번 문항이 문항변별도가 높은 것이다. 1번 문항은 피험자의 능력수준이 0에서 1로 증가하면 정답을 맞힐 확률이 .50에서 .90위치 정도로 정답을 맞힐 확률이 크게 증가한다. 따라서 문항 1이 문항 3보다 피험자를 더 잘 변별한다고 말할 수 있다. 즉 문항 1의 변별도가 문항 3의 변별도보다 높은 것이다.

일반적으로 문항변별도는 0에서 +2.0까지의 값을 가지며 지수가 높을수록 좋은 문항이다. 만약 문항변별도가 음수(-) 값을 지니면 이는 검사에서 제외시켜야 하는 문항이다. 왜냐하면 이 문항은 피험자 능력이 높아질수록 문항의 정답을 맞힐 확률이 낮아지기 때문이다. 고전검사이론에서의 문항변별도는 문항 점수와 검사 총점간의 상관계수에 의하여 추정되고, 문항반응이론에서의 문항변별도는 문항난이도를 표시하는 점에서의 문항특성곡선의 기울기를 말하므로 두 검사이론에서의 문항변별도의 의미가 다름을 알 수 있다.

문항반응이론의 문항변별도에 대한 언어적 표현은 〈표 7-8〉과 같다.

표 7-8 언어적 표현에 의한 문항변별도의 범위

로지스틱모형	언어적 표현
.00이상 ~ .35미만	거의 없다
.35이상 ~ .65미만	낮다
.65이상 ~ 1.35미만	적절하다
1.35이상 ~ 1.70미만	높다
1.70이상	매우 높다

(3) 문항추측도

문항추측도(item guessing)는 능력이 전혀 없음에도 불구하고 문항의 답을 추측에 의해 맞힐 확률을 의미하며, c로 표기한다. 문항추측도가 높을수록 좋지 않은 문항이라고 할 수 있다. 문항특성곡선에서의 문항추측도는 [그림 7-4]와 같다.

[그림 7-4] 문항특성곡선에서 능력이 전혀 없는 피험자라 하더라도 문항의 정답을 맞힐 확률은 .0이 아니라 .10 이다. 문항추측도의 범위는 0에서 1.0까지이나, 일반적으로 '1/답지수'보다 낮은 확률이다. 일반적으로 사지선다형 문항에서의 문항추측도는 .20을 넘지 않는다.

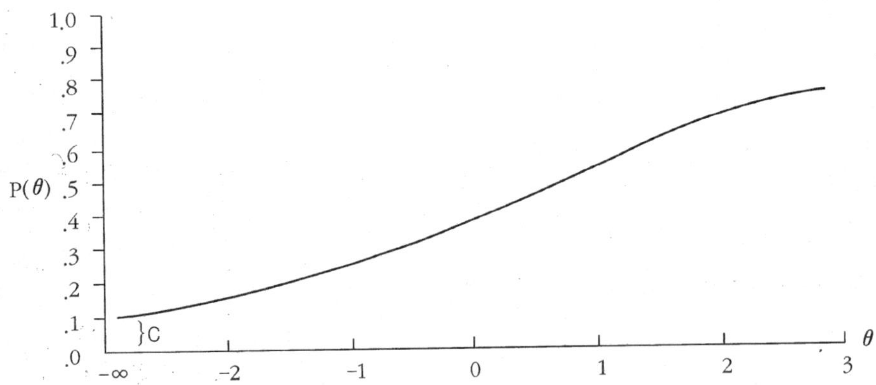

그림 7-4 문항특성곡선상의 문항추측도

4) 고전검사이론과 문항반응이론의 비교

문항반응이론의 장점은 다음과 같다(박도순 외,2007).

첫째, 문항특성이 피험자 집단에 따라 영향을 받지 않는다. 문항반응이론에 의하여 문항을 분석하면 능력이 높은 피험자 집단에서 검사가 실시되었든, 능력이 낮은 집단에서 검사가 실시되었든 추정된 문항난이도, 문항변별도, 문항추측도는 같다. 그러므로 검사의 난이도에 따라 능력 추정이 영향을 받지 않는 문항특성 불변성 개념을 지니고 있다.

둘째, 검사도구의 특성이 피험자 능력 추정에 영향을 주지 않는다. 문항반응이론에서는 피험자의 능력을 어느 시점에서 고정되어 있는 것으로 파악하여 고전검사이론과 달리 집단과 검사에 제한을 받지 않으면서 문항특성 모수를 추정할 수 있다. 따라서 검사를 구성하는 문항이 달라지더라도 능력점수는 변하지 않으므로 피험자의 능력에 대한 정확한 측정이 가능하고 학생들의 변별이 보다 정밀해진다.

고전검사이론은 비교적 간단한 방법으로 문항 분석을 할 수 있는 장점으로 지금까지 사용되고 있다. 그러나 고전검사이론은 피험자 집단에 따라 문항의 특성, 즉 난이도와 변별도 등이 달라진다는 점과 피험자의 능력 역시 검사 문항의 특성에 따라 다르게 추정된다는 점에서 문제시 되고 있다. 검사가 쉬운 경우 피험자의 능력이 과대추정되며, 검사가 어려운 경우 피험자의 능력이 과소추정된다. 이것의 대안으로 제시된 문항반응이론은 검사 총점으로 문항을 분석하는 것이 아니라, 문항은 문항 각각이 불변하는 고유한 속성을 지니고 있으므로 그 속성을 나타내는 문항특성곡선에 의하여 문항을 분석하는 검사이론이다.

제 8 장 평가결과의 분석

1. 평가결과 분석의 필요성과 의미
2. 성적 표시 방법
3. 통계적 분석 방법

제 8 장 평가결과의 분석

1 평가결과 분석의 필요성과 의미

학교에서는 평가를 통해 학생의 교육목표 달성 정도를 확인하고, 학생들의 특성을 평가하고, 학생들의 특성에 따라 적절한 교육적 처치를 해야 한다. 평가도구를 제작하고 분석하는 것 뿐만 아니라 평가결과를 기록하고 분석하는 것은 교육적으로 매우 중요한 활동이다.

평가를 실시하고, 필요한 자료를 수집하고, 그것을 평가의 목적에 맞게 체계적으로 정리하고 분석하고 해석하는 일련의 작업을 평가결과의 분석이라고 한다. 학교에서 교사는 지필평가나 과제 또는 여러 가지 수행평가 방법 등을 활용하여 평가를 실시하고, 채점을 하고, 학생에 관한 정보를 수집한다. 채점(scoring)은 문항반응에 점수를 매기고, 학생별로 총점을 구하는 작업을 의미한다. 컴퓨터가 보편화 되기 전에는, 검사도구의 제작, 평가실시, 결과 기록 등의 모든 활동이 수기로 진행되었지만, 고성능의 컴퓨터가 널리 보급된 현재에는 평가의 계획, 실시계획 보고, 평가 실시, 평가 결과의 기록 및 보관 등의 모든 평가 절차가 컴퓨터를 통해 이루어지고 있다. 본 장에서는 평가 결과에 나온 성적을 표시하는 방법과 해석하는 방법에 대해 살펴본다.

2 성적 표시 방법

1) 원점수와 백점만점 점수

(1) 원점수

원점수(raw score)는 규정된 채점 기준에 따라 채점하여 각 개인이 얻은 점수, 즉 한 검사에서 수험생이 맞힌 문항의 배점을 모두 합한 점수를 말한다. 예를 들어, 한 수험생이 3점 배점 20문항, 4점 배점 10문항, 총 30문항 100점 만점을 기준으로 제작된 검사에서 3점 문항 10개, 4점 문항 5개를 맞췄다면, 이 학생의 원점수는 (3점×10)+(4점×5)=30+20=50점이 된다.

원점수는 검사마다 측정의 단위가 다를 수 있고, 검사 문항의 난이도에 따라 원점수의 변화도 클 수 있다. 또한 서로 다른 검사로부터 얻은 원점수 간에는 같은 의미를 부여할 수 없다. 원점수는 그 검사에서의 만점과 대비하여 몇 점을 받았는지 하는 정보만을 알려줄 뿐이며, 그 외의 부가적인 정보를 제공하지 않는 한계가 있다.

예를 들면, 한 피험자가 국어시험에서는 70점을, 수학시험에서는 60점을 받았다고 해서, 이 학생이 수학보다 국어를 더 잘한다고 말할 수 없다. 왜냐하면 두 검사의 문항수, 문항의 난이도, 변별도 등이 다를 수 있고, 검사 시간 및 배점 등 검사의 특성이 다를 수 있기 때문이다. 원점수는 단지 맞힌 문항의 정도만을 표현해줄 뿐 서로 다른 시험에서의 점수들에 대해 의미있는 비교를 할 수가 없다는 제한점을 가진다. 그렇기 때문에 원점수를 의미있게 해석하고 다른 검사 점수와의 비교가 가능하기 위해서는 원점수를 변환하는 과정이 필요하다.

(2) 백점만점 점수

백점만점 점수(pencentile rank)는 평가대상을 측정한 결과로 얻게 된 원점수를 바탕으로 인위적인 기준점 0점과 100점을 기준으로 삼아 점수로 표시하는 방법이다. 백점만점 점수는 만점을 100점으로 정해 놓았기 때문에 가장 널리 사용하는 점수 표시 방법 중 하나이다. 그러나 백점만점 점수는 인위적인 기준점을 정해 놓은 것을 제외하고는 원점수와 별다른 차이점이 없다. 백점만점 점수는 원점수와 마찬가지로 점수의 안정성이 부족하다. 검사도구가 쉽거나 어렵게 제작되면 검사 점수가 크게 달라질 수 있으므로, 신뢰성있는 점수가 되지 못한다.

2) 성적 표시 방법

(1) 석차

석차(rank)는 등위점수라고도 하며, 원점수와 백점만점 점수의 크기에 따라 부여한 서열 또는 순위를 뜻한다. 일반적으로 석차는 전체 사례수를 분모로 하고, 순위를 분자로 하여 표시한다. 예를 들면, 300명 중 10등을 했을 경우 10/300으로 표기한다.

석차는 한 집단 내에서 한 학생의 상대적 위치를 정확하게 표시해 주며, 같은 학생에게 실시한 다른 검사결과에 대해서 상호비교를 가능하게 해주기 때문에 널리 사용된다. 예를 들면, A학생의 수학 과목의 석차가 5/35이고, 국어 과목의 석차가 10/35이면, 이 학생은 국어보다 수학을 더 잘한다고 말할 수 있다. 그러나, 석차로 성적을 표시할 때 몇 가지 단점이 있다.

첫째, 석차는 집단이 서로 다르거나 집단의 사례수가 다르면 석차를 동등하게 비교하기가 어렵다. 예를 들면 35명 중의 3등과 300명 중의 3등은 석차는 같지만 능력이 같다고 보기는 어렵다.

둘째, 석차는 점수 간의 동간성이 확보되지 않는다. 동간성(同間性)이란 간격이 동일하다는 의미(same interval)로, 1등과 2등의 간격과 30등과 31등의 간격은 각각 1씩 같지만, 등위 차이는 1이지만, 능력 차이도 똑같이 난다고 말할 수는 없다. 동간성이 확보되는 예를 하나 들자면, 달력에서의 1일과 2일, 2일과 3일의 간격은 24시간으로 똑같다.

셋째, 석차는 동점자가 많을 때 동점자 계산이 복잡하다. 동점자가 다수일 때, 석차를 공정하게 산출하는 것은 매우 중요한 문제이다. 동점자가 다수일 때에는 다음과 같은 공식을 통해 석차를 산출하는 것이 원칙이다.

동점자수를 고려한 공동 석차 산출 공식

공동 석차 = $\dfrac{A+B}{2}$

A: 동점자가 받을 수 있는 최고 등위

B: 동점자가 받을 수 있는 최하 등위

어떤 채점 결과에서 동점자가 다수일 경우에는 위의 공식에 따라 석차를 산출하면 된다. 동점자가 차지하는 등위 범위에서 최고 등위(A)와 최하 등위(B)를 합하여 양분하면 공동 석차가 된다. 예를 들면, 어떤 시험에서 95점 이상을 받은 학생이 6명이고, 94점을 받은 학생들이 5명이 있다고 가정하자. 94점을 받은 학생이 받을 수 있는 등위는 7등부터 11등까지이다. 즉 동점자 5명이 받을 수 있는 등위는 7등, 8등, 9등, 10등, 11등이므로, 최고 등위는 7등이고 최하 등위는 11등이다. 이를 공동 석차 산출 공식에 대입하면,

$$\text{공동석차} = \frac{7+11}{2} = \frac{18}{2} = 9(\text{등})$$

따라서, 89점을 받은 학생의 공동 석차는 9등이 된다.

(2) 등급

등급은 스테나인(stanine) 점수에 해당하며, 스테나인은 점수를 표준화하여 하위 성적으로부터 상위 성적까지 9개 집단으로 나눈 것이다. 스테나인은 standard(표준)와 nine(9)의 합성어이며, 원래 스테나인은 9등급이 가장 상위 집단이고, 1등급이 가장 하위 집단으로 분류되지만, 우리나라에서는 정서상 1등급을 선호하여 학교의 과목별 석차 등급과 대학수학능력시험의 영역(과목)별 등급은 스테나인 점수를 역으로 등급을 정해서, 1등급이 가장 상위 집단이고, 9등급이 가장 하위 집단이다. 등급별 석차누적비율은 〈표 8-1〉과 같다.

표 8-1 등급별 석차누적비율

구분	1등급	2등급	3등급	4등급	5등급	6등급	7등급	8등급	9등급
누적비율	4%	11%	23%	40%	60%	77%	89%	96%	100%

출처: 고등학교 학업성적관리지침(교육부, 2023)

등급을 부여할 때 동점자가 다수 발생하여 등급 경계에 있는 경우에는 중간석차 백분율에 의하여 등급을 부여해야 한다. 먼저 교육부의 관련 지침을 살펴본다. 교육부의 고등학교 학업성적관리지침 제25조(동점자처리)에서는, 「학업성적관리규정에 동점자 처리 규정을 둘 수 있으며, 석차등급을 산출하는 과목은 가급적 동점자가 발생되지 않도록 유의한다. 그럼에도 불구하고 동점자가 발생하여 등급 경계에 있는 경우 중간석차를 적용한 중간석차백분율에 의하여 등급을 부여하며, 이때 제24조 2항 표의 비율은 중간석차백분율로 사용한다」고 명시하고 있다. 아래의 예시를 통해 동점자가 다수 발생할 경우 중간석차를 어떻게 내고, 등급을 어떻게 부여해야 하는지 알아본다.

중간석차에 따른 등급 부여

$$\text{중간 석차} = \text{석차} + \frac{(\text{동석차 인원수} - 1)}{2}$$

예시1 수강자수가 96명인 과목에서 1등 동점자가 7명인 경우

- 수강자수가 96명인 경우 정상적으로 처리되면, 1등급 학생은 4명이나 현재 1등인 학생이 7명이고, 중간석차 백분율을 적용하면 4.17%이므로 모두 2등급을 부여

  중간석차= 석차 + (동석차 인원수-1)/2=1+(7-1)/2=4

  중간석차 백분율= (4/96)×100=4.17(%)

  위 경우 2등급을 부여하므로 1등급 학생은 없게 된다.

예시2 수강자수가 130명인 과목에서 1등 1명, 2등 동점자가 6명인 경우

- 수강자수가 130명인 경우 정상적으로 처리되면, 1등급 학생은 5명이나, 예시의 경우 2등급 학생인 6명은 1등급 인원을 초과하므로 중간석차백분율을 적용하면 3.46%로 이 학생들은 1등급을 부여한다.

  중간석차= 석차 + (동석차 인원수-1)/2=2+(6-1)/2=4.5

  중간석차 백분율= (4.5/130)×100=3.46(%)

  따라서 이 경우 1등 1명과 2등 6명에게 1등급을 부여하므로, 1등급 인원을 초과하게 된다.

당해 학교에 별도의 동점자 처리 규정이 없고, 동점자(동석차)가 발생했을 경우에는 중간석차를 적용하여 등급을 부여한다. 내신성적을 부여할 때 과목별로 동점자가 발생할 경우에는 그 동점자 모두에게 해당 순위의 최상의 석차를 부여하고 괄호 안에 동점자 수를 병기해야 한다(예: 석차(동석차수)/수강자수=위의 예시 2의 경우에는 2(6)/130으로 표시하면 됨). 한 가지 더 유의해야 할 점은, 위의 중간석차 백분율에 따른 등급 부여는 최후의 방식이라는 점이다.

동점자 처리 규정은 다음과 같다.

제25조 (동점자 처리) 석차등급을 산출하는 과목은 가급적 동점자가 발생하지 않도록 유의하고, 그럼에도 불구하고 동점자가 등급경계에 발생하는 경우 다음과 같은 동점자 처리 규정을 적용한다.

① 지필평가, 수행평가를 별도로 시행하여 합산 평가하는 교과에서 동점자가 발생할 시

는 지필평가 점수를 1순위로, 수행평가 점수를 2순위로 하여 동점자를 처리한다.

② 수행평가 없이 지필평가 중간, 기말고사 모두 치르는 교과에서 동점자가 발생할 시는 지필 기말고사 점수를 1순위, 지필 중간고사 점수를 2순위로 하여 동점자를 처리한다.

③ 위 ①, ②항 방식을 적용하였음에도 불구하고, 동점자가 발생하여 등급경계에 있는 경우 중간석차를 적용한 중간석차백분율에 의하여 등급을 부여하며, 이때 제24조 2항 표의 비율은 중간석차백분율로 사용한다.

중간석차 = 석차 + (동점자수 − 1) / 2

④는 중간석차 적용은 동점자(동석차) 등급경계에 있는 경우에 적용하며, 등급 범위 내에서 생기는 동점자(동석차)에게는 적용하지 않으며, 과목별 동점자 처리 기준은 학업성적관리위원회 심의를 거쳐 학교장 결재 후 시행한다. 동점자 처리 규정은 학교마다 다를 수도 있다.

동점자가 다수 발생했을 경우 복잡한 수식을 동원하면서까지 석차등급을 산출하는 이유는 무엇일까? 중간석차 백분율 공식을 이용해서 중간석차를 내는 것은 무작정 문제를 쉽게 내서 높은 등급의 인원을 많이 확보하는 것을 방지하기 위한 목적에서 시행하는 것이라고 볼 수 있다. 쉽게 말해 '내신성적(등급) 부풀리기'를 막기 위한 장치라고 보면 된다. 만약 수강인원수가 100명인 과목에서 최종 성적 산출시 100점 만점자가 23명이 나오면 이들 모두가 1등급을 받는 것이 아니라 모두 3등급이 되는 것이다. 최종 성적이 100점 만점임에도 불구하고, 1등급을 받을 수 있는 동점자수가 지나치게 많으면 결과적으로 해당 학생들 모두가 등급이 하향 조정되는 결과를 초래하는 것이다.

(3) 백분위

백분위(percentile rank)는 점수 분포에서 어떤 점수 이하에 놓인 사례들의 백분율을 의미한다. 예를 들어, 어떤 점수 분포에서 120점 이하에 놓인 사례들이 80%라면, 120점의 백분위는 80이다. 조금 더 상세하게 정의하면, 백분위는 집단의 크기와 상관없이 집단의 사례수를 100잡아서 피험자가 얻은 원점수를 바탕으로 등위를 매겨 100부터 0까지 부여하는 성적을 표시하는 방법이다. 즉 백분위는 전체 집단에서 측정 점수 이하의 점수를 얻은 사례들이 차지하는 백분율(%)을 말한다. 예를 들어, 400점 만점의 수능시험에서 300점의 백분위가 85라고 하면, 응시자의 85%가 300점 이하를 받았음을 뜻한다.

그런데, 백분위와 백분위 점수(percentile score)는 의미가 다르다. 백분위는 어떤 점수 이하에 놓인 사례들이 전체의 몇 %인지를 가리키는 백분율이며, 백분위 점수는 점수 분포에서 특정 백분위에 해당하는 점수를 말한다. 다시 예를 들면, 수능시험에서 백분위 85에 해당하는 백분위 점수는 300점인 것이다. 백분위는 범위가 0에서 100사이의 값만 취할 수 있는 백분율(%)임에 반해 백분위 점수는 분포 내 어떤 값도 가질 수 있는 점수이다. 백분위와 백분위 점수는 개인의 상대적 위치를 보고하기 위해 널리 사용된다.

백분위를 사용할 때 몇 가지 주의사항이 있다(김성훈 외, 2010). 첫째, 백분위는 분포 내에서 상대적인 위치를 나타낼 뿐 절대적인 성취 정도를 나타내지 않는다. 예를 들어, 시험이 매우 어려워서 대부분의 피험자가 낮은 점수를 받았다고 하면, 어떤 학생의 백분위는 높지만 실제로 획득한 점수는 높지 않을 수 있다. 둘째, 백분위는 동간척도가 아니라 서열척도라는 점을 기억할 필요가 있다. 어떤 점수가 정규분포를 이룰 경우, 백분위는 분포의 중앙에 있는 점수들 간의 차이를 과장하고 극단에 있는 점수들 간의 차이는 축소한다. 그렇지만, 백분위는 해석의 용이성으로 인해 규준지향평가에서 점수 해석의 보조자료로 많이 활용된다.

(4) 표준점수

대부분의 교육 측정과 평가에 사용하는 점수들은 정규분포곡선을 이용하는 표준점수인 경우가 많다. 표준점수(standard score)는 정규분포곡선에서의 상대적 위치를 표시하여 통계적인 조작을 가능하게 하고 의미있는 비교를 가능하게 하려는 것을 목적으로 변환된 점수이다(박도순 외, 2007). 달리 말하면, 표준점수는 원점수를 의미있게 비교하기 위하여 해당 점수분포의 평균과 표준편차를 하나의 단위로 변환한 척도이다(김석우 외, 2021). 표준점수는 개인의 원점수가 평균을 기준으로 얼마나 떨어져 있는지를 표준편차로 나누어 표시된다. 이러한 표준점수로는 Z점수, T점수, 스테나인 등이 있다. 원점수를 집단에 비추어 어느 위치에 속하는지를 결정하기 위해서 원점수를 다른 점수로 변환을 시키게 되는데 이를 변환점수(transformed score)라고 한다. 표준점수는 변환점수의 대표적인 예이다.

표준점수들이 가진 공통적인 특징은 다음과 같다(김석우 외, 2021). 첫째, 원점수, 백점만점 점수, 등위점수, 백분위와 달리 유의미한 기준점을 갖고 있다. 둘째, 동간성을 갖고 있어 피험자 능력의 차이를 비교할 수 있다. 셋째, 표준편차를 단위로 하기 때문에 피험자 능력의 상대적 수준을 집단 내, 집단 간에 비교할 수 있다. 넷째, 여러 검사에서 나온 결과를 의미있게 비교할 수 있다.

이하에서 표준점수 중에서 가장 대표적으로 많이 사용되고 있는 Z점수, T점수, 스테나인을 살펴본다.

① Z점수

Z점수는 개인이 얻은 원점수를 집단의 평균으로부터의 편차점수로 전환시킨 다음 그것을 표준편차의 단위로 나타낸 것으로 평균을 0으로, 표준편차를 1로 한 분포에서의 점수이다. 평균치를 절대 영점으로 하고 표준편차를 단위로 한 척도에 의한 점수로 음수와 소수점을 갖게 된다. Z점수를 산출하는 수식은 다음과 같다.

$$Z = \frac{(X-\overline{X})}{S} = \frac{d}{S}$$

X: 각각의 원점수
X: 집단의 평균
d: 편차점수
S: 집단의 표준편차

한 분포의 원점수를 Z점수로 변환하면 이 Z점수의 분포는 평균이 0이고 표준편차가 1인 정규분포로 바뀌기 때문에 다른 점수들간의 비교가 가능해진다. 만약, Z점수가 0이라면 원점수가 평균과 같다는 것이며, Z점수가 0보다 크면 원점수가 평균보다 높다는 것이다. Z점수가 0보다 작은 음수(-)로 나오면 원점수가 평균보다 낮다는 의미가 된다. 예를 들면, 어떤 국어 시험에서 평균이 80점이고 표준편차가 8이라면 원점수 88점을 받은 ㉮학생의 Z점수는 +1.0이 된다((88-80)/8=8/8=1.0). 이 시험에서 원점수 64점을 받은 ㉯학생의 Z점수는 -2.0이 된다(64-80/8=-16/8=-2.0). ㉮학생은 평균보다 1표준편차 높은 점수를 받았고, ㉯학생은 평균보다 2표준편차 낮은 점수를 받았다고 해석할 수 있다. Z점수의 단점은 소수점으로 표시될 수도 있다는 것과 원점수가 평균보다 작을 경우 음수로 표시된다는 것이다.

② T점수

T점수는 Z점수의 단점을 해결하기 위해 Z점수를 새로운 척도로 변환한 것 중 하나이다. T점수는 Z점수에서 소수점을 없애기 위해서 10을 곱하고, 음수값을 없애기 위해서 50을 더한 값이다. T점수를 계산하는 공식은 다음과 같다.

$$T = 10Z + 50$$

T점수는 Z점수를 변환한 것이기 때문에 Z점수 분포의 모양이 동일한데, 평균과 표준편차만 달라진다. Z점수와 T점수를 계산하는 공식을 활용하여 두 표준점수의 특징을 파악한다.

어느 학교에서 치러진 기말시험에서 국어와 수학의 평균과 표준편차가 아래 표와 같을 때 김수현 학생은 국어 점수 80점, 수학 점수 70점을 받았다. 이 학생의 국어, 수학, 과학의 Z점수와 T점수를 구하면 다음과 같다.

과목	학생의 점수	평균	표준편차
국어	80	74	6
수학	75	65	5
과학	70	75	5

첫째, 이 학생의 Z점수를 구하면 다음과 같다.

$$Z점수(국어)=\frac{80-74}{6}=+1.0$$

$$Z점수(수학)=\frac{75-65}{5}=+2.0$$

$$Z점수(과학)=\frac{70-75}{5}=-1.0$$

이 학생의 국어 80점에 해당하는 Z점수는 +1.0이고, 수학 75점에 해당하는 Z점수는 +2.0이며, 과학 70점에 해당하는 Z점수는 −1.0이다. 평균이 0이고 표준편차가 1인 단위 정상분포에서 −1.0 〈 +1.0 〈 +2.0 이다. 따라서 이 학생은 수학의 성취가 가장 높으며, 과학보다는 국어의 성취가 더 높다는 것을 알 수 있다.

둘째, Z점수를 통해서 이 학생의 T점수를 구하면 다음과 같다.

T점수(국어) = 10(+1.0)+50=60
T점수(수학) = 10(+2.0)+50=70
T점수(과학) = 10(-1.0)+50=40

이상과 같이 T점수로의 변환을 통해 소수점과 음수 부호가 없어지게 되어 Z점수의 단점을 보완할 수 있다.

③ 스테나인

스테나인 표준 점수는 앞서 언급했듯이, 점수를 표준화하여 하위 성적으로부터 상위 성적까지 9개 집단으로 나눈다. 점수의 성질이 최고 점수에서 최하 점수까지 배열이 가능하다면 어떤 점수라도 스테나인으로 표시할 수 있다. 스테나인에서는 평균이 5, 표준편차가 2로 표준화된다. 스테나인을 계산하는 공식은 다음과 같다.

$$\text{Stanine}=2Z+5$$

표 8-2 백분율, 누적백분율, 스테나인 비교

백분율	4	7	12	17	20	17	12	7	4
누적 백분율	4	11	23	40	60	77	89	96	100
스테나인(등급)	1	2	3	4	5	6	7	8	9

스테나인 점수의 장점은 평균을 계산할 수 있다는 것과 미세한 점수 차이의 영향을 적게 받는다는 것이다. 반면, 스테나인 점수의 단점은 개인간의 상대적 위치를 정밀하게 표현하기 곤란하기 어렵고, 같은 구간에 있는 학생들은 모두 동일한 점수를 받게 되므로 원점수의 정보가 상실될 수 있다는 것이다. 예를 들면, 스테나인 점수의 중간인 5등급 구간에서는 백분위 40~60%인 학생들이 포함되어 동일 집단 내에서 점수가 가장 낮은 학생과 점수가 가장 높은 학생간의 차이가 약 20% 정도 발생한다. 그러나, 같은 급간이기 때문에 모두 5등급으로 분류되며, 개인간의 점수 차이가 반영되지 않는다. 또한 스테나인은

경계선에 위치한 사소한 점수 차이를 과장할 수 있다는 단점도 있다. 예를 들어, 백분위 상위 6.9%는 2등급이지만, 백분위 상위 7.1%는 3등급이 된다.

정규분포에 기초한 스테나인과 Z점수, T점수 및 백분율의 관계를 나타내면 [그림 8-1]과 같다.

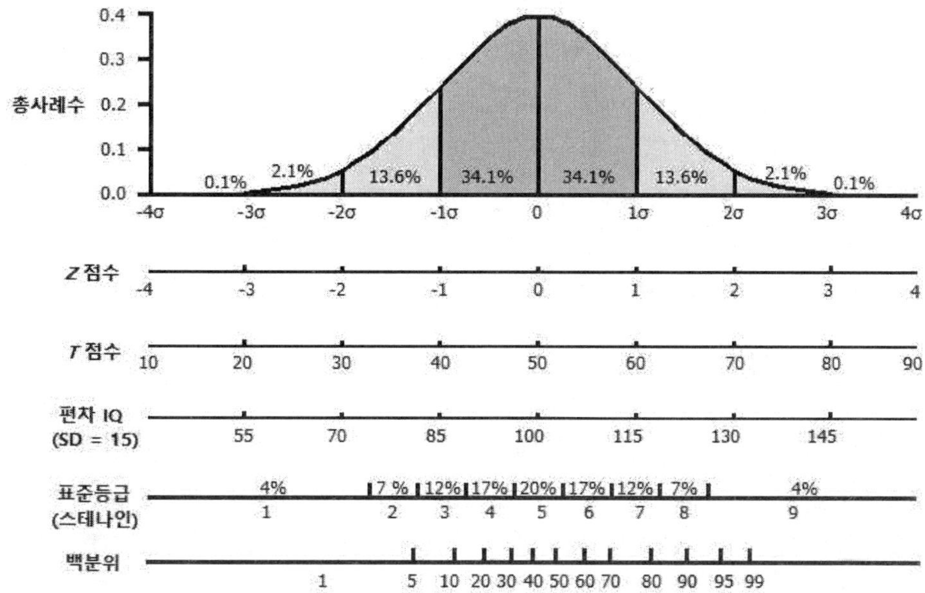

그림 8-1 정규 분포와 각 표준점수와의 관계

④ 백분율

백분율(百分率, percentage)은 어떤 수를 100과의 비율(比率)로 나타내는 방법이며, 기호는 %를 사용한다. 예를 들어, 35%는 0.35를 나타낸다. 교육평가에서 백분율은 정답률 혹은 교육목표를 도달한 정도에 따라 0에서 100 사이의 숫자로 성적을 표시한다(김석우 외, 2021). 백분율은 백분위(percentile rank)와는 다른 개념이므로 구분해야 한다. 백분율은 비율을 의미하고, 백분위는 순위를 의미한다는 점에서 서로 다르다. 백분율은 학업 성취도를 간결하게 요약하고, 기록 및 통계처리가 용이하다는 장점이 있다. 그러나 백분율은 몇가지 단점이 있다(김석우 외, 2021). 백분율은 명칭 자체가 오해의 소지가 있다. 즉, 백분율에서 100점을 받은 학생은 수업내용을 완전히 이해했다는 것을 의미하는 것처럼 보이지만, 사실은 그렇지 않다. 왜냐하면 시험을 어렵게 출제하면 백분율은 낮아질 수 있기 때문이다. 또한 백분율은 학생들의 성취도 수준을 100점 척도에서 정밀하게 변별하는 것이 불가능하다. 아무리 유능한 교사라 하더라도 성취도가 80%인 학생과 81%인 학생을 정확하게 변별하기는 쉽지가 않다.

⑤ 평어

평어는 일종의 학점 제도로 평어제(評語制)라고도 하며, 성적을 문자로 표기하는 방법이다. 우리나라에서는 과거 일본에서 유래된 수 · 우 · 미 · 양 · 가로 성적을 표기했었다. 최근에는 2019년부터 내신 9등급제가 도입되면서 성적 표기 방식을 국제적인 표준에 맞추기 위해 A · B · C · D · E와 F로 표기하는 방법으로 바뀌었다. 학교현장에서는 학생의 성취도를 0에서 100까지의 척도로 세분하여 평가하는 것이 쉽지 않기 때문에 백분율의 급간에 근거하여 평어로 변환하여 표시하는 방법을 사용하고 있다(김석우 외, 2021). 예를 들어, 최종적인 교육목표 도달 정도가 90% 이상이면 A, 80% 이상~ 90% 미만이면 B, 70% 이상~80% 미만이면 C, 60% 이상~70% 미만이면 D, 60% 미만이면 E 등급으로 성적을 표시한다. 평어에는 평점이 부여되어 있다. 평점은 각 교과를 100점 만점으로 했을 때 학생이 성취한 점수를 말한다. 평어는 절대평가와 상대평가에서 공통적으로 성적을 표기하는 방법으로 사용되고 있으며, 평어만 봐서는 절대평가의 성적인지 상대평가의 성적인지 알 수 없다.

⑥ 합격-불합격 평가

합격-불합격 평가(pass-fail grading)는 성적을 합격과 불합격으로 단순하게 표기하는 방법이다. 흔히 P/F로 표기한다. 고등학교의 교양 과목과 중학교의 자유학기제에 이수한 과목의 성취도를 'P'로 입력한다. 이렇게 합격(이수)과 불합격(미이수)으로 평가하는 목적은 학생간의 과도한 점수따기 경쟁을 방지하기 위한 것이며, 이 방식은 학생들이 일정 수준 이상의 목표를 성취하면 되는 경우에 활용하기 적절하다. 다만, 이 방식은 학업 성취도에 관한 구체적인 정보를 제공해주지 못한다는 단점이 있다.

⑦ 서술식 평가

서술식 평가는 성적을 점수나 기호로 표시하지 않고 구체적인 문장으로 서술하는 방식을 뜻한다. 우리나라에서는 2011년에 성취평가제를 도입했다. 성취평가제는 학생들 간의 상대적 서열 중심의 규준참조평가에서 학생들이 성취해야 할 목표 중심의 준거참조평가로의 전환을 위해 도입되었다. 성취평가제 도입에 따라 국가 교육과정에 근거하여 개발된 교과목별 성취기준 및 성취수준에 따라 학생의 학업 성취수준을 평가하며, 교과와 과목의 특성에 따라 성취 수준을 A-B-C-D-E, A-B-C, P 등으로 구분하여, 학교생활기록부의 '성취도'란에 입력한다. 성취평가제의 취지에 따라 평가가 되기 위해서는 학생이 수업의 전 과정에 걸쳐 어떻게 성장하는지를 살피고 사전에 제시한 성취기준에 도달한 정도를 파악해야 한다. 최근 대학입시전형에서는 학생부종합전형의 도입과 함께 서술식 평가가 확대되고 있다. 서술식 평가의 장점은 교육목표 성취도, 학습태도, 교과 학습에서의 학생의 장점과 단점 등을 구체적으로 기술함으로써 학생에 대한 전인적인 평가를 의도하고 있다는 것이다. 반면, 서술식 평가는 학생 한 명 한 명에게 구체적이면서도 교육적인 방식으로 서술해야 되기 때문에 교사에게 많은 시간과 노력이 요구된다는 것이 단점이다. 교육평가가 보다 교육적인 방식으로 이루어지기 위해서는 서술식 평가가 잘 이루어져야 할 것이다.

3 통계적 분석 방법

통계 또는 통계학(statistics)은 집단의 특성(변수)에 대한 수적 자료(데이터, data)를 수집, 정리, 분석하고, 그 결과를 해석하는 이론과 방법을 체계화한 학문이다. 통계는 불확실한 상황에서 일어나는 자연현상이나 사회현상을 과학적으로 분석하고 예측하는 도구로써 널리 사용되고 있다. 교육평가를 위해서 교육현상과 관련된 다양한 대상의 양과 질, 정도, 가치 등을 체계적으로 측정할 필요가 있으며, 측정에 의해 수집한 정보를 과학적으로 해석하여 활용하고자 할 때 자료를 해석하는 통계가 필요하다. 따라서 교육평가 활동을 수행하는 교육자는 교육통계에 대해 잘 이해해야 한다.

1) 척도

측정(measurement)은 어떤 특성에 수치를 질서있게 할당하는 것이다. 측정 척도란 측정 절차에서 얻을 수 있는 가능한 숫자들의 규칙적인 집합이다. 모든 척도들은 어떤 속성이나 특징을 지닌다. 인간의 속성을 수량화하면 속성이나 개인차에 대한 명확한 의사소통이 가능해진다. 검사 후에 채점을 하고 그 결과를 숫자로 표시한 것을 측정치 또는 측정값 이라고 한다. 수치를 부여하기 위해서는 규칙이 필요하며, 이는 척도를 사용하면 가능하다. 척도(scale)는 사물이나 인간의 속성을 측정할 때 사용하는 기본 단위이다. 측정을 통해 수집한 수치는 척도에 따라 다른 정보를 갖는다. 즉 무엇으로(어떤 척도로) 측정했느냐에 따라 수치의 의미가 달라진다. 즉 지능지수 100과 시험점수 100은 수치는 같지만, 측정도구가 다르기 때문에 전혀 다른 의미를 지닌다. 즉, 측정도구가 달라지면 수치에 대한 해석도 달라진다는 것이다. Stevens(1951)는 척도의 종류를 어떤 수리적 정보를 포함하고 있는지에 따라서 명명척도, 서열척도, 동간척도, 비율척도의 네가지로 구분하였다.

(1) 명명척도

명명척도(nominal scale)는 항목들을 서로 간에 어떤 크기 관계도 없는 상호배타적인 집단으로 분류한 결과로 생긴다. 명명척도는 크기, 속성조차도 지니지 않기 때문에 단순히 어떤 범주의 구분일 뿐이다. 즉 명명척도는 어떤 사람이나 사물을 구분하여 분류하기 위해 사용하는 척도이다. 명명척도의 특성은 두 가지이다.

첫째, 명명척도는 양적 표현이 아니라 단지 구별을 요구하는 것이다. 성별을 표시할 때 남성은 M, 여성은 F로 표시하는 것이 명명척도에 해당한다.

둘째, 명명척도는 방향성이 없으며, 크기나 순서를 의미하지 않는 질적인 척도이다. 전화번호, 학번, 운동선수들의 등번호 등이 명명척도이다.

명명척도에 해당하는 수치는 더하거나 빼거나 곱하거나 나누는 등의 수리적 분석을 하는 것은 의미가 없다. 명명척도에 적용 가능한 통계적인 방법은 사례수, 백분율, 최빈치 등이다.

(2) 서열척도

서열척도(ordinal scale)는 어떤 대상의 크기 속성만을 반영하며, 동간성이나 절대 영점의 속성을 지니지 않는다. 즉, 명명척도는 사물이나 사람의 상대적인 서열이나 순위를 나타내는 척도이다. 성적 순위(등위), 키나 몸무게 순서 등은 서열척도에 해당한다.

서열척도는 크기 속성을 가지고 있으므로 수치간에 크거나 작음, 또는 서열을 표시할 수는 있지만 수치간의 간격이 같지 않기 때문에 동간성이 없다고 하는 것이다. 예를 들어, 아동의 키 순서대로 번호를 부여했을 때, 1번 보다 2번이 크고, 2번 보다 3번이 크다는 것을 알 수 있지만, 각 번호 학생간의 키 차이가 동일한 간격은 아니다. 성적 순위의 경우에도 1등과 2등의 점수 차이가 2등과 3등의 점수 차이와 동일하다는 보장이 없다. 또한 서열척도는 절대 영점이 없다. 예를 들어, 키가 전혀 없는 순위는 존재하지 않는다. 몸무게도 마찬가지이다. 키 순서나 몸무게 순서는 크기만 있을 뿐 동간격이나 절대 영점이 없기 때문에 서열척도인 것이다. 서열척도에서는 명명척도와 마찬가지로 더하고 빼고 곱하고 나누는 것(가감승제)과 같은 수리적인 계산이 의미가 없다. 서열척도에 적용 가능한 통계적인 방법은 명명척도의 방법(사례수, 백분위, 최빈치)을 포함하면서, 중앙치, 사분편차, 백분위 점수 등이 있다.

(3) 동간척도

동간척도(interval scale)는 크기와 속성, 동간성을 지니고 있지만 절대 영점은 없다. 동간척도는 어떤 사물이나 사람에게 부여된 수치의 간격이 동일한 척도이다. 척도상의 측정단위 간격이 모두 일정하다는 뜻이기 때문에 등간척도라고도 한다. 만약 어떤 척도가 동간성(same intervals)을 지니고 있다면, 척도상에서 측정단위로 나타나는 속성의 크기는 척도상 어느곳에서나 동일하다. 키 170㎝와 171㎝의 1㎝ 차이는 165㎝와 166㎝의 1㎝ 차이와 동일한 간격이다. 동간척도는 수치간의 대소 비교나 서열을 알 수 있으며, 수치 간의 간격까지 일정하다. 동간척도의 예로는 날씨에서의 온도, 시험 점수 등이 있다.

동간척도는 상대적인 의미를 갖는 임의의 영점이 있으나, 절대 영점은 없다. 임의의 영점이란 측정치 0이 '속성이 있다'는 성질을 갖고, 단지 비교를 위한 0의 값을 갖는 것을 의미한다(김석우 외, 2021). 예를 들면, 온도 0℃는 온도가 없는 것이 아니라 물이 어는 온도를 0℃로 임의로 정한 것이다. 어떤 학생이 시험에서 0점을 받았다고 해도 그 학생의 능력이 전혀 없는 것은 아니다. 80점을 받은 학생의 능력이 40점 받은 학생의 두 배인 것은 아니다. 동간척도에서는 수치들을 더하고 빼는 것은 가능하지만, 곱하고 나누는 것은 의미가 없다. 따라서 동간척도에 사용할 수 있는 통계적인 방법은 앞서 나온 명명척도와 서열척도을 포함하면서, 평균, 표준편차 등이 있다.

(4) 비율척도

비율척도(ratio scale)는 앞의 명명척도, 서열척도, 동간척도의 속성(분류, 순서, 일정한 간격)을 모두 지니면서, 절대영점까지 가지고 있는 척도이다. 'ratio'는 비율을 뜻한다. 절대영점이란 측정치 0이 '속성이 없다'는 성질을 갖는 것을 의미한다. 동간척도와 달리, 비율척도에서의 '0'은 절대 영점이기 때문에 실제로 아무것도 존재하지 않는다는 것을 의미한다. 0㎝, 0㎏ 등은 길이나 무게가 실제로 전혀 없음을 의미한다. 이러한 절대영점을 지니고 있기 때문에 비율척도는 0이 절대적인 기준이 되어 비율적인 계산이 가능하다. 두 물건의 길이가 각각 30㎝와 60㎝로 측정되었을 때, 두 물건의 길이가 2배 차이가 난다고 할 수 있다.

동간척도인지 비율척도인지 구분하기 위하여 덧셈법칙과 곱셈법칙을 적용하여 덧셈법칙만 성립하면 동간척도, 두 법칙이 모두 성립하면 비율척도가 된다(성태제, 2014). 예를 들어, 학생들의 학업점수에 두 법칙을 적용했을 때, 50점은 25점에 25점 만큼의 점수가 더해진 것으로 덧셈법칙은 적용되지만, 50점은 25점의 두 배의 점수라는 곱셈법칙은 적용되지 않는다. 즉, 학업점수 50점을 받은 학생이 25점을 받은 학생이 지닌 능력의 두 배가 되지는 않는다는 것이다. 그러므로 학업점수는 등간척도이다. 다른 예로 20㎝는 10㎝에 10㎝를 더한 것으로 덧셈 법칙이 적용되며, 20㎝는 10㎝의 두 배가 되므로 곱셈법칙이 적용된다. 그러므로 길이를 측정하는 척도는 비율척도가 된다.

비율척도의 예로는 무게, 길이, 거리 등이 있다. 비율척도는 서열성과 동간성, 그리고 절대영점 및 비율성을 모두 갖고 있기 때문에 더하고 빼고 곱하고 나누는 가감승제가 가능하다. 비율척도에 사용할 수 있는 통계적인 방법에는 명명척도, 서열척도, 동간척도의 방법이 모두 사용될 수 있다.

(5) 척도의 종류별 비교

명명척도, 서열척도, 동간척도, 비율척도로 갈수록 속성이 많아지는 것을 알 수 있다. 네 가지 척도의 특징이 다르기 때문에 사용하는 척도의 종류에 따라 서로 다른 통계적 방법으로 자료를 분석해야 한다. 앞서 살펴본 네 가지 척도의 특징을 다시한번 정리하면 제시하면 〈표 8-3〉과 같다(김석우 외, 2021).

표 8-3 척도의 종류별 비교

종류	개념	예	통계분석
명명척도	사물이나 사람의 구분·분류를 위한 척도	성별, 인종, 버스번호	사례수, 백분율, 최빈치
서열척도	사물이나 사람의 상대적 서열을 표시하기 위한 척도	키 순서, 등수	명명척도의 통계적 분석과 함께, 원점수, 백점만점 점수, 등위점수, 백분위점수
동간척도	측정단위 간격마다 동일한 차이를 부여하는 척도	온도, 물가지수, 달력의 날짜, 시험점수	명명척도와 서열척도의 통계적 분석과 함께 평균, 표준편차
비율척도	서열성과 동간성을 갖고 있고 절대 영점을 가지는 척도	길이, 몸무게, 가족구성원수, 월평균소득	모든 통계분석 가능

출처: Stevens(1951)에서 재구성.

2) 집중경향치

집중경향치(central tendency)는 어떤 정보(사례)가 어디에 많이 분포하는지를 알려준다. 집중경향치는 자료의 빈도분포의 대표적인 경향을 알려주는 통계적 수치를 말한다. 빈도푼포(frequency distribution)는 각 점수치나 묶은 자료에서 각 점수치 간격 내에서 관찰되는 사례수를 말한다. 집중경향치를 알게 되면, 분포를 직접 보지 않아도 분포의 경향을 짐작할 수 있다. 집중경향치는 자료들의 가운데가 어디인지를 파악할 수 있게 해준다. 집중경향치에는 평균, 중앙치, 최빈치가 있다.

(1) 평균

한 집단 점수들의 가장 일반적인 집중경향의 측정치는 산술평균 혹은 평균(치)이다. 어떤 변인 X에 관한 점수들의 평균치(mean)는 $\overline{X}$(X bar라고 읽고, M으로 표기함)로 나타내며 다음 공식으로 계산된다.

$$\overline{X} = \frac{\sum X}{N} = \frac{X_1 + X_2 + \cdots + X_n}{N}$$

의의 계산식에서 알 수 있듯이, 평균은 모든 수치를 합한 값을 사례수로 나눈 값이다.

평균(치)은 수리적인 조작이 간편하고 동간척도나 비율척도에 의한 측정으로 의미가 있지만, 양극단의 점수에 따라 크게 영향을 받는 단점이 있다.

(2) 중앙치

중앙치(median, M_d로 표기함)는 분포를 두 부분으로 나누고 그래서 같은 수의 점수(또는 사례)들이 그 아래쪽과 위쪽에 들어가는 점이다. 중앙치는 전체 사례수를 같은 수의 사례가 되도록 두 집단으로 나누는 것이기 때문에 중앙치를 결정하기 위해서는 가장 낮은 점수에서 가장 높은 점수로 점수치들을 크기 순으로 배열할 필요가 있다. 그 다음에 중앙치를 계산하는 방식은 분포의 전체 사례수가 홀수이냐 짝수이냐에 따라 달라진다.

분포의 사례수가 홀수일 경우에, 중앙치는 중앙사례에 해당하는 점수치이다. 중앙사례는 분포의 아래쪽에서 (N+1)/2의 사례이다. 예를 들어, 만일 분포가 21, 35, 57, 68, 68, 73, 80일 경우, 사례수가 홀수(N=7)이고, 중앙의 사례는 (N+1)/2 이므로, (7+1)/2=4번째 사례이다. 따라서 이 분포에서의 중앙치는 68이다. 둘 이상의 사례가 그 점수치를 지니더라도 중앙치는 중앙사례의 값임을 보여준다.

만일 분포의 사례수가 짝수일 경우에, 중앙치는 분포의 아래쪽에서부터 (N/2)과 (N/2)+1번째에 해당하는 두 중앙사례의 점수치 사이의 중간값이 된다. 예를 들어, 만일 분포가 3, 3, 4, 5, 8, 14, 16, 20일 경우, 사례수는 8이다. 두 중앙사례는 (2/N)에 해당하는 네번째값 5와 (N/2)+1에 해당하는 다섯 번째 값 8이다. 따라서 이 분포에서의 중앙치는 (5+8)/2=6.5이다. 그런데, 이 중앙치 6.5는 사례에서는 존재하지 않는 수치이다. 여기서 두 중앙사례의 값이 측정 척도에서 인접해 있지 않더라도 중앙치는 그 두 값의 평균임을 알 수 있다.

표 8-4 중앙치를 구하는 공식

사례수(N)	중앙치
홀수	$M_d = \frac{(N+1)}{2}$
짝수	(N/2)번째 수와 (N/2)+1번째 수의 중간값

중앙치는 계산하기가 비교적 쉽고, 점수의 크기가 아니라 사례수의 영향을 많이 받기

때문에 분포가 편포(어느 한쪽으로 치우친 분포)를 이루어서 극단치가 있을 경우 평균보다 더 적합하다. 예를 들어, 만점이 30점인 실기시험에서 10명의 채점자 가운데 한 명만 10점으로 매우 낮은 점수를 주었고, 나머지 9명은 모두 20점 이상을 주었다고 가정해보자. 이 경우 평균치를 계산하면 극단적으로 낮은 점수의 영향을 많이 받아서 점수가 낮아진다. 이런 경우에는 중앙치로 계산한다면 극단적으로 낮은 점수의 영향이 없으므로 평균치보다 높게 나올 것이다. 중앙치는 변수가 서열척도, 동간척도, 비율척도일 때 사용할 수 있지만 명명척도일 때 중앙치를 계산하는 것은 적절하지 않다. 그리고 중앙치는 평균보다는 안정성이 낮기 때문에 널리 사용되지는 않는다.

(3) 최빈치

최빈치(mode, M_O로 표시함)는 분포에서 가장 빈번하게 나타나는 점수이다. 최빈치는 하나일 수도 있지만, 둘 또는 그 이상일 수도 있다. 아래의 분포들을 살펴보자.

(3, 4, 4, 5, 5, 5, 6, 8)

이 경우에는 5가 가장 빈번하므로, 최빈치가 하나(unimodal)이고, 최빈치값은 5이다.

(3, 4, 4, 4, 5, 6, 6, 7, 7, 7, 8)

이 경우에는 최빈치가 4와 7이다. 이렇게 최빈치가 둘인 분포를 양봉적(bimodal)이라고 한다. 둘 이상의 최빈치를 갖는 분포를 다봉적(multimodal)이라고 한다.

최빈치란 가장 빈번히 나타나는 점수치(score value)이지, 가장 빈번한 점수치의 빈도가 아님에 유의해야 한다. 최빈치는 빈도가 가장 많이 나타난 점수 혹은 급간의 중앙치를 말하는 것이며, 집중경향의 대체적인 경향을 알 수 있게 해준다. 만약 빈도분포에서 모든 수치의 빈도가 같다면 최빈치는 존재하지 않는다. 이상에서 설명한 최빈치의 특성에 대해 다시 한번 정리해본다.

사례	최빈치의 수	최빈치
3, 4, 5, 6, 7, 8, 9, 10	M_O 0개	없음
3, 4, 4, 5, 5, 5, 6, 8	M_O 1개	5
3, 4, 4, 4, 5, 6, 6, 7, 7, 7, 8	M_O 2개	4, 7

최빈치의 장점은 계산하기 쉽고, 극단치의 영향을 받지 않는다는 것이다. 반면, 최빈치의 단점은 통계적으로는 별다른 정보를 제공해주지 못하며, 사례수가 적을 때는 안정성이 떨어진다는 것이다.

(4) 집중경향치의 비교

지금까지 설명한 평균, 중앙치, 최빈치의 특성을 비교하고 차이점을 알아본다. 평균은 분포에 있는 각 점수의 값을 반영하는 반면에, 중앙치는 여러 점수들의 특정한 값에 무관하게 분포의 중간점이 어디냐에 근거한다. 아래의 예를 보자.

분포	평균	중앙치
1, 2, 3, 4, 5	3	3
1, 2, 3, 4, 50	12	3
1, 2, 3, 4, 100	22	3

각 분포에서 마지막 수치만 다르다. 평균은 이러한 차이들을 반영하지만, 중앙치는 그렇지 않다. 이것은 중앙치가 같은 갯수의 점수들이 그것의 아래와 위에 들어가도록 하는 분포의 중간점이기 때문이다. 반면, 평균은 모든 점수의 값을 고려한다. 다른 말로 하면, 모든 점수의 값들이 평균에 영향을 미친다. 따라서 어떤 점수의 값을 변화시키는 것은 평균을 변하게 한다.

최빈치는 단지 가장 빈번하게 일어나는 점수만을 반영한다. 최빈치는 양봉(bimodal) 혹은 지극히 편포된 분포를 기술하거나 명명적 자료의 집중경향을 나타내는 것을 제외하고는 사회과학에서 별로 사용되지 않는다.

집중경향의 세가지 측정치들은 점수들의 서로 다른 측면에 민감하기 때문에 보통 특정한 분포에서 동일한 값이 아니다. 만약 분포가 대칭적이고 단봉적이라면(하나의 최빈치를 가지면), 평균, 중앙치, 최빈치가 동일하다. 평균은 빈도분포의 균형을 유지하고, 중앙치는 빈도분포를 균등하게 양분하며, 최빈치는 빈도분포에서 가장 전형적인 수치를 나타내준다. 평균은 극단치의 영향을 받지만, 집중경향치 중에서 가장 안정적이다. 중앙치나 최빈치는 표집에 따라 변동될 가능성이 많아서 안정된 값을 얻기 어렵다.

척도의 종류에 따라서 사용하기 적절한 집중경향치가 다르다. 명명척도는 주로 빈도분석을 실시하여 어떤 수치가 가장 자주 나타나는지를 나타내는 최빈치를 사용한다. 서열척도인 경우에는 중앙치를 사용하는 것이 적절하다. 그리고 서열척도와 동간척도에서 분포가 평균을 중심으로 대칭적이지 않고 어느 한쪽으로 치우쳐 있다면(이러한 경향을 편포라고 함, 중앙치를 사용하는 것이 적절하다. 평균 보다 중앙치가 선호되는 경우를 예시해 보겠다. 저소득층이 많이 사는 지역에 소수의 고소득층도 살고 있을 때, 해당 지역의 연간 가계 소득을 수치로 제시할 경우 평균으로 집중경향치를 사용하면 중앙치를 사용했을 때보다 연간 가계 소득액이 높아질 것이다. 이와 같은 이유로 많은 경제학자들은 소득에 대한 집중경향의 측정치로 중앙치가 더 좋다고 생각한다.

자료의 분포에 따라서 집중경향치의 특성이 달라진다(김석우 외, 2021). 만약 자료가 정규분포를 이룬다면 평균, 중앙치, 최빈치가 일치하므로 어느 것을 사용해도 좋다. 하지만 자료가 편포를 이룰 경우에 평균은 편포도의 영향을 크게 받기 때문에 집중경향으로 적절하지 않다. 예를 들어, 정적 편포(positive distribution)는 점수들이 왼쪽으로 치우친 분포로 최빈치가 가장 작고 평균이 가장 커서 많은 사람이 낮은 점수에 존재하는 분포를 뜻한다. 정적 편포는 어려운 시험에서 나타나기 쉽다. 반면, 부적 편포(negative distribution)는 점수들이 오른쪽으로 치우친 분포로 최빈치가 가장 크고 평균이 가장 작아서 많은 사람들이 높은 점수에 위치하는 분포를 말한다. 부적 편포는 쉬운 시험에서 나타나기 쉽다. 자료의 분포형태와 집중경향치와의 관계는 [그림 8-1]과 같다.

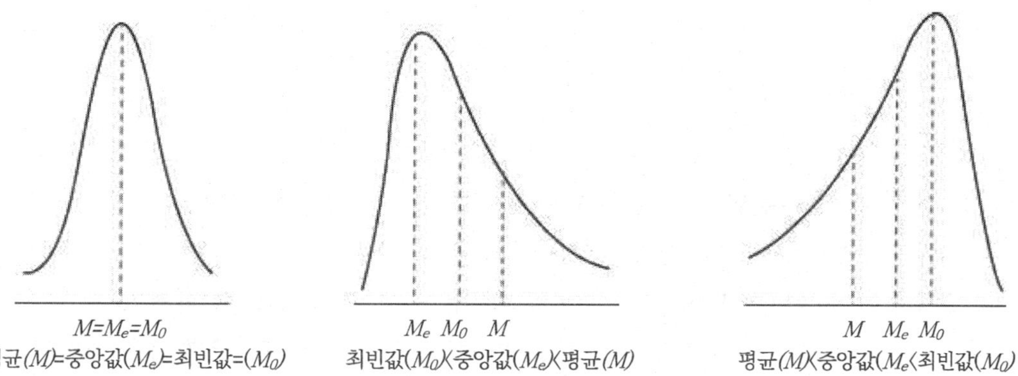

(a) 정규분포 (b) 정적 편포 (c) 부적 편포

그림 8-1 분포 형태와 집중경향치와의 관계

그런데, 편포에서 왜 정적(positive) 또는 부적(negative)이란 용어를 쓰는지 의문이 들 수 있다. 평균에서 최빈치를 뺐을 때 음수(-)이면 부적 편포라고 하며, 평균에서 최빈치를 뺐을 때 양수(+)이면 정적 편포라고 한다. 부적 편포에서는 하위 득점자에 대한 변별이 잘 되며, 정적 편포에서는 상위 득점자에 대한 변별이 잘 된다.

3) 분산도

앞서 살펴본 집중경향치 외에도 분포의 경향을 알려주는 정보가 또 있는데, 그것은 분산도(variability)이다. 분산도란 어떤 빈도분포에서 측정치(점수)들이 집중경향으로부터 흩어져 있는 정도를 말한다. 분산도가 필요한 이유는 집중경향치가 분포에 관해 모든 정보를 제공해주지는 않기 때문이다. 두 집단의 평균이 같더라도 분산도에 따라 서로 다른 특성을 나타낼 수도 있다. 예를 들어, 분포A(80, 90, 100, 110, 120, 130, 140)의 평균은 110, 중앙치도 110이다. 분포B(90, 100, 110, 120, 130)의 평균은 110, 중앙치도 110이다. 분포A와 분포B는 평균과 중앙치가 동일하므로 집중경향이 같다. 그러나, 분포B와 분포A의 분산도는 다르다. 분포A는 분포B에 비해 각 수치들이 평균으로부터 더 많이 흩어져 있다. 이처럼 분산도는 집중경향치를 중심으로 사례들이 얼마나 흩어져 있는지를 보여준다. 그러므로 집중경향치와 분산도를 함께 제시해야 분포에 대해 보다 정확하게 파악할 수 있다. 분산도는 집단이 얼마나 동질적인지 이질적인지를 알려주며, 측정도구의 신뢰도와 일관성을 설명해 준다. 분산이 작으면 분포를 구성하는 수치들이 동질적이며, 분산이 크면 분포를 구성하는 수치들이 이질적이라고 할 수 있다. 분산도를 나타내는 통계치로는 범위, 사분위편차, 분산과 표준편차가 있다.

(1) 범위

범위(range)는 분포의 최대값에서 최소값을 뺀 값이다. 범위는 분포의 흩어진 정도를 가장 쉽게 알아볼 수 있는 방법이다. 범위는 한 분포의 변산성을 반영하지만, 모든 점수들의 변산성에는 민감하지 않고, 단지 양 극단치(최대값과 최소값)간의 차이에만 민감하다. 점수들이 촘촘하게 모여 있은 분포의 범위는 작고, 점수가 넓게 퍼져 있는 분포의 범위는 크다. 연속변수일 경우 범위는 분포의 최대값에서 최소값을 뺀 후 1을 더하면 된다. 이를 공식으로 표현하면 다음과 같다.

$$R=(H-L)+1$$

R: 범위
H: 최대값
L: 최소값

범위의 장점은 계산하기 간편하다는 것이다. 하지만 범위는 양극단의 수치만 범위에 영향을 미치고, 나머지 점수들은 무시되기 때문에 분산도를 적절하게 설명하지 못하는 단점이 있다.

(2) 사분위편차

사분위편차(quartile deviation)는 빈도분포에서 측정치들을 크기 순서로 배열했을 때 4등분한 값을 의미한다. 사분위편차는 양극단 점수의 영향을 배제하고 어떤 일정한 위치에 있는 점수간의 거리를 통해 분산도를 지수화한 것이다. 누적되는 사례의 수에 비교하여 25%, 50%, 75%되는 지점의 값을 각각 Q_1(제1사분위수), Q_2(제2사분위수), Q_3(제3사분위수)라고 한다. 제2사분위수는 중앙치와 같으며, 최저점에서 25%에 위치한 제1사분위수와 75%에 위치한 제3사분위수를 이용하여 사분위편차를 구한다. 제3사분위수와 제1사분위수의 거리를 사분범위라 하고, 사분범위의 1/2을 사분위편차라고 한다. 그러므로 사분위편차는 제2사분위수(Q_2)를 중심으로 분포가 얼마나 흩어져 있는지를 보여준다. 사분위편차가 클수록 흩어진 분포이며, 사분위편차가 작을수록 밀집되어 있는 분포라고 할 수 있다. 사분위편차를 구하는 공식은 다음과 같다.

$$\text{사분위편차(Q)} = \frac{Q_3 - Q_1}{2}$$

Q_3: 제3사분위수
Q_1: 제1사분위수

정규분포일 경우에는 $|Q_1 - Q_2| = |Q_3 - Q_2|$이며, 부적 편포일 경우에는 $|Q_1 - Q_2| > |Q_3 - Q_2|$이고, 정적 편포일 경우에는 $|Q_1 - Q_2| < |Q_3 - Q_2|$이다. 사분위편차의 장점은 최대값과 최소값의 영향을 받지 않으면서 범위내의 많은 값들을 고려하여 분산도를 측정할 수 있다는 것이다. 반면, 백분위수의 개념으로 Q_3값과 Q_1값을 계산해야 해서 불편하고, 개별 점수들간의 실제 간격을 계산하지 않으므로 분산도를 정확하게 파악할 수 없다는 것이 단점이다.

(3) 분산과 표준편차

분산(variance)은 평균으로부터 떨어진 점수들을 제곱한 값의 평균이다. 달리 말하면, 분산은 편차 제곱의 평균값이다. 분산은 범위와 사분위편차와 달리 모든 측정치값을 반영한다. 즉, 분산은 모든 측정치가 평균으로부터 흩어져 있는 정도를 의미한다. 분산은 V로 표시하기도 하고, 변량(S^2)이라고도 한다. 분산의 의미를 정확히 알기 위해서는 편차 개념을 이해해야 한다. 편차(deviation)란 측정치가 평균으로부터 떨어진 정도를 의미한다.

즉 하나의 분포에서 각 측정치와 평균의 차이를 편차라고 하며, 편차의 절대치가 크면 평균에서 멀리 떨어져 있음을 뜻한다. 표준편차(standard deviation)는 편차의 평균이다. 편차를 모두 더하고 총 사례수로 나누면 표준편차이다. 그런데 평균을 기준으로 모든 사례들의 편차를 더하면 항상 0이 된다. 그러므로 표준편차도 0이 된다. 편차 그대로 합하면 점수들의 흩어진 정도를 파악할 수 없게 되므로, 편차를 제곱한 값으로 분산을 구한다. 분산은 다음 식과 같이 각 측정치와 평균의 차이를 제곱하여 합한 것을 사례수(N)로 나눈다.

$$\sigma^2 = \frac{1}{N}\sum_{i=1}^{N}(X_i - \mu)^2$$

분산을 계산할 때 편차를 제곱했으므로, 이 값을 되돌리기 위해 분산에 제곱근($\sqrt{\ }$)을 사용하는데, 분산의 제곱근을 표준편차라고 한다.

$$\sigma = \sqrt{\frac{1}{N}\sum_{i=1}^{N}(X_i - \mu)^2}$$

σ: 모집단의 표준편차
X_i :관측치
μ: 모집단 평균
N: 전체사례수

모집단의 모든 수치에서 분산을 계산할 때는 위의 첫 번째 공식을 사용하면 되는데, 모집단에서 뽑은 표본에 대한 분산을 계산할 때는 편차의 제곱을 n 대신에 n-1로 나눈다. 표본의 평균을 기준으로 편차를 계산하게 되면, 모집단의 분산을 과소 추정하기 때문에 분모를 작게 만들어 이러한 편향(bias)을 교정하는 것이다(김석우 외, 2021).

표준편차는 분산과 마찬가지로 분포 내의 모든 점수를 반영하여 계산하므로 집단 내 분산의 정도를 정확히 반영하는 통계치이다. 표준편차 값이 크면 평균으로부터 점수들이 멀리 떨어져 있다는 의미이며, 표준편차 값이 작으면 평균 주변에 점수들이 분포해 있다는 것을 의미한다. 표준편차는 변수가 연속변수이고, 정규분포를 이룰 때 분산도를 나타내는 지수로 적절하다. 표준편차의 단점은 극단점수의 영향을 받기 때문에 분포가 편포를 이룰 때에는 적합하지 않다는 것이다. 그리고, 명명척도나 서열척도에서는 표준편차를 구할 수 없다.

4) 상관분석

(1) 상관분석의 의미와 목적

상관분석이란 정확히 표현하면 상관관계 분석을 말하며, 상관(correlation)이란 두 변수가 관련되는 정도를 말하는데, 한 변수 X가 변화할 때 다른 변수 Y가 어떻게 변화하는지를 의미한다. 상관관계 분석(correlation analysis)은 어떤 측정에서 나타난 두 변수 간에 상관 관계가 어느 정도인지를 측정하는 것이다. 예를 들어, 일평균 학습시간이 많을수록 수학 점수가 높다면 일평균 학습시간과 수학 점수와의 상관성이 존재한다고 할 수 있다. 상관분석은 상관관계를 추정하는 통계적인 절차이며, 두 변수의 상대적인 관계를 나타낸다.

교육 분야에서 상관 관계를 분석하는 목적은 크게 두 가지이다. 첫째, 변인들간의 상관관계를 밝힘으로써 교육 현상을 이해하고 해석하기 위해서이다. 둘째, 두 변인 간에 상관이 높을 때 한 변인의 측정치에서 다른 변인의 측정치를 예측하기 위해서이다.

(2) 상관분석의 분류

상관분석은 변인에 영향을 주지 않은 상태에서 변인들 간의 관계를 측정한다. 상관계수는 한 변인이 변화하는 데 따라 다른 변인이 변화하는 정도를 수치로 나타낸 것이다. 상관계수를 구하기 위해서는 동일한 집단에서 2개의 변수에 관한 자료를 모두 수집해야 한다. 상관계수의 종류는 두 변수의 성질에 따라 매우 다양할 수 있지만, Pearson의 적률상관계수가 대표적이다. 이하에서는 Pearson의 적률상관계수에 대해 설명한다(김성훈 외, 2010).

두 변수의 편차점수 곱을 합한 후 총사례수로 나눈 것을 공분산(covariance)이라고 한다. 공분산은 두 변수간의 방향과 강도를 알려 준다. 공분산은 변수들의 척도나 측정단위에 영향을 받는다. 예를 들어, 몸무게와 키의 관계를 알고자 할 때, 몸무게의 단위를 ㎏으로 잴 것인지, g으로 잴 것인지에 따라 몸무게와 키의 공분산값은 달라지게 된다. 일정한 집단에서 얻어진 몸무게와 키의 관계가 측정단위에 따라 달라질 경우 두 변수 간의 관계에 대해 정확히 기술하기 어렵다. 따라서 두 변수의 측정단위가 무엇이든 간에 관계의 정도가 달라지지 않도록 해야 하는데, Pearson은 척도에 따른 공분산값의 변화는 두 변수의 표준편차의 곱으로 나누면 없어진다는 것을 밝혀냈다. 이것이 바로 Pearson의 적률상관계수이다.

Pearson의 적률상관계수는 분산처럼 두 변수 간 방향과 강도를 알려 줄 뿐만 아니라 두 변수의 측정단위에 상관없이 범위는 −1~+1 사이의 값을 가진다. Pearson의 적률상관계수를 구하는 정의 공식은 복잡하므로 불편하기 때문에 흔히 아래와 같은 계산 공식을 사용한다. 계산 공식에 의한 결과나 정의 공식에 의한 결과는 동일하다.

$$r_{xy} = \frac{N\Sigma XY - (\Sigma X)(\Sigma Y)}{N\Sigma X^2 - (\Sigma X)^2 \, N\Sigma Y^2 - (\Sigma Y)^2}$$

이 공식은 편차점수를 구할 필요 없이 관찰점수만을 이용하여 상관계수를 산출한다는 면에서 간결하고 편리하다.

상관분석은 두 변인간의 선형적인 관계를 알아보는 것으로 정적 상관과 부적 상관이 있다. 상관계수는 두 변수 관계의 성질이 선형적일 것을 가정한다. 즉, 두 변수의 관계가 직선적인 경향을 나타내는 것으로 가정한다. 두 변수 간에 강한 정적인 상관이 있을수록 X변수에서 평균 위에 있는 값은 Y변수에서도 평균위의 값을 가지며, X변수에서 평균 아래에 있는 값은 Y변수에서도 평균 아래의 값을 가진다. X변수에서 평균 근처에 있는 값은 Y변수에서도 평균 근처의 값을 주로 가지게 된다. 쉽게 말해 두 변수 간에 정적 상관일 경우에는 X변수가 커질수록 Y변수의 값도 대체로 커지는 관계를 나타낸다. 반대로 두 변수 간에 부적 상관일 경우에는 X변수가 커질수록 Y변수의 값은 대체로 작아지는 관계를 나타낸다. 만약 두 변수 X, Y간에 X변수가 커질수록 Y변수의 값이 커지는지 작아지는지 분명하지 않은 관계는 상관관계가 없는 경우이며, 이런 경우에는 무상관이라고 한다. 곡선형 관계인 경우 음수와 양수가 상쇄되어서 상관이 낮거나 0으로 나올 수도 있다. 상관분석의 결과를 시각적으로 표현한 그래프를 산포도(scatter plot)라고 한다. 상관계수 r의 값과 산포도의 관계를 [그림 8-2]로 나타낼 수 있다.

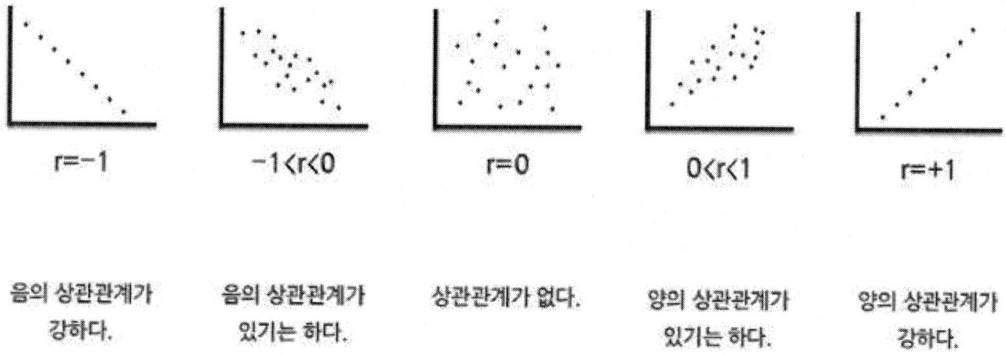

그림 8-2 산포도와 상관의 정도

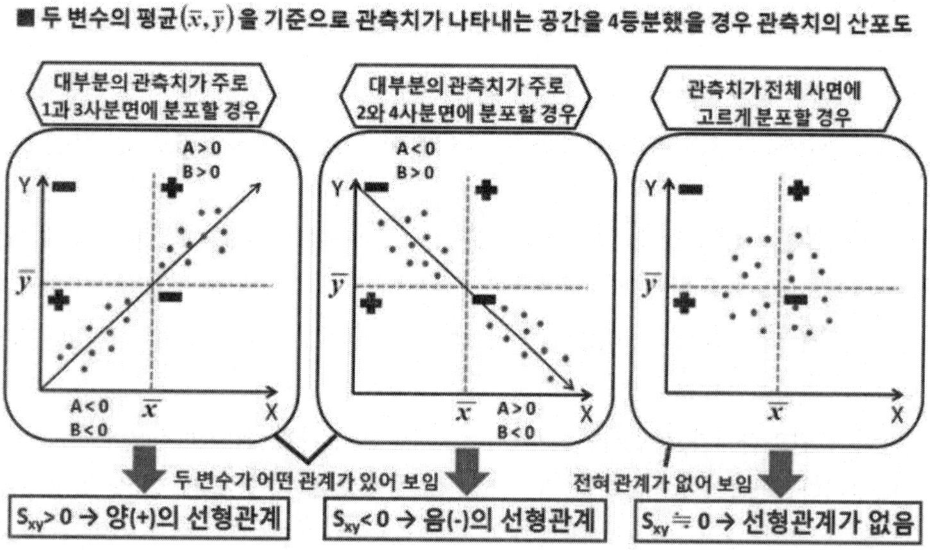

그림 8-3 정적 상관, 부적 상관, 무상관

(3) 상관분석의 해석

상관계수의 범위는 −1.00에서 +1.00까지이다. +와 −는 상관의 방향을 나타내며, 상관계수의 크기는 부호가 아니라 절대값으로 결정된다. 예를 들면, -60은 +30보다 상관이 높다. 상관계수의 값이 양수 값일 때는 정적 상관, 음수 값일 때는 부적 상관이라고 한다. 상관계수의 값이 +1.00이면 완전 정적 상관, -1.00이면 완전 부적 상관이라고 하며, 상관계수가 0일 때는 무상관이라고 한다. 상관계수의 크기에 대한 절대적인 해석 기준은 없으며, 일반적으로 상관계수는 그 범위에 따라 〈표 8-5〉와 같은 언어적 표현으로 해석한다.

표 8-5 상관계수의 해석

상관계수의 범위(절대값)	언어적 표현
.00~.20	상관이 매우 낮다
.20~.40	상관이 낮다
.40~.60	상관이 있다
.60~.80	상관이 높다
.80~1.00	상관이 매우 높다

상관계수는 변수 X가 변수 Y를 어느 정도 정확하게 예측할 수 있는지를 나타낸다. 절대값이 크면 클수록 더 정확하게 예측하며, 절대값이 크면 클수록 산포도는 직선에 가까워진다.

상관계수를 해석할 때 한 가지 주의해야 할 점은 상관계수는 인과관계가 아니라 상호관계로 해석해야 한다는 것이다. 즉 상관이 있다고 해서 두 변수 간에 어떤 인과관계가 있음을 밝혀주는 것은 아니라는 것이다. 인과관계가 있다는 것은 한 변인이 다른 변인에 영향을 미치거나 원인이 된다는 것을 의미하는데, 상관계수 만으로 인과관계를 유추할 수는 없다. 왜냐하면 인과관계가 성립하기 위해서는 한 변인이 다른 변인의 원인임이 증명되어야 하기 때문이다. 인과관계가 증명되기 위해서는 변인들에 대한 통제 및 실험 연구가 필요하다.

제 9 장 평가결과의 기록

1. 평가결과 기록의 의미와 유형
2. 학교생활기록부의 성격과 기능
3. 학교생활기록부의 기재 원칙과 관리 요령
4. 학교생활기록 작성 및 관리지침 이해
5. 교과학습평가의 평가결과 기록
6. 교과학습평가 개선의 과제

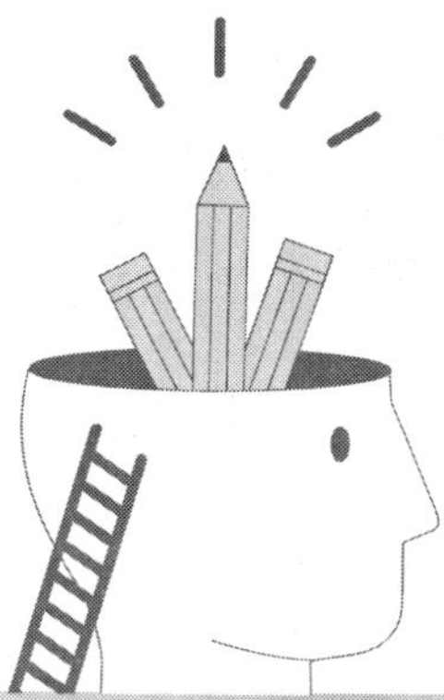

제 9 장 평가결과의 기록

1 평가결과 기록의 의미와 유형

1) 평가결과 기록의 의미

교육평가의 대상은 학생을 포함하여 교사, 학교, 교육과정, 각종 프로그램, 교육청, 국가나 지자체의 교육정책, 제도, 사업 등으로 매우 다양하다. 그러나 좁은 의미의 교육평가는 학생의 교육목표 달성 정도를 파악하는 것이라고 볼 때, 교육평가의 일차적인 대상은 학생이라고 볼 수 있다. 이 장에서는 학생의 학습활동에 대한 평가 결과를 기록하는 것과 관련된 내용을 살펴본다. 학교에서는 교육을 통해 이루어진 학생의 변화를 확인하고, 학생의 성장과 발달을 도우려는 목적에서 학생평가를 실시한다. 교사는 학생평가 차원에서 학교생활기록부에 학생의 변화 과정을 기록하고 보관해야 한다. 학교생활기록부는 학생의 학업성취도 및 인성 등을 종합적으로 관찰 평가하여 학생지도 및 상급학교의 학생선발에 활용할 수 있는 자료로 관리되는 법정 장부이다. 학교생활기록부는 학생의 학교 생활태도 및 학습 성장 변화를 담아내는 학생 종합 성장보고서이며, 교사가 학생의 성장과 학습 과정을 상시 관찰·평가한 누가기록 중심의 종합기록에 해당한다.

2) 평가결과 기록의 유형

학교생활기록부는 내용과 형식 측면으로 구분할 수 있다. 학교생활기록부에 기록하는 내용은 크게 교과 영역과 비교과 영역으로 나눈다. 교과 영역은 학생들이 교과 교육과정을 통해 거둔 학업성취 결과에 관한 것으로, 원점수, 과목평균, 표준편차, 성취도, 수강자수, 석차등급 등의 정보가 기록되어 있다. 비교과 영역은 교과 영역을 제외하고 학생들이 경험한 모든 학교활동을 뜻하며, 출결상황, 수상경력, 창의적 체험활동상황, 봉사활동 실적, 행동특성 및 종합의견 등이 기록된다.

학교생활기록부의 형식 측면에서는 학교생활기록부Ⅰ과 Ⅱ로 구분한다. 학교생활기록부Ⅰ은 학교생활기록부로, 학교생활기록부Ⅱ는 학교생활세부사항기록부로 부른다. 학교생활기록부Ⅰ과 학교생활기록부Ⅱ의 자료입력항목과 전산처리 기본서식은 동일하며, 전산입력도 동일하게 실시한다. 다만, 학교생활세부사항기록부Ⅱ는 [출결사항]의 [특기사항], [행동특성 및 종합의견]등에서 학교생활기록부 보다 상세하게 기록할 수 있으며, 학교생활기록부Ⅰ은 학교생활세부사항기록부Ⅱ의 기록사항 중 학생의 교과학습발달상황의 세부능력 및 특기사항과 행동특성 및 종합의견, 교육부장관이 정하는 항목에 대한 특기사항을 삭제하여 보존한다.

학교생활기록부를 Ⅰ과 Ⅱ로 구분하여 기록하고 관리하는 이유는 무엇일까? 먼저 두 기록부의 차이부터 짚어본다. 예를 들어, 고등학교 학교생활기록부에는 인적·학적사항, 출결상황, 수상경력, 자격증 및 인증 취득상황, 진로희망사항, 창의적 체험활동상황, 자유학기활동상황, 교과학습발달상황, 독서활동상황, 행동특성 및 종합의견, 전공·과정 등이 포함되어 있다.

2 학교생활기록부의 성격과 기능

1) 학교생활기록부의 성격

학교생활기록부는 초·중등교육법, 초·중등교육법 시행규칙, 학교생활기록 작성 및 관리지침 등에 근거하여 작성·관리하여야 한다.

우리나라의 초·중등교육법 제25조에 의하면, 학교의 장은 학생의 학업성취도와 인성(人性) 등을 종합적으로 관찰·평가하여 학생지도 및 상급학교의 학생 선발에 활용할 수 있는 다음 각 호의 자료를 교육부령으로 정하는 기준에 따라 작성·관리해야 한다. 여기서 각호의 자료에는 인적사항, 학적사항, 출결상황, 자격증 및 인증 취득상황, 교과학습 발달상황, 행동특성 및 종합의견, 그 밖의 교육목적에 필요한 범위에서 교육부령으로 정하는 사항 등이 포함되어 있다.

학교생활기록부의 성격은 법정 장부로서의 측면, 지도자료적 측면, 보존적 측면으로 이해할 수 있다.

첫째, 학교생활기록부는 학생의 학업성취도 및 인성 증을 종합적으로 관찰 평가하여 학생지도 및 상급학교의 학생선발에 활용할 수 있는 자료로 관리되는 법정 장부로서의 성격을 지닌다. 법정 장부이므로 학교생활기록부는 반드시 작성해야 하며, 작성하도록 되어 있는 사항은 반드시 작성해야만 하는 강제성을 띠고 있다.

둘째, 학교생활기록부는 작성된 결과가 학생에 대한 교수·학습지도 자료로 활용되면서, 상급학교의 진학, 취업 등의 자료로서의 성격을 지닌다. 교육부에서는 「학교생활기록부 기재요령」을 통해 학교생활기록부 작성시 학교생활기록부가 학생의 성장과 발달을 상시 관찰하고 평가한 누가기록 중심의 종합기록이 되도록 안내하고 있다. 학교생활기록부가 교수·학습지도 및 상급학교 진학 및 취업의 자료로서 제대로 활용되어야 함을 상기할 필요가 있다.

셋째, 학교생활기록부는 교육부 훈령 제18조(자료의 보존)에 근거하여 다음과 같이 학생의 학적 및 학교생활 및 활동에 관한 기록을 보존함으로써 학생의 학교생활에 대한 증명으로서의 성격을 지닌다. 학교의 장은 학교생활기록부(학교생활기록부Ⅰ)와 학교생활세부사항기록부(학교생활기록부Ⅱ)를 학생 졸업 후 8년 동안, 학교에서 보관하고 이후에는 「공공기록물 관리에 관한 법률 시행령」에 따라 준영구 보존·관리하여야 한다. 한편 학교폭력 관련 사항에 대한 기록 및 삭제는 위 훈령의 ④, ⑤, ⑥항에 따른다.

2) 학교생활기록부의 기능

학교생활기록부는 각급 학교에 따라 작성 양식이 약간 다르지만, 고등학교를 기준으로 보면 인적사항, 학적사항, 출결사항, 수상경력, 자격증 및 인증취득상황, 진로희망사항, 창의적 체험활동사항, 교과학습발달상황, 독서활동상황, 행동특성 및 종합의견 등으로 구성된다. 학교생활기록부의 기능은 교수·학습 지도, 학생 학부모를 위한 정보 제공, 진학 및 취업을 위한 증빙자료로서의 기능을 지닌다(박균열 외, 2014).

(1) 교수·학습지도

교사가 교수·학습 및 생활지도 프로그램을 효과적으로 운영할 수 있도록 하기 위해서는 무엇보다도 학생의 학교생활 과정에서 이루어진 총체적인 활동을 자세하고 충실하게 기록해야 한다. '인적사항, 학적사항, 출결사항' 기재 항목은 담당교사로 하여금 학기초에 학생의 가정환경 및 학적사항을 이해하고, 학기 중에는 학교에 대한 적응 정도 및 건강상태 등 학생이 처한 상황을 파악하는데 도움을 준다. '수상경력, 자격증 및 인증 취득상황, 진로희망사항, 창의적 체험활동상황, 행동특성 및 종합의견' 기재영역은 인성, 학생의 관심(진로 및 진학)과 잘하는 분야, 성장잠재력 등을 다각적으로 이해하는데 도움이 된다. 또한, '교과학습발달상황'란을 통해 각 교과에 대한 학업성취수준과 각 과목의 세부영역에서의 강점과 약점을 파악할 수 있어 학생을 위한 수준별 학습이나 향후 교수·학습 프로그램을 개발하는데 중요하게 활용되기도 한다. 학교생활기록부는 누적되어 기록되기 때문에 한시적으로 학생을 이해하는 것으로써 끝나는 것이 아니라 다년간을 통해 교육적으로 활용된다는 점에서 중요한 역할을 한다.

(2) 학생과 학부모를 위한 정보 제공

NEIS(교육행정정보시스템)을 통해 온라인상에서 학교생활기록부가 제공되면서 현재 재학중인 자녀의 학교생활기록에 대한 정보 열람이 가능해졌다. 온라인상에서 이루어지는 학부모서비스는 학교정보, 학생정보, 학부모상담 관리, 자녀교육활용 정도 등 관련 자료가 제공되고 있으며, 이로 인해 자녀에 대한 학부모의 관심이 높아지는 요인이 되었다. 이를 세부적으로 살펴보면, 첫째, 학교기본정보, 교육과정, 학사일정, 급식식단표, 가정통신문 등의 학교정보가 제공되며, 둘째, 학교생활기록부, 학습자료, 성적, 학생생활, 대학입시 전형자료 제공 현황, 건강기록부, 방과후 학교, 진로/진학상담자료, 심리검사, 교육비 납입 현황 등의 학생정보가 제공된다. 셋째, 상담공지사항, 상담신청 및 조회 내역 등의 학부모상담이 제공되며, 넷째, 측정마당, 평가마당, 처방마당, 스포츠클럽 등의 정보가 제공된다(우리나라에서는 이와 관련된 정보가 많이 제공되고 있지는 않은 것으로 보임). 마지막으로 학업지도, 인성지도, 진학지도, 진로지도, 특수아지도, 내자녀 건강알리미 등의 자녀교육활용 정보가 제공되고 있다.

이와 같은 자료는 자녀가 학교에서 이루어지는 교육 및 활동, 학업 성취도 및 관심 분야, 학교 적응 및 고민 등을 파악할 수 있어 가정에서 자녀를 지도하는 데 중요한 용도로 활용된다. 또한, NEIS에서 '학부모 온라인상담' 서비스가 개설되면서 자녀의 학업, 진로, 학교생활, 보건, 영양 상태 등 학생과 관련된 전반적인 것에 대해 교사와 온라인 상에서 상담할 수 있는 장점이 있다. 이와 같은 자료의 제공은 자녀에게 자신의 학업 성취도 및 학교생활을 여러 측면으로 살펴봄으로써 자발적인 교육환경을 조성하고, 이로 인해 학습욕구를 높일 수 있게 하는 효과가 있다.

(3) 진학 및 취업을 위한 증빙자료

2014년에 입학사정관제가 '학생부종합전형'으로 명칭이 바뀌면서 각 대학은 수시전형에서 학생을 선발할 때, 학교생활기록부가 중요한 전형자료로 활용하고 있다. 대학은 '수상경력, 창의적 체험활동상황, 일반과목 세부능력 및 특기사항'을 참고하여 학생 자신의 소질과 적성에 따른 다양한 경험 및 활동을 평가할 수 있고, '창의적 체험활동상황, 행동특성 및 종합의견' 등을 반영하여 인성 및 성장잠재력을 평가할 수 있다. 이에 따라 학생부종합전형의 평가요소는 학생생활기록부 기재내용의 신뢰성과 구체성에 상당한 영향을 받을 가능성이 크다.

또한 학교생활기록부는 취업을 위해 활용되기도 한다. 고등학교 졸업 후 바로 취업하고자 하는 학생에게는 학교생활기록부가 중요한 입사 서류가 된다. 학교생활기록부는 회사에서 요구하는 성실도나 인재상에 적합한 자를 선발하는 데 좋은 자료가 되기 때문이다. 이와 같이 학교생활기록부는 진학 및 취업에 있어 중요한 자료로써 활용되고 있다.

3 학교생활기록부의 기재 원칙과 관리 요령

1) 학교생활기록부의 기재 원칙

2018년도에 교육부는 학생부 관리를 강화하는 동시에 간소화하기 위해 '학교생활기록 작성 및 관리지침'을 개정하고, 학교생활기록부 내 과도한 경쟁과 사교육 유발 요소를 정비하고 정규 교육과정 중심으로 간소화하였다. 학교생활기록부 기재와 관리의 책무성을 제고하기 위한 학교생활기록부 기재 원칙은 다음과 같다(교육부훈령 제365호).

첫째, 학교생활기록부에는 학교교육계획이나 학교교육과정에 따라 학교에서 실시하는 각종 교육활동의 이수상황(활동내용에 따른 개별적인 특성이 드러나는 사항 중심)을 기재하는 것이 원칙이다. 학교교육계획 이외의 체험활동은 교육관련기관(교육부 및 소속기관, 시·도교육청 및 직속기관, 교육지원청 및 소속기관)에서 주최하고 주관한 행사, 봉사활동 실적 등만 학교장이 승인한 경우에 한하여 기재 가능하다.

둘째, 사교육 유발요인이 큰 사항은 '행동특성 및 종합의견'란을 포함하여 학교생활기록부의 어떠한 항목에도 기재할 수 없다. 예를 들면, 각종 공인어학시험 참여 사실과 그 성적 및 수상 실적, 교과 및 비교과 관련 참여 사실과 그 성적 및 수상실적, 교외 기관단체(장) 등에게서 수상한 교외상(표창장, 감사장, 공로상 등), 모의고사 관련 성적 및 수상 실적, 학회지 등에 투고 및 등재한 논문, 도서출간 및 지적재산권 등록 사실, 해외활동실적 및 관련 내용(어학연수, 봉사활동 등) 등은 어떠한 항목에도 기재할 수 없다.

셋째, 학생에 대한 기재 격차 최소화를 위해 학교생활기록부의 서술식 기재영역별 최대 입력 글자수를 제한한다. 교육부는 학교 및 교사에 따른 기재 분량 차이를 최소화하기 위해 '교육정보시스템'에 학교생활기록부의 영역별 입력 최대 글자수를 규정하고 있다.

넷째, 학교생활기록부 입력 및 정정 권한과 관련하여 업무의 편의나 관행을 이유로 담당이 아닌 교사에게 입력 및 정정 권한을 부여하는 행위를 엄격히 금지한다. 학교생활기록부의 항목별 입력 주체와 정정 처리 주체에 대한 명확한 규정을 통해 책임 소재를 명시하였다. 학교생활기록부 정정 시 학교생활기록부 정정대장 결재 절차에 따라 발견 학년도 담임교사가 정정처리를 하며, 졸업생의 경우 업무담당자가 정정한다. 항목별 입력 주체는 학급담임교사, 교과담당교사, 해당 동아리 담당교사, 해당 활동별 담당교사 등으로 구분할 수 있다.

다섯째, 학교생활기록부에 항목과 관련이 없거나 기록해서는 안 되는 내용의 기재, 단순 사실을 과장하거나 부풀려서 기재, 사실과 다른 내용을 허위로 기재하는 등 학교생활기록부의 신뢰도를 저하시키는 사례가 발생하지 않도록 한다. 특히 학교생활기록부 허위 사실 기재는 '학생성적 관련 비위'로 간주되어 징계양정기준을 적용하며, 징계의 감경에서도 제외된다.

여섯째, 학생평가 및 평가 결과에 근거한 학교생활기록부 기재는 교사의 고유 권한으로 학생이나 학부모 등으로부터 학칙 및 관리지침에 반하는 내용을 전달받아 작성하는 경우 부정청탁에 해당할 수 있다. 그리고 부모(친인척 포함)의 사회·경제적 지위(직종명, 직업명, 직장명, 직위명 등)를 암시하는 내용은 학교생활기록부의 어떠한 항목에도 기재할 수 없다.

일곱째, 고등학교의 경우 학교생활기록부에는 학생이 재학(또는 졸업 예정)한 고등학교를 알 수 있는 내용(학교명, 재단명, 학교축제명, 학교 별칭 등)은 '학적사항', '수상경력'의 '수여기관', 봉사활동실적의 '장소 또는 주관기관명'을 제외한 어떠한 항목에도 기재할 수 없다.

여덟째, 학교의 장이 교육상 필요에 따라 소속 학생을 대상으로 교과(목) 및 창의적 체험활동 내용의 일부 또는 전부를 「초·중등교육법」 제24조 제3항 제1호의 원격수업으로 실시한 경우, 출결 및 평가, 학교생활기록부 작성 등의 처리방법은 교육부장관이 별도로 정하는 바에 따른다.

2) 학교생활기록부 자료의 입력 및 정정

학교생활기록부의 자료 입력 시 교육정보시스템에 직접 입력한다. 학교생활기록부의 문자는 한글로 입력하되, 부득이한 경우 영문으로 입력할 수 있다. 서술형 항목 입력 시 특수문자, 문단구분 기호(번호) 입력은 지양한다. 특기사항 등에 입력하는 서술형 문장은 명사형 어미로 종결하며, 문단(내용)단위로 줄바꿈을 하여 입력할 수 있다. 교육정보시스템 또는 공문을 통해 전송된 자료에 학교폭력 관련 조치 사항이 포함되어 있는 경우, 전입교에서는 '학교폭력 가해학생 조치사항 관리대장'에 추가 기록하여 비공개 문서로 관리한다.

학교생활기록부 영역별 내용은 해당 영역에서만 입력하고, 입력 글자수 초과를 이유로 특정 영역의 내용을 타 영역에 입력해서는 안 된다. 학교생활기록부의 서술형 항목은 교사가 직접 관찰·평가한 내용을 근거로 입력하며, 학교교육계획에 따라 실시한 교육활동 중 교사 지도하에 학생이 직접 작성한 자료는 활용할 수 있다. 활용가능한 자료에는 동료평가서, 자기평가서, 수업산출물(수행평가 결과물 포함), 소감문, 독후감 등이 있다.

학생의 전·출입시 이전 학년도 자료의 정정은 전출교에서 자료를 받아 전입교에서 처리한다. 학교의 학년도는 「초·중등교육법」제 24조(수업 등)에 따라 3월 1일부터 시작하여 다음 해 2월말일까지로 하며, 학년도 종료시까지 학교생활기록부 작성을 종료하고, 매 학년이 종료된 이후에는 당해 학년도 이전의 학교생활기록부 입력자료에 대한 정정은 원칙적으로 금한다. 다만, 객관적인 증빙자료가 있는 경우에만 정정이 가능하며, 정정시에는 반드시 정정내용에 대한 증빙자료를 첨부하여 자료의 객관성 여부, 정정의 사유, 정정내용 등에 대하여 학업성적관리위원회의 심의 절차를 거친 후 학교생활기록부 정정대장의 결재 절차에 따라 정정사항의 발견 학년도 담임교사가 정정 처리해야 한다. 다만, 인적·학적 사항의 학생정보는 학업성적관리위원회 심의를 생략할 수 있다.

3) 학교생활기록부의 관리

학교의 장은 「공공기록물관리에 관한 법률」 및 동법 시행령에 의거하여 학교생활기록부와 학교생활세부사항기록부를 준영구 보존해야 한다. 학교의 장은 준영구 보존하는 학교생활기록부와 학교생활세부사항기록부를 학생 졸업 후 5년 동안 학교에서 보관하고, 이후에는 「공공기록물관리에 관한 법률 시행령」 제4조, 제31조, 제32조에 따라 보존·관리하여야 한다. 학교의 장은 학교생활세부사항기록부의 학적사항의 '특기사항'란에 입력된 조치사항과 출결상황의 '특기상황'에 입력된 조치사항을 학생이 졸업한 날로부터 2년이 지난 후에는 삭제하여야 한다. 다만, 해당 학생의 반성 정도와 긍정적 행동변화 정도를 고려하여 졸업하기 직전에 「학교폭력예방 및 대책에 관한 법률」 제14조 제3항에 따른 학교폭력 전담기구의 심의를 거쳐 학생의 졸업과 동시에 삭제할 수 있다. 단 심의 대상이 될 수 없는 경우도 있다. 학교의 장은 학교생활세부사항기록부의 '행동특성 및 종합의견' 란에 입력된 「학교폭력예방 및 대책에 관한 법률」 제17조 제1항 제1호(서면사과)·제2호(접촉/보복금지)·제3호(학교내 봉사)·제7호(학급교체)의 조치사항을 학생의 졸업과 동시에 삭제하여야 한다.

4 학교생활기록 작성 및 관리지침 이해

1) 학교생활기록 작성 및 관리지침

최근 교육부는 2024년 2월에 「학교생활기록 작성 및 관리지침」(교육부훈령 제477호)을 일부 개정하여 동년 3월 1일부터 시행하고 있다. 이 절에서는 해당 지침의 구체적인 내용들을 항목별 기재사항을 중심으로 살펴봄으로써 학교급별로 어떤 공통점과 차이점이 있는지 알아보고, 학교생활기록을 어떻게 작성하고 관리해야 하는지 이해하고자 한다.

첫째, 초등학교에서는 학생들간의 과도한 경쟁 및 사교육 등의 부작용을 최소화하기 위해 '수상경력' 항목이 삭제되었다. 또한 진로에 대해 명확한 방향을 정하기 어려운 초등학생의 발달 단계를 감안하여 '진로희망사항' 항목도 삭제하였다. 초등학교 학교생활기록부 양식은 인적·학적사항, 출결상황, 창의적 체험활동상황, 교과학습발달상황, 행동특성 및 종합의견 등의 5개 항목으로 구성되어 있다.

둘째, 중학교의 경우 진로에 대한 명확한 방향을 정하기 어렵다는 점을 고려하여 '진로희망사항' 항목이 삭제되었다. 초등학교와 중학교의 학교생활기록부의 차이를 보면, 중학교는 초등학교의 5개 항목이 기본적으로 포함되어 있고, 수상경력, 자유학기활동상황, 독서활동상황 등 3개 항목이 추가되었다. 그래서 총 8개 항목으로 구성되어 있다(인적·학적사항, 출결상황, <u>수상경력</u>, 창의적 체험활동상황, 교과학습발달상황, <u>자유학기활동상황, 독서활동상황</u>, 행동특성 및 종합의견; 밑줄친 것들이 추가됨). 한편, 2009년 12월에 '고등학교 선진화를 위한 입학제도 및 체제 개편 방안' 발표에 따른 외고 등 특목고 진학을 위한 선행학습에 따른 사교육을 유발하는 입학전형요소 배제의 일환으로 초·중학교 학교생활기록부의 '자격증 및 인증 취득상황' 항목은 2010학년도 이후부터 삭제되었다. 반면, 2016학년도부터 중학교에 자유학기가 전면 도입되면서 자유학기 중에 자유학기활동을 실시한 결과를 기재할 수 있도록 '자유학기활동상황' 항목이 신설되었다.

셋째, 고등학교의 경우 학생의 진로 및 발달 수준의 변화를 고려하여 '진로희망사항' 항목이 삭제되었고, 진로희망 관련 사항은 신설된 창의적 체험활동 항목의 '진로희망' 분야에 기재하게 되었다. 한편, 특성화고등학교 및 마이스터고등학교에서 산업수요와 직업의 변화를 고려하여 산업현장에서 요구되는 직무능력을 고등학교 학생들에게 체계적으로 가르치고 평가할 수 있도록 하기 위해 '지원자격 및 인증 취득상황' 항목에 '국가직무능력표준이수상황' 기재 양식이 별도로 추가되었다. 고등학교 학교생활기록부 양식은 인적·학적사항, 출결상황, 수상경력, <u>자격증 및 인증 취득상황</u>, 창의적 체험활동상황, 교과학습발달상황, 독서활동상황, 행동특성 및 종합의견 등의 8개 항목으로 구성되어 있다(자유학기활동상황 항목이 삭제되고, 자격증 및 인증 취득상황 항목이 추가되어, 중학교와 항목의 개수는 동일하나, 구성 항목에 약간 차이가 있음).

2) 학교생활기록부의 기재 방법

학교생활기록부는 초등학교, 중학교, 고등학교에 따라 항목별 기재 내용과 양식이 조금씩 다르다. 중 고등학교에서 상급학교 진학을 위한 증빙자료로 제공되는 학교생활기록부 Ⅱ(학교생활세부사항기록부)의 항목별 기재 내용과 양식을 살펴본다(교육부훈령 제477호, 시행 2024. 3. 1.).

(1) 인적·학적사항

학교생활기록부Ⅰ과Ⅱ는 학적부로서의 성격을 지닌다. 학적(學籍)이란 학교 등 교육기관에서 보관하는 학생의 기록을 뜻하며, 학적은 입학, 졸업, 조기졸업, 재학, 휴학, 복학, 편입학, 전입, 전출, 자퇴, 퇴학, 학업성적, 비교과 활동 등 학생에 관한 모든 기록을 포함한다.

인적·학적사항의 '학생정보'란에는 성명, 성별, 주민등록번호와 입학 당시의 주소를 입력하되, 재학 중 주소가 변경된 경우 변경된 주소를 누가하여 입력한다. 중·고등학교에서는 입학 전 전적학교의 졸업년월일과 학교명을 입력하며, 검정고시 합격자는 합격 연월일과 '졸업학력 검정시험 합격'이라고 입력한다. 재학 중에 학적 변동이 발생한 경우 전출교와 전입교에서 각각 학적변동이 발생한 일자, 학교와 학년, 학적변동 내용을 입력한다. '특기사항'란에는 학적변동의 사유를 입력한다. 특기사항 중 학교폭력과 관련된 사항은 「학교폭력예방 및 대책에 관한 법률」 제17조에 규정된 가해학생에 대한 조치사항을 입력한다.

표 9-1 인적사항 기재 양식

학 생		성명 : 　　　성 별 : 　　　주민등록번호 : 주소 :
가족 상황	부 모	성명 : 　　　생년월일 : 성명 : 　　　생년월일 :
특기사항		

표 9-2 학적사항 기재 양식

년 월 일 □□초등학교 졸업 년 월 일 ○○중학교 제1학년 입학(년 월 일 전출) 년 월 일 △△중학교 제1학년 전입	
특기사항	

(2) 출결상황

출결상황의 '수업일수'란에 「초·중등교육법 시행령」 제45조에 따른 수업일수를 입력한다. '결석일수', '지각', '조퇴', '결과'는 질병·미인정·기타로 구분하여 연간 총일수 또는 횟수를 각각 입력한다. '결과'는 수업시간의 일부 또는 전부에 불참하거나 학교장이 정한 시각 이후에 수업에 참여한 경우, 교육활동을 고의적으로 방해한 경우 등을 말한다. 결과 처리 기준은 학교의 장이 정하며, 결과 처리 기준은 학교마다 다를 수 있다.

예시를 통해 출결상황에 대한 처리를 알아본다. 앞에서 보았듯이, 출결상황은 결석, 지각, 조퇴, 결과 등으로 분류하며, 사유에 따라 질병, 미인정, 기타 등으로 구분한다. 예를 들어, 몸이 아파서 양호실에 누워 있었다면 질병에 따른 결과이며, 출결 점수에 문제가 없다. 부모님 병간호나 이사 때문에 학교에 늦게 왔다면 기타 지각으로 처리될 수 있다. 지각, 결석, 조퇴, 그런데, 3일 이상 질병으로 결석을 했는데, 병원 진단서를 제출하지 않았다면 무단 결석이 되므로 학교에 병원 진단서를 제출해야 한다. 즉 결석, 지각, 조퇴,

결과 자체 보다는 해당 사유가 인정되는가 미인정 인가가 중요한 것이다. 예를 들면, 인정이 되는 결석, 조퇴, 결과에는 법정 전염병에 감염되었거나, 가족이나 친지의 사망, 현장체험학습 등으로 결석하는 경우에 출결을 인정해준다. 출결 인정 기준이나 범위는 학교의 장이 정한다. 일반적인 질환으로 인한 지각, 조퇴, 결석, 결과는 개인적인 것이므로 출결상황에 기록한다. 경우에 따라서는 지각, 무단지각, 결과, 조퇴가 3회 모이면 무단결석 1회로 간주될 수 있으며, 관련 규정도 학교마다 다를 수 있다. 무단 결석은 고입과 대입에서 감점 요인이 된다. 그리고 고입과 대입 모두 3년간의 출결 상황을 합산해서 입시에 반영한다. 각 대학은 입학전형에서 무단결석에 대한 감정 규정을 두고 있다고 알려져 있다. 따라서 한두번 지각하거나 수업에 늦게 들어간 것들을 대수롭지 않게 생각했다가 그것이 3년간 모여 무단결석으로 처리되면 입시에서 불이익을 받을 수 있으므로 유의해야 한다.

재취학 등 학적이 변동된 학생의 동학년의 수업일수 및 출결상황은 학적변동 전(원적교)의 것과 변동 이후의 것을 합산하여 입력한다. 단 수업일수가 당해 학교 당해 학년 수업일수의 3분의 2 미만이 될 경우에는 각 학년 과정의 수료에 필요한 수업일수 부족으로 수료 또는 졸업이 인정이 되지 않아 원칙적으로 당해 학년도 재입학·전입학·복학이 불가능하다. '특기사항'란은 결석 사유 또는 개근 등 특기사항이 있는 경우에 입력한다. 특기사항 중 학교폭력과 관련된 사항은 「학교폭력예방 및 대책에 관한 법률」 제17조에 규정된 가해학생에 대한 조치사항을 입력한다. 예를 들어, 위 법률에 따라 가해학생으로 동법률 1항 6호에 따른 '출석정지'를 받았다면 그 기간에 대해서는 미인정 결석으로 처리된다. 또한 범법행위로 인한 책임있는 사유로 결석한 경우(관련기관 출석, 체포, 도피, 구속, 수감 등), 태만, 가출, 출석 거부 등 고의로 결석한 경우 등은 미인정 결석으로 처리된다. 한편 부모나 가족 봉양, 가사 조력, 간병 등 부득이한 개인사정에 의한 결석임을 학교장이 인정한 경우, 기타 합당한 사유에 의한 결석임을 학교장이 인정하는 경우에는 기타 결석으로 처리한다.

표 9-3 출결상황 기재 양식

학년	수업일수	결석일수			지 각			조 퇴			결 과			특기사항
		질병	무단	기타	질병	무단	기타	질병	무단	기타	질병	무단	기타	
1														
2														
3														

(3) 수상경력

'수상경력'에는 재학 중 중·고등학교 학생이 교내에서 수상한 상의 명칭, 등급(위), 수상연월일, 수여기관, 참가대상(참가인원)을 입력한다. 동일한 작품이나 내용으로 수준이 다른 상을 여러 번 수상했을 경우에는 최고 수준의 수상 경력만을 입력한다. 또한, 수상명에는 학생이 재학(또는 졸업예정)한 학교를 알 수 있는 내용을 입력하지 않는다. 학년 초 학교교육계획서에 따라 실시한 교내상만을 기재하며, 수상 사실은 수상 경력 이외의 어떤 항목에도 입력하지 않는다(대회 참가 사실 등 기재 불가).

표 9-4 수상경력 기재 양식

구분	수 상 명	등 급(위)	수상연월일	수여기관	참가대상(참가인원)
교내상					

(4) 자격증 및 인증 취득상황

'자격증 및 인증 취득상황'에는 고등학생이 재학중에 취득한 자격증의 명칭 또는 종류, 번호 또는 내용, 취득연월일, 발급기관을 입력하며 원본을 대조한 후에 취득한 순서대로 입력한다. 기재할 수 있는 자격증의 종류에는 「국가기술자격법」에 따른 국가기술자격증, 개별 법령에 따른 국가자격증, 「자격기본법」에 따른 국가공인을 받은 민간자격증 중 기술과 관련있는 내용 등이다. 고등학교의 장은 학교교육계획에 따른 국가직무능력표준의 이수상황을 학교생활기록부에 기재할 경우 별지 서식에 따라 입력한다. 국가직무능력표준(NCS; National Competency Standards)은 산업현장에서 직무를 수행하기 위해 요구되는 지식·기술·소양 등의 내용을 국가가 산업 부문별·수준별로 체계화한 것을 말한다. 초등학교와 중학교 학교생활기록부에는 '자격증 인증 및 취득상황'을 입력하지 않는다.

표 9-5 자격증 및 인증 취득상황 기재 양식

구 분	명칭 또는 종류	번호 또는 내용	취득연월일	발급기관
자 격 증				

(5) 창의적 체험활동상황

'창의적 체험활동상황'에는 창의적 체험활동의 3개 영역(자율·자치활동, 동아리활동, 진로활동)별 활동내용, 평가방법 및 기준에 관하여 교육과정을 근거로 학교별로 정한다. 자율·자치활동, 동아리활동, 진로활동은 영역별 이수시간 및 특기사항(개별적 특성이 드러나는 사항)을 입력하고, 봉사활동은 실적을 입력한다. 초등학교는 창의적 체험활동의 이수시간을 입력하지 않으며, '자율·자치활동', '동아리활동' 2개 영역의 특기사항은 통합하여 종합적으로 입력하되, '진로활동' 영역은 별도로 구분하여 기록한다.

'자율·자치활동' 영역의 특기사항은 정규교육과정 또는 학교교육계획에 의해 실시한 학생 상담활동, 자치활동 등을 입력한다. 자율활동의 결과에 대한 평가보다는 활동과정에서 드러나는 개별적인 행동특성, 참여도, 협력도, 활동실적 등을 평가하고, 상담기록 등의 자료를 참고하여 실제적인 역할과 활동 위주로 입력한다. 자치활동 관련 내용은 구체적인 임원의 종류를 알 수 있도록, '전교', '학년', '학급'등을 입력하고, 재임기간을 (　)안에 병기한다. 예를 들어 1년 전교 학생자치회 회장(2023. 03. 01~2024. 2. 28)으로 기재한다.

'동아리활동' 영역의 특기사항은 자기평가, 학생상호평가, 교사 관찰 등의 방법으로 평가하며, 참여도, 열성도, 특별한 활동실적 등을 참고하여 실제적인 활동과 역할 위주로 입력한다. 「학교체육진흥법」에 따른 학교스포츠클럽 활동 내용은 '동아리활동'란에 클럽명, 활동시간, 개별적 특성이 드러나는 특기사항 등을 입력한다. 이 경우 활동 내용은 학교장이 인정한 기간 동안 수행한 것으로 한정한다. 정규교육과정에 포함되지 않은 학교스포츠클럽활동은 특기사항을 입력하지 않는다. 학교스포츠클럽활동 시간은 동아리활동 이수시간에 합산한다. 동아리 활동 중 정규교육과정에는 포함되어 있지 않으나 학교교육계획에 따라 구성한 청소년단체 활동은 초등학교와 중학교의 경우 단체명은 입력하되 특기사항은 입력하지 않으며, 고등학교의 경우 단체명 및 특기사항 모두를 입력하지 않는다. 자율동아리는 학교교육계획에 따라 학기초에 구성할 수 있으며, 학기 중에 구성된 자율동아리는 입력하지 않는다. 학생의 자율동아리 활동은 학년당 1개만 자율동아리명을 입력하되, 필요시 동아리 소개를 30자 이내로 입력할 수 있다. '자율·자치활동'의 특기사항은 담임교사가, 동아리활동의 특기사항은 해당 동아리 담당교사가 입력한다.

'봉사활동' 영역의 실적은 학교교육계획에 의한 봉사활동과 학생 개인계획에 따른 봉사활동의 구체적인 내용을 별도의 '봉사활동실적'란에 연간 실시한 봉사활동의 일자 또는 기간, 장소 또는 주관기관명, 활동내용, 시간을 실시일자 순으로 모두 입력한다. 영역별 누가 기록은 공정성, 객관성, 투명성, 신뢰도, 타당도 등이 확보되도록 서식을 개발하여 활용하되, 학생의 구체적 활동 내용이 포함된 자료를 바탕으로 작성하여 관리한다.

'진로활동'의 특기사항에 진로희망분야와 각종 진로검사 및 진로상담 결과, 관심분야 및 진로희망과 관련된 학생의 활동내용 등 학생의 진로특성이 드러나는 사항을 담임교사가 입력한다. 다만, 초등학교는 진로희망분야를 입력하지 않을 수 있다.

표 9-6 창의적 체험활동 기재 양식

학년	창의적 체험활동상황		
	영역	시간	특기사항
1	자율활동		
	동아리활동		
	봉사활동		
	진로활동		
2	자율활동		
	동아리활동		
	봉사활동		
	진로활동		
3	자율활동		
	동아리활동		
	봉사활동		
	진로활동		

학년	봉 사 활 동 실 적				
	일자 또는 기간	장소 또는 주관기관명	활동내용	시간	누계시간
1					
2					
3					

(6) 교과학습발달상황

'교과학습발달상황'은 초등학교, 중학교, 고등학교 간에 기재 양식에 차이가 있다. 각급 학교의 교과학습발달상황 평가는 '교과학습상황 평가 및 관리'에 따라 시행한다.

초등학교의 교과학습발달상황에는 각 교과별 성취기준에 따른 성취수준의 특성 및 학습활동 참여도 등을 '세부능력 및 특기사항'란에 교과별로 문장으로 입력하되, 1, 2학년 '바른생활', '슬기로운생활', '즐거운생활' 교과는 통합하여 입력한다.

중학교의 교과학습발달상황에는 '교과', '과목', '원점수/과목평균', '성취도(수강자수)'를 산출하여 각 학기말에 입력한다. 다만, 체육·예술(음악/미술) 교과(군)의 과목은 '교과', '과목', '성취도'를 입력한다.

표 9-7 중학교 교과학습발달상황 기재 양식

교과	과목	1학기		2학기		비 고
		성취도(수강자수)	원점수/과목평균(표준편차)	성취도(수강자수)	원점수/과목평균(표준편차)	

과 목	세부능력 및 특기사항

〈체육·예술(음악/미술)〉

교과	과목	1학기	2학기	비고
		성취도	성취도	

과목	특기사항

〈교양교과〉

교과	과목	1학기		2학기		비 고
		이수시간	이수여부	이수시간	이수여부	

고등학교의 교과학습발달상황에는 '교과', '과목', '단위수', '원점수/과목평균(표준편차)', '성취도(수강자수)', '석차등급'을 산출하여 각 학기말에 입력한다. 다만 ① 보통 교과 진로선택과목(진로선택으로 편성된 전문교과 포함)은 '교과', '과목', '단위수', '원점수

/과목평균', '성취도(수강자수)', '성취도별 분포비율'을 입력한다. ② 보통교과 공통과목의 '과학탐구실험' 및 전문교과 Ⅱ, Ⅲ은 '교과', '과목', '단위수', '원점수/과목평균(표준편차)', 성취도(수강자수)'를 입력한다. ③ 보통교과의 체육·예술 교과(군)의 일반선택과목은 '교과', '과목', '단위수', '성취도'를 입력한다. 중·고등학교의 '비고'란에는 공동교육과정 및 학교 밖 교육 이수, 학적 변동으로 인한 이수과목 상이 등 교육과정 운영에 따른 특기사항에 관한 내용을 간략하게 입력한다. 중·고등학교의 '세부능력 및 특기사항'란에는 과목별 성취기준에 따른 성취수준의 특성 및 학습활동 참여도 등을 문장으로 입력한다. 다만, 체육·예술 교과(군) 및 전문교과 Ⅱ의 실무과목은 관련 법령이나 지침에 따라 입력한다. 그리고, 2025년부터는 고교학점제 적용에 따라 '이수단위/단위수'를 '학점수'로 표기한다.

표 9-8 고등학교 교과학습발달상황 기재 양식

교과	과목	1학기				2학기				비고
		단위수	원점수/과목평균(표준편차)	성취도(수강자수)	석차등급	단위수	원점수/과목평균(표준편차)	성취도(수강자수)	석차등급	
이수단위 합계										

과 목	세부능력 및 특기사항

〈체육·예술(음악/미술)〉

교과	과목	1학기		2학기		비고
		단위수	성취도	단위수	성취도	
이수단위 합계						

과목	특기사항

중학교의 '세부능력 및 특기사항'란에는 특기할 만한 사항이 있는 과목 및 학생에 한하여 입력하고, 고등학교는 모든 학생에 대해 입력하되 세부항은 교육부장관이 별도로 정한다. 고등학교의 보통 교과 중 교양 교과는 과목명 및 이수단위를 입력하고 '성취도(수강자수)'란과 '석차등급'란에는 'P'를 각각 입력한다. 다만, 교양 교과를 진로 선택 과목으로 편성 시에는 과목명 및 이수단위를 입력하고 '성취도(수강자수)'란과 '성취도별 분포비율'란에는 'P'를 각각 입력한다. 또한, 중학교에서도 고등학교 교양교과(환경, 보건, 진로와 직업 등) 성격의 과목을 선택하여 이수한 경우 과목명 및 이수시간을 입력하고 이수 여부에 'P'를 입력한다.

전문교과Ⅰ 및 보통교과(공통과목 과학탐구실험, 진로선택과목(진로선택으로 편성된 전문 교과 포함), 체육·예술 교과(군)의 일반선택과목, 교양교과(군)의 과목 제외)는 과목 수강자수가 13명 이하인 경우 '교과', '과목', '단위수', '원점수/과목평균(표준편차)', '성취도(수강자수)'를 입력하고, '석차등급'란에는 '석차등급'이나 '•'을 입력한다. 다만 수강자수가 13명 이하인 과목이 2과목 이상인 경우에는 '석차등급'란에 '석차등급' 또는 '•' 표기 중 한 가지 방법으로 동일하게 입력한다.

체육·예술계 중학교(예술·체육 중점학교 포함)에서 학생이 선택 과목으로 체육계 과목 또는 음악·미술계 과목을 이수한 경우 '교과', '과목', '원점수/과목평균', '성취도(수강자수)'를 입력한다. 학생이 자유학기에 이수한 과목의 '원점수/과목평균'란은 '공란'으로 두고, '성취도(수강자수)'란에 'P'를 입력한다. 또한 체육·예술(음악/미술) 교과(군)의 과목은 '성취도'란에 'P'를 입력한다. '세부능력 및 특기사항'란에는 모든 과목에 대해 각 과목별 성취기준에 따른 성취수준의 특성, 학습활동 참여도 및 태도, 활동 내역(체육·예술 과목은 실기능력, 교과적성 포함) 등을 문장으로 입력한다.

교과학습발달상황의 '세부능력 및 특기사항'은 교과담당교사가 입력한다. 고등학교에서 공동교육과정으로 이수한 과목은 '교과', '과목', '단위수', '원점수/과목평균(표준편차)', '성취도(수강자수)'를 입력한다. 고등학교에서 학교 밖 교육으로 이수한 과목은 '교과', '과목', '단위수'를 입력하고, 이외 항목은 모두 '•'를 입력한다. 중학교에서 국가 재난에 준하는 상황으로 평가를 실시하지 않을 경우 '원점수/과목평균'란은 '공란'으로 두고, '성취도(수강자수)'란에 'P'를 입력한다. 또한 체육·예술(음악/미술) 교과(군)의 과목은 '성취도'란에 'P'를 입력한다.

(7) 자유학기활동상황

자유학기활동상황은 중학교에서 자유학기에 학교별로 실시한 자유학기 활동 영역별 이수시간 및 특기사항을 모든 학생을 대상으로 입력한다. '특기사항'에 자유학기 활동별 담당 교사가 수시로 관찰한 활동 내용, 참여도, 흥미도 등을 문장으로 입력한다. 자유학기활동상황의 하위 4개 영역은 '진로탐색활동', '주제선택활동','예술·체육활동','동아리활동'으로 각 영역별 활동내용, 평가방법 및 기준은 학교별로 정한다. 학업중단학생(유예·면제 등)의 경우 학업중단일까지의 자유학기활동의 이수시간과 특기사항을 입력한다.

표 9-9 자유학기활동상황의 기재 양식

학년	학기	자유학기활동상황		
		영역	시간	특기사항

(8) 독서활동상황

중·고등학교의 개인별·교과별 독서활동상황은 독서활동에 특기할만한 상황이 있는 학생을 대상으로 학기 단위로 입력한다. '독서활동상황'란에 학생이 읽은 책의 제목과 저자를 교과 담당교사 또는 담임교사가 입력한다. 독서활동은 교과별로 해당 교과 관련 독서활동을 교과담당교사가 입력하되, 특정 교과에 해당하지 않을 경우 학급담임교사가 공통으로 입력할 수 있다. 독서활동 내용은 학기를 구분하여 입력한다. 독서기록장, 독서 포트폴리오 등의 증빙자료는 학생 개인이 보관한다. 독서 과정의 관찰·확인이 어려운 독서 성향은 기재하지 않고, 읽은 책의 제목과 저자만 기재하여 독서활동 기록의 신뢰도를 제고한다. 도서는 ISBN에 등재된 도서에 한하여 기재 가능하며, ISSN(정기간행물)에 등재된 도서는 기재할 수 없다. 전체 학년 동안 동일한 책을 '독서활동상황'에 중복하여 입력하지 않도록 하며, 단순 독후활동(감상문 작성 등) 외 교육활동을 전개하였다면, 도서명을 포함하여 그 내용을 다른 영역(교과세부특기사항, 창의적 체험활동, 자유학기 등)에 입력할 수 있다. 원서와 한국어 번역본을 모두 읽은 경우 중복하여 입력하지 않는다.

표 9-10 독서활동상황의 기재 양식

학년	과목 또는 영역	독서 활동 상황
1		
2		
3		

(9) 행동특성 및 종합의견

'행동특성 및 종합의견'란은 행동특성을 포함한 각 항목에 기록된 자료를 종합하여 학생을 총체적으로 이해할 수 있도록 학급담임교사가 문장으로 입력하여 학생에 대한 일종의 추천서또는 지도 자료가 되도록 작성한다. 행동특성과 관련된 내용은 시·도 교육감이 정한 방법에 따라 누가 기록하여 관리한다. 장점과 단점을 누가 기록된 사실에 근거하여 입력하되, 단점을 입력하는 경우에는 변화 가능성을 함께 입력한다. 행동특성 중 학교폭력과 관련된 사항은 「학교폭력예방 및 대책에 관한 법률」 제17조에 규정된 가해학생에 대한 조치사항을 조치결정일자(교육지원청 내부결재일)와 함께 결정 즉시 입력한다. 「학교폭력예방 및 대책에 관한 법률」 제17조 1항 제1호부터 제3호까지의 조치사항을 이행기간 내에 이행한 가해학생에 대한 조치사항은 입력을 유보하고, 해당 조치 사항은 「학교폭력 가해학생 조치(제1호·제2호·제3호) 조건부 기재유보 관리대장」에 기록하여 관리한다. 조치사항 입력이 유보된 가해학생이 동일학교급에서 다시 다른 학교폭력으로 「학교폭력예방 및 대책에 관한 법률」 제17조 제1항의 조치를 받은 경우에는 이전에 입력이 유보된 조치사항을 포함하여 모두 입력한다. 그 밖에 관련 세부사항에 대한 조치는 관련 훈령의 해설을 참고하면 된다.

표 9-11 행동특성 및 종합의견의 기재 양식

학년	행동특성 및 종합의견
1	
2	
3	

(10) 기타사항

학교생활기록부의 '졸업대장번호'란에는 졸업대장의 번호를 입력한다. '구분'란에 학생의 학과, 반, 번호 및 담임 성명을 입력한다. 변경사항이 있을 경우에는 변경 전·후의 내용을 함께 입력한다. '전공·과정'란에 특성화고등학교 및 산업수요 맞춤형 고등학교의 학기별 전공 과정 및 과목, 산업체 실습과정 또는 일반고등학교, 특수목적고등학교 및 자율고등학교의 개인별 과정선택 등 교육과정 이수에 따른 특기사항을 입력한다. 또한 학점제를 적용받는 특성화고등학교 및 산업수요 맞춤형 고등학교의 학생이 타학과 과목을 일정 학점 이상 이수한 부전공의 과정명을 입력한다. '사진'란에 입학년도에 촬영한 천연색 상반신 사진(3.5㎝×4.5㎝, 전산자료)을 입력하며, 졸업학년도에 촬영한 사진으로 교체 입력한다.

표 9-12 졸업대장번호, 학과, 학번, 담임 성명 등의 기재 양식

졸업대장번호					
구분 / 학년	학과	반	번호	담임성명	사진
1					
2					
3					

5 교과학습평가의 평가결과 기록

1) 교과학습평가의 기본원칙

(1) 교과학습의 평가방법

교육부의 학교생활기록 작성 및 관리지침 [별지9] '교과학습발달상황 평가 및 관리'에 따르면 각급 학교는 학업성적 관리의 객관성·공정성·투명성과 신뢰도 등을 제고하여, 학교교육의 내실화를 도모한다. 각 학교는 학업성적 평가 및 관리의 객관성·공정성·투명성과 신뢰도를 높이기 위하여 학교별 각 교과협의회(학년협의회)와 학업성적관리위원회를 구성하고, 그 기능을 강화한다. 교과학습발달상황의 평가는 지필평가와 수행평가로 구분하여 실시한다. 다만 전문교과 실기과목 등 특수한 경우는 시·도 교육청의 학업성적관리 시행지침에 의거하여 학교 학업성적관리규정으로 정하여 수행평가만으로 실시할 수 있다.

교과학습발달상황 평가 및 관리 내용을 준거로 시·도교육청에서는 초·중·고등학교별 학업성적관리 시행 지침을 수립하고, 각급 학교에서는 시·도교육청 시행지침에 의거한 학교별 세부적인 학업성적관리규정을 제정하여 활용한다.

과목 특성상 수업활동과 연계한 수행평가만으로 평가가 필요한 경우 시·도교육청의 학업성적관리 시행지침에 따라 학교별 학업성적관리규정으로 정하여 수행평가만으로 실시할 수 있다. 그리고 감염병의 전국적 유행 등 국가 재난에 준하는 상황에서는 지필평가 또는 수행평가 만으로 평가하거나, 초등학교와 중학교는 교육부장관이 정하는 바에 따라 지필평가 및 수행평가를 실시하지 않을 수 있다(교육부훈령 제365호).

교과학습의 평가는 모든 학생들이 교육목표를 성공적으로 달성할 수 있도록 돕기 위한 교육의 과정으로 실시하며, 학습 상황에 대한 평소의 평가와 계속 지도한 결과를 자료로 학생 개개인의 교과별 교수목표의 성취도와 학습 수행과정을 평가하는 방법을 적용한다. 교수목표란 교육과정에 명기된 학년별 교과 목표를 단원별로 상세하게 세분한 지도 목표를 의미하며, 학년별·교과별 교수목표를 설정함에 있어서는 교과협의회를 통하여 교육과정 내용과 교과서 내용을 분석·활용한다. 각 교과별 지필평가 및 수행평가의 영역·방법·횟수·기준·반영비율 등과 성적처리방법 및 결과의 활용 등은 각 학교 교과지도의 형편을 고려하여 교과협의회에서 정하고, 이를 학교 학업성적관리위원회의 심의를 거쳐 학교장이 최종 결정한다.

지필평가 평가문제는 타당도, 신뢰도, 객관도 및 변별도를 높이도록 출제하고 평가의 영역, 내용 등을 포함한 문항정보표 등을 작성하여 활용하되 동일 교과 담당 교사간 공동출제로 학급간의 성적차를 최소화한다. 모든 출제 원안에는 문항별 배점을 표시하되, 평가의 변별력을 최대한 높이기 위하여 동점자가 가능한 한 생기지 않도록 가급적 100점 만점으로 출제, 평가 문항수 증대, 문항당 배점 다양화에 유의하며, 특히 수준별 난이도의 배열에 유념한다. 「공교육 정상화 촉진 및 선행교육 규제에 관한 특별법」 제8조 제3항에 따라 지필평가, 수행평가 등 학교 내 각종 평가 및 교내대회에서 학생이 배운 학교 교육과정의 범위와 수준을 벗어난 내용을 출제하여 평가하지 않도록 유의한다. 평가 문제는 출제·인쇄 및 평가의 전 과정에서 보안이 유지되도록 철저히 관리하고, 고사감독을 엄정하게 하여 부정행위를 미연에 방지한다. 채점 등 평가 결과를 전산 처리할 경우, 교과 담당교사는 전산 처리 결과의 이상 유무를 철저히 대조 확인하고, 그 결과를 학생 본인에게 공개하여 확인시키며, 이의 신청이 있을 때에는 면밀히 검토하여 적절한 조치를 취하여야 한다. 성적 처리가 끝난 답안지는 성적 산출의 증빙 자료로 졸업 후 1년 이상 당해 학교에 보관한다.

수행평가는 교과 담당교사가 학습자의 학습 과제 수행과정 및 결과를 직접 관찰하고, 그 관찰 결과를 전문적으로 판단하는 평가 방법이다. 교과협의회에서는 각 과목의 교육과정 및 학교·교과의 특성을 감안하여 수행평가의 영역 방법 횟수 세부기준(배점), 반영비율 등과 성적처리방법 및 결과의 활용 등에 관한 수행평가 계획을 수립하여 학교 학업성적관리위원회에 제출한다. 교과 담당 교사는 학교 학업성적관리위원회의 심의를 거쳐 확정된 각 교과별 수행평가 계획과 평가후 결과를 학생 본인에게 공개하여야 하며, 이의 신청이 있을 때에는 면밀히 검토하여 적절한 조치를 취하여야 한다. 성적 처리가 끝난 수행평가의 중요한 자료는 성적 산출의 증빙 자료로 졸업후 1년 이상 당해 학교에 보관하며, 상급학교 진학시 입학전형권자의 요청이 있을 경우 이를 전형자료로 제공할 수 있다. 수행평가 결과물은 학생들의 이의 신청·처리·확인 과정 등 적절한 조치가 완료되었을 경우, 학교장은 학업성적관리위원회의 심의를 거쳐 보관기간을 결정·시행한다. 단, 수행평가 성적을 기록한 성적일람표는 졸업 후 1년간 보관한다. 수행평가의 점수는 점수화가 가능한 영역의 점수만 반영하되, 기본점수의 부여 여부, 부여 점수의 범위 등은 시·도교육청의 학업성적관리 시행지침에 의거 당해 학교의 학업성적관리규정으로 정한다.

학교생활기록부의 성적평가는 우선 학생별로 또는 과목별로 성적일람표를 작성하고, 이를 바탕으로 학교생활기록부에 성적이 종합적으로 정리 및 작성되며, 학부모에게 전달한 성적통지표가 작성된다. 성적일람표는 과목별로 이루어진 지필평가와 수행평가 등을 통해 얻어진 학생에 관한 평가결과를 정리하여 작성하게 되는 일람표이다. 이러한 모든 과정이 전산화되어 있어 일정하게 제시된 양식에 따라 담당교사가 교육정보시스템에 자료 입력을 하면 전산처리에 의하여 작성되도록 되어 있다.

(2) 결시 및 학적변동 시 성적처리

교과목별 지필평가 및 수행평가에 참여하지 못한 학생(결시생)의 성적처리는 결시 전후의 성적 또는 기타 성적의 일정비율을 환산한 성적(인정점)을 부여하되, 인정 사유 및 인정점의 비율 등은 시·도교육청의 학업성적관리 시행지침에 의거하여 당해 학교의 학업성적관리규정으로 정한다. 그리고 모든 평가(학기말 성적산출 기준)가 완료되기 이전에 전출, 휴학, 면제, 유예, 제적, 자퇴, 퇴학 학생이 취득한 성적이 있을 경우, 이 학생의 재취학, 전·편입학을 위하여 그 성적을 전산입력하거나 별도로 보관하여야 한다.

(3) 평가결과 처리시 유의사항

중·고등학교의 학업성적 평가결과 처리 시 유의사항은 다음과 같다(교육부훈령 제365호). 첫째, 채점 등 평가결과를 전산처리할 경우 교과담당 교사는 전산처리 결과의 이상유무를 철저히 대조·확인해야 한다. 둘째, 개인정보 보호를 위해 지필평가 및 수행평가 결과는 학생 본인만 확인하도록 하며, 타인에게 성적 정보가 노출되지 않도록 유의해야 한다. 셋째, 성적처리 및 학생 확인이 완료된 지필평가의 학생 답안지는 성적산출의 증빙자료로 5년간 보관한다. 넷째, 수행평가의 결과물은 학업성적관리위원회의 심의를 거쳐 보관기간을 결정하여 보관한다. 다섯째, 성적처리가 끝난 수행평가의 중요한 자료는 성적 산출의 증빙자료로서 졸업 후 1년 이상 당해 학교에 보관하여, 상급학교 진학시 입학전형권자의 요청이 있을 경우 이를 전형자료로 제공할 수 있다.

2) 중학교 교과학습평가의 평가결과 기록

중학교의 과목별 성적일람표는 매 학기말 교과 담당교사가 작성하되, 지필평가(명칭, 반영비율 등 명기)와 수행평가(영역, 반영비율 등 명기)의 점수를 합산하고, 원점수/과목평균, 성취도(수강자수)를 산출한다(다만, 체육·음악·미술 교과의 과목은 성취도만을 산출). 단, 전산처리할 경우 전산 입력하여 관리함을 원칙으로 한다.

원점수는 지필평가 및 수행평가의 반영비율 환산 점수 합계를 소수 첫째 자리에서 반올림하여 정수로 기록하며, 과목평균은 원점수를 사용하여 계산하여 소수 둘째 자리에서 반올림하여 소수 첫째 자리까지 기록한다. 성취도는 원점수에 따라 A-B-C-D-E 5단계로 평정하며, 체육 음악 미술 교과의 과목 성취도는 A-B-C의 3단계로 평정한다.

표 9-13 중학교에서 원점수에 따른 과목별 성취도 평정

일반교과	
성취율(원점수)	성취도
90 % 이상	A
80 % 이상 ~ 90 % 미만	B
70 % 이상 ~ 80 % 미만	C
60 % 이상 ~ 70 % 미만	D
60 % 미만	E

체육·음악·미술 교과	
성취율(원점수)	성취도
80 % 이상 ~ 100 %	A
60 % 이상 ~ 80 % 미만	B
60 % 미만	C

수강자수는 매 학기말 성적산출 시점을 기준으로 해당 과목을 수강한 학생수로 한다. 다만, 자유학기(학년)에 해당 교과 담당교사별로 해당 과목의 평가 계획을 다르게 수립한 경우, 시 · 도교육청의 학업관리 시행지침에 따라 당해 학교의 학업성적 관리규정으로 정하여 해당 교과 담당 교사별로 수강자수를 달리할 수 있다. '재취학, 전 · 편입학생'과 '명예졸업, 유예, 면제 및 전출 학생 중 모든 평가가 완료되어 당해 학교의 학업성적관리규정에 따라 성적을 처리할 수 있는 학생'은 수강자수에 포함하고, '모든 평가가 완료되기 이전(학기말 최종 성적처리 불가능)의 학생(명예졸업, 유예, 면제 등)'과 '재취학, 전 · 편입학생 중 원적교에서 성적(성취도, 원점수 등)을 취득해 온 학생'은 수강자수에서 제외한다.

3) 고등학교 교과학습평가의 평가결과 기록

(1) 교과학습평가의 평가결과 기록

고등학교의 과목별 성적일람표는 매 학기말 교과 담당교사가 작성하고, 전산처리할 경우 전산 입력하여 관리함을 원칙으로 한다. 과목별 성적 일람표는 지필평가(명칭, 반영비율 등 명기)와 수행평가(영역, 반영비율 등 명기)의 점수를 합산하여 성적을 산출한다. 교양교과(군)의 과목 및 모든 과목은 원점수, 과목 평균, 과목 표준편차, 성취도(수강자수), 석차(동석차수), 석차등급을 산출한다. 다만, 다음 ①~④에 해당하는 과목은 석차와 석차등급을 산출하지 않는다. ① 보통 교과의 진로 선택 과목은 원점수, 과목평균, 성취도(수강자수), 성취도별 분포비율을 산출한다. ② 보통 교과 공통 과목의 '과학탐구실험'과 전문 교과Ⅱ, Ⅲ은 원점수, 과목 평균, 과목 표준편차, 성취도(수강자수)만 산출하고, 이 중 전문 교과Ⅱ의 실무과목은 능력단위로 산출할 수 있으며, 능력단위 평가 시 이수시간, 원점수, 성취도만 산출한다. ③ 보통 교과 체육 · 예술 교과(군)의 일반 선택 과목은 성취도만 산출한다. ④ 고등학교에서 공동교육과정으로 이수한 과목[보통 교과 진로 선택 과목,

체육 · 예술 교과(군)의 일반 선택 과목, 교양 교과(군)의 과목 제외]은 원점수, 과목 평균, 과목 표준편차, 성취도(수강자수)를 산출한다.

원점수는 지필평가 및 수행평가의 반영비율 환산 점수 합계를 소수 첫째 자리에서 반올림하여 정수로 기록하며, 과목평균, 과목표준편차는 원점수를 사용하여 계산하여 소수 둘째 자리에서 반올림하여 소수 첫째 자리까지 기록한다. 과목별 성취도는 성취율에 따라 다음과 같이 평정하되, 기준 성취율에 따른 분할점수를 과목별로 학교가 설정할 수 있다.

표 9-14 고등학교에서 원점수에 따른 과목별 성취도 평정

보통교과	
성취율	성취도
90 % 이상	A
80 % 이상 ~ 90 % 미만	B
70 % 이상 ~ 80 % 미만	C
60 % 이상 ~ 70 % 미만	D
60 % 미만	E

실험 예체능 진로 전문 교과	
성취율(원점수)	성취도
80 % 이상 ~ 100 %	A
60 % 이상 ~ 80 % 미만	B
60 % 미만	C

단, 보통 교과 공통 과목의 과학탐구 실험, 보통 교과 체육 · 예술 교과(군)의 일반 선택 과목, 보통 교과 진로 선택 과목(진로 선택으로 편성된 전문 교과 포함), 전문 교과Ⅰ 과학계열 교과(군)의 융합과학 탐구, 과학과제 연구, 물리학 실험, 화학 실험, 생명과학 실험, 지구과학 실험, 전문 교과Ⅰ 국제계열 교과(군)의 사회 탐구 방법, 사회과제 연구의 성취도는 원점수에 따라 A-B-C로 평정한다.

(2) 석차등급 산출 기록

과목별 석차등급은 지필평가 및 수행평가의 반영비율 환산 점수의 합계에 의한 석차 순에 따라 다음과 같이 평정한다. 단, 등급별 누적 학생수는 수강자수와 누적 등급비율을

곱한 값을 반올림하여 계산한다. 석차등급별 석차누적비율은 〈표 9-15〉와 같다.

학교별 학업성적관리규정에 동점자 처리 규정을 둘 수 있으며, 가급적 동점자를 발생시키지 않도록 유의하고, 그럼에도 불구하고 동점자가 발생하여 등급경계에 있는 경우 중간석차를 적용한 중간석차백분율에 의하여 등급을 부여한다. 석차는 매 학기별로 과목별 지필평가 및 수행평가의 반영비율 환산점수 합계를 소수 셋째 자리에서 반올림하여 소수 둘째 자리까지 구하여 산출한다.

표 9-15 고등학교 석차등급별 석차누적비율

석차등급	석차누적비율
1등급	~ 4 % 이하
2등급	4 % 초과 ~ 11 % 이하
3등급	11 % 초과 ~ 23 % 이하
4등급	23 % 초과 ~ 40 % 이하
5등급	40 % 초과 ~ 60 % 이하
6등급	60 % 초과 ~ 77 % 이하
7등급	77 % 초과 ~ 89 % 이하
8등급	89 % 초과 ~ 96 % 이하
9등급	96 % 초과 ~ 100 % 이하

6 교과학습평가 개선의 과제

이 절에서는 관련 연구(학교생활기록부 기재방식 및 교육적 활용에 관한 국제비교연구, 박균열 외, 2014)의 내용을 토대로 우리나라 교과학습평가 개선의 과제를 살펴본다.

1) 학교생활기록부 서식 및 기재방식 등의 개선 방안

학교생활기록부의 기재항목을 면밀히 분석해 보고, 항목별로 타당성과 적절성을 판단해 볼 필요가 있다. 학교생활기록부 서식과 관련하여 제기되는 문제점 가운데 하나는 입시를 위한 정보를 제공하는 과정에서 기재항목이 지나치게 세분화됨으로써 교사들의 업무를 가중시킨다는 점이다. 기재항목에 맞게 서식을 작성하려면 학생들에 대한 관찰과 상담, 교사의 교육적 판단 등 부가적인 노력이 필요한데 이를 현실적으로 수행하기가 어려운 상황인 것이다. 타국가와 비교에서도 교과 외 기재항목이 지나치게 많은 것으로 나타났다.

이와 함께 입력의 영역, 범위, 절차 등을 간소화하여 교사들의 업무를 경감시키는 한편, 교사들의 적절한 시간과 노력을 투자하여 학생들에 관하여 꼭 필요한 정보들을 진단할 수 있는 수준에서 입력내용을 객관적이고 간결하게 제시할 수 있도록 하여야 한다.

2) 기재항목별 개선 방안

첫째, 학생의 인적사항 특히 가족관계와 같은 사항은 행정구청의 전산자료와 연계하여 자동적으로 갱신될 수 있도록 할 필요가 있으며, 꼭 필요한 정보에 한정하여 입력하도록 그 내용과 절차를 간소화할 필요가 있다. 또한 학적사항의 특기사항에 불필요한 유예 및 면제 등의 기록을 하게 되어 있는데, 이는 학생이 개인상의 휴학을 부득이 하는 정보를 유출하는 경우에 해당되어 굳이 상세하게 적을 필요는 없는 것으로 판단된다.

둘째, 출결상황의 입력항목(예컨대 지각 등)에 대한 객관적 기준이 지침으로 제공될 필요가 있으며, 출결사항이 바로 확인될 수 있는 시스템의 개선이 요구된다.

셋째, 무분별한 수상경력이 입력은 참가인원 병기와 같은 수단을 통하여 제한할 필요가 있지만, 공인기관이나 국가기관 수준에서 성취한 수상기록과 같이 학생들의 공식적·객관적인 성취결과에 관한 정보들을 부가적으로 입력할 필요가 있다.

넷째, 학교생활기록부를 전담할 전문 인력이 필요하다. 담임교사가 학생 개개인의 특성 및 학교생활 전반에 대한 내용을 파악하여 기록하는 데에는 한계가 있고, 특정 교사의 문장작성능력이나 주관적 견해 등에 의한 내용 기술은 객관성을 잃을 수 있기 때문에 진로진학상담교사 등과 같은 전문 인력이 각 항목별 자료를 취합하여 일관된 시각으로 기술하여 자료의 객관성을 확보해 줄 수 있어야 한다. 또한 진로상담 기록(입력)을 위해 진로담당교사의 권한과 책무를 부여하고, 담임교사의 업무를 경감시킬 필요가 있다.

다섯째, 교육적 측면에서 학생들이 참여한 경험과 그 느낌을 기록하는 것은 바람직하겠지만, 불필요한 정보 입력을 줄이고, 참여시간이나 종합적 내용을 적는 방식으로 보다 간결해질 필요가 있으며, 봉사활동과 같은 사항들은 전산정보의 연계를 통해 오류나 부담을 줄여나갈 필요가 있다. 우리나라의 '창의적 체험활동상황' 기재 항목은 입력에 가장 많은 시간이 할애되고 있다. 특히 '특기사항'란을 적는 것에 많은 교사들이 고충을 토로하고 있는 상황이고 창의적 체험활동의 입력 범위의 문제 역시 해결해야 할 과제로 남아 있다.

여섯째, 초등학교 '교과학습발달상황'은 서술식과 더불어 객관성을 담보할 수 있는 등급 평가가 병행될 필요가 있고, 고등학교의 성취등급 5등급 만으로 대입자료를 한정하는 것은 개선될 필요가 있다. 교과학습발달상황의 '개인별 세부능력 및 특기사항'의 경우, 학기별로 입력할 수 있는 글자수의 제한을 풀어 좀 더 학생들의 교과별 특기사항이 잘 나타날 수 있도록 허용하는 것도 고려해 볼 필요가 있고, 이 때 선택(버튼)식과 병행하여 기록하는 것도 하나의 방안이 될 것으로 여겨진다. 다만, 이는 교과 외 발달 상황의 기재 항목의 간소화가 전제되어야 할 것이다.

일곱째, '독서활동'란의 경우, 학생들이 읽은 독서 내용에 따라 교과 관련성으로 분류한 후 각 교과담임 교사의 확인 및 검증 과정을 거쳐 교과담임 교사가 간단하게 입력해 주는 것으로 개선할 필요가 있다. 현재 시스템 상에는 담임교사 뿐만 아니라 교과교사도 입력이 가능하게는 되어 있으나 대부분의 많은 고등학교에서 담임교사가 전담하여 입력하고 있는 실정이다. 이 경우 담임교사의 업무과중은 물론 실제로 전공한 과목과 관련된 도서가 아닐 경우 많은 부담을 느끼며 학생들이 제출한 감상문에 의존하는 경우가 많다. 독서활동 기재 항목은 우리나라에만 존재하는 항목이다. 따라서 간략하게 작성하되, 작성자의 역할 명료화와 전문성을 반영하는 방식으로의 전환이 요구된다.

여덟째, '행동특성 및 종합의견'의 경우, 인성관련 내용의 객관적 누적 지도 기준이 설정될 필요가 있고, 행동특성 및 종합의견을 학부모가 볼 수 있어서 교사의 객관적인 평가가 어렵기 때문에 공개되지 않는 방안을 강구할 필요가 있다.

이상의 내용을 종합하면, 공통적으로 불필요한 정보입력을 최소화하고, 해당 정보에 대해 가장 정확하게 알고 있거나 전문성이 있는 본인이나 담당자가 입력해야 하는 항목들(진로희망사항, 독서활동, 창의적 체험활동 등)을 늘릴 필요가 있다는 점, 전산정보와의 연계나 자동화 등을 통해 교사의 부담을 줄여나갈 필요가 있다는 점, 그리고 서술형 기록보다는 등급이나 평정점, 체크리스트 등을 활용하되 필요한 경우 서술형 기록으로 이를 보완하는 형태로 활용될 필요가 있다는 점 등으로 요약될 수 있다.

3) 학교생활기록부의 교육적 활용 및 연계 방안

첫째, 학교생활기록부의 상급학교와 하급학교와의 연계 방안이 필요하다. 현재에는 학교급별로 학교생활기록부 작성이 독립되어 있어 중1, 고1의 담임교사의 경우 학기초에 학생들을 파악하는데 어려움이 있다. 학교생활기록부를 상급학교와 연계하여 작성하는 방안이 마련되면 학생들을 이해하는데 도움이 될 것으로 사료된다. 이를 위해서는 상급학교의 자료제공이 중요하다. 자료제공은 학생지도의 활용에 기여할 것이고 누적적으로 연계될 필요가 있다.

둘째, 학교생활기록부 기재 방법에 대한 교사의 기술 능력과 관심의 차이로 인해 대학입시전형에서 학생들이 불이익을 받을 수 있기 때문에 학교생활기록부 기재 방법에 대한 효율적인 연수를 입학사정관이 담당할 수 있는 제도적 지원이 필요하다. 학교생활기록이 교외 활동보다는 교내 활동에 초점을 맞추고 있어 대학입시에서 단위학교별 교육활동의 차이로 인해 학생이 불이익을 받을 수 있으며, 학교생활기록부에 대한 교사의 기술 능력과 관심의 차이로 인해 대학입시전형 평가 당락에서 많은 영향을 받을 수 있다. 대학의 입학사정관들은 주로 교과활동(내신성적)과 교과 외 활동(비교과활동)을 종합적으로 활용한다고 하지만, 실제적으로 어떻게 판단하는지 단위학교에서는 정확한 자료가 없어 어려움을 겪는다. 따라서 실효성있는 학교생활기록을 위해 대학의 입학사정관들이 일선 학교의 교사들에게 집합연수 또는 원격연수를 제공해 줄 필요가 있다.

셋째, 교과기록에 관한 연계가 필요하다. 우리나라 교과학습발달상황의 경우, 초·중·고 기재사항란 및 기재방식에 차이가 있어 연계의 어려움이 있는 실정이다. 교과 성적 측면에서 보면 초등학교와 중·고등학교와 연계가 제대로 이루어지지 못하고 있고, 초등학교는 성취평가제가 도입이 되지 않고 있다. 우리나라에 맞는 연계 방안을 모색해야 할 필요가 있다.

참고문헌

강대일·정창규(2018). 과정중심평가란 무엇인가. 서울:에듀니티.

강승호 외(2001). 현대 교육평가의 이론과 실제. 서울:양서원.

고영희 외(2018). 평가의 재발견. 서울:맘에드림.

곽영순(2015). 미래 학교교육 변화 및 교육과정 재구성에 필요한 교사전문성 탐색. 교과교육학연구, 19(1), 93-111.

곽영순·강호선(2005). 교사평가 수업평가. 서울:원미사.

교육과학기술부(2011). 창의·인성교육 강화를 위한 '중등학교 학사관리 선진화 방안' 발표 보도자료.

교육부(2015). 초·중등교육과정총론. 교육부고시 제2015-80호[별책1].

교육부(2016). 「학교생활기록부 작성 및 관리지침」 훈령 일부 개정. 교육부 보도자료.

교육부(2017). 고교학점제 추진 방향 및 연구학교 운영계획(안). 교육부 보도자료(2017. 11.27).

교육부(2018). 학생부 간소화를 위한 '학교생활기록작성및관리지침' 일부 개정안 행정예고 및 학생부 신뢰·공정성 제고 방안. 교육부 보도자료.

교육부(2019). 학교생활기록부 작성 및 관리지침(훈령) 개정(안). 교육부공고 제2019-398호.

교육부(2020). 2020학년도 중·고등학교 학교생활기록부 기재요령.

교육부훈령 제343호(2020. 7.20.). 학교생활기록 작성 및 관리지침.

교육부훈령 제365호(2021. 1. 4.). 학교생활기록 작성 및 관리지침.

권대훈(2005). 교육평가. 서울:학지사.

권대훈(2008). 교육평가 2판. 서울:학지사.

김경범, 김덕년, 전동구, 김해용(2016). 학교생활기록부정보의 재구조화. 서울대학교입학본부연구보고서, RR2015-1.

김경희 외(2006). 교사의 학생평가 전문성 기준 개발. 교육평가연구, 19(2), 89-112.

김국현(2009). 성취기준의 개념 혼란과 도덕과 성취기준 및 평가기준의 설정 원리와 방법. 교육과정평가연구, 12(3), 125-151.

김대현, 김석우(2005). 교육과정 및 교육평가(2판). 서울: 학지사.

김석우, 원효헌, 김경수, 김윤용, 구경호, 장재혁(2021). 교육평가의 이론과 실제. 서울:학지사.

김성숙, 김희경, 서민희, 성태제(2015). 교수·학습과 하나되는 형성평가. 서울:학지사.

김성훈(2001). 학업성취 평가결과 정보의 유형과 교육적 의의. 교육평가연구, 14(2), 1-15.

김성훈(2006). 객관식 시험과 수행평가의 교육적 의의. 동국대학교 교육연구원 교육문제연구, 17, 37-54.

김성훈, 김신영, 김재철, 반재천, 백순근, 서민원(2010). 예비교사를 위한 교육평가. 서울: 학지사.

김성훈, 이현숙 공역(2017). 수업중심 교육평가: 더 나은 수업을 위한 평가의 역할. W. James Popham 저. 서울: 학지사.

김수동 외(2005). 교사의 학생평가 전문성 신장 연구(II). 한국교육과정평가원 RRE 2005-3.

김수진, 김경희, 장경숙, 김유향, 백은진, 나우열(2023). 성취수준 점검을 위한 평가도구 개발 및 활용 방안. 한국교육과정평가원 연구보고 RRE 2023-4.

김순남(2013). 학생평가 방법 개선 연구. 현안보고, OR 2013-04. 서울:한국교육개발원.

김순남, 이병환(2018). 고등학교 성취평가제의 諸문제와 정착방안. 열린교육연구, 26(3), 109-129.

김신영(2002). 현장교사의 평가전문성 연구. 교육평가연구, 15(1), 67-85.

김신영(2007). 교사의 학생평가 전문성과 중등교사 양성 과정. 교육평가연구, 20(1), 1-16.

김신영(2009). 대학수학능력시험의 개선 방향 탐색. 교육평가연구, 22(1), 1-27.

김영은, 김경희, 김인숙, 김현미, 노은희, 허예지, 김병연, 김은하, 김현종, 노혜정, 박현진, 윤재룡(2024). 2022 개정 교육과정에 따른 고등학교 성취수준 개발 연구(총론). 한국교육과정평가원 연구보고 CRC 2024-2.

김옥남(2006). 인지적 영역의 교육목표분류학 비교. 한국교육학연구, 12(2), 165-198.

김재춘, 부재율, 소경희, 채선희(2005). 교육과정과 교육평가: 예비·현직교사를 위한. 서울:교육과학사.

김정덕(2009). 루브릭에 대한 교사의 인식과 수행평가 실행과의 관계. 교육방법연구, 21(1), 159-173.

김지선, 김혁동, 이원재, 이동배(2014). 교사 전문성을 위한 자기평가 준거 개발연구. 한국교원교육연구, 31(4), 167-196.

김진규(2013). 형성평가 101가지 기법. 서울:교육과학사.

김혜경 외(2016). 성장과 발달을 돕는 초등 평가 혁신. 서울:맘에드림.

김호권(1984). 현대교육평가. 서울: 교육과학사.

김호권(1999). 수행평가의 정당성과 문제점. 교육평가연구, 12(2), 1-10.

김희경, 박종임, 박상욱, 임은영, 이광상, 이정우, 배주경(2014). 창의인성교육을 위한 학생평가 가이드북 개발. 한국교육과정평가원 연구보고 CRE 2014-5.
남명호, 김성숙, 지은림(2000). 수행평가 이해와 적용. 서울:문음사.
남현우(1998). 수행평가의 측정학적인 문제점들에 대한 고찰. 교육평가연구, 11(2), 1-21.
박균열, 김순남, 데와타카유키, 박상완, 박선형, 박종필, 엄준용, 유진영(2014). 학교생활기록부 기재방식 및 교육적 활용에 관한 국제비교연구. 한국교육개발원 현안보고, OR 2014-1.
박도순 외(2007). 교육평가: 이해와 적용. 서울:교육과학사.
박은아, 박선화, 손민정, 이채희, 서민희, 김지영(2013). 성취평가제의 고등학교 적용 방안. 한국교육과정평가원 연구보고 RRE 2013-9.
박창언(2019). 교육과정과 교육법. 서울:학지사.
박혜영, 김경희, 장의선, 김유향, 양영자, 김선희, 김현주(2022). 고교학점제 도입에 따른 성취평가제 개선 방안. 한국교육과정평가원 연구보고 RRE 2022-8.
배호순(1991). 수업평가. 서울:양서원.
배호순(1994). 프로그램평가론. 서울:원미사.
배호순(2000). 수행평가의 이론적 기초. 서울:학지사.
배호순(2001). 단위학교 차원에서의 수행평가의 질관리 방안 구축을 위한 기초연구. 교육평가연구, 14(2), 47-70.
백경선, 김정윤, 함정식, 박동률, 가재빈, 안은자, 김진생, 곽상훈, 이승표, 송수현(2017). 학교기반 교육과정평가 가이드북. 한국교육과정평가원 연구자료, ORM 2017-114.
백순근(1995). 인지심리학에 의한 학습 및 학습자관이 교육평가에 주는 시사. 교육학연구, 33(3), 131-150.
백순근(2000). 교육평가의 개념에 대한 고찰: '교육적 가치'를 중심으로. 교육평가연구, 13(1), 1-10.
백순근(2000). 수행평가의 원리. 서울: 교육과학사.
백순근(2002). 학습에 대한 생태학적 접근이 교육평가에 주는 시사. 아시아교육연구, 3(2), 135-151.
백순근, 천경록, 차우규, 박선미, 이선경, 이춘식, 왕석순, 조미혜, 장기범, 박소영, 진경애(1998). 수행평가의 이론과 실제. 서울:원미사.
백순근·소경희(1998). 국가교육과정에 근거한 평가 기준 및 도구 개발 연구(총론). 한국교육과정평가원 보고서.
변영계(2005). 교수·학습이론의 이해. 서울:학지사.
변영계, 이상수(2003). 수업설계. 서울:학지사.

성태제(2001). 문항반응이론의 이해와 적용. 서울:교육과학사.
성태제(2004). 문항제작 및 분석의 이론과 실제. 서울:학지사.
성태제(2009). 교육평가의 기초. 서울:학지사.
성태제(2014). 현대교육평가(제4판). 서울:학지사.
손민정, 서민희, 박종임, 김유향, 이현숙(2015). 고등학교 보통교과 성취평가제 적용실태 분석 및 개선방안. 한국교육과정평가원 연구보고 RRE 2015-5.
손원숙, 박정, 강성우, 박찬호, 김경희 공역(2015). 교실평가의 원리와 실제:기준참조수업과의 연계. James H. McMillian 저. 서울:교육과학사.
유영식(2017). 교육과정-수업-평가를 일체화하는 과정중심평가. 서울:테크빌교육(즐거운학교).
이근호, 곽영순, 이승미, 최정순(2012). 미래 사회 대비 핵심역량 함양을 위한 국가 교육과정 구상. 한국교육과정평가원 연구보고 RRC 2012-4.
이승희(2006). 특수교육평가. 서울: 학지사.
이종승·허숙 편(2003). 시험, 왜 보나?. 서울:교육과학사.
장상호(1980). 행동과학의 연구논리. 서울: 교육출판사.
장상호(2016). 인간행동의 자유. 서울:학지사.
정구향, 김성숙, 양길석, 전은화(1998). 대학입학 면접전형자료 개발과 활용방안. 한국교육과정평가원.
정범모(1992). 교육과 교육학. 서울:배영사.
정일호, 김인숙, 고재천(2002). 초등학교 수행평가의 실시 현황과 개선방안. 교육학연구, 40(5), 103-131.
정창규·강대일(2016). 평가란 무엇인가. 서울:에듀니티.
진영은, 조인진, 김봉석(2002). 교육과정과 교육평가의 탐구. 서울:학지사.
최정순, 강용진, 김건태, 김원예, 노정희, 승현아, 신봉수, 우정애, 여양구, 이순용, 정석민, 최준채, 황미영(2014). 성취평가제와 평가도구 개발. 한국교육과정평가원 연구자료, ORM 2014-75-4.
한국교육과정평가원(2012). 문답식으로 알아보는 성취평가제. 한국교육과정평가원 홍보자료 PIM 2012-8.
한국교육과정평가원(2014). 창의인성교육을 위한 학생평가 어떻게 할까요? 홍보자료 PIM 2014-7.
한국교육과정평가원(2017). 과정을 중시하는 수행평가 어떻게 할까요. 연구자료 ORM 2017-19-2.
한국교육과정평가원(2018). 과정중심평가 내실화를 위한 교사의 평가 전문성 신장 방안 연구. 연구보고 RRE 2018-5.

한국교육과정평가원(2018). 과정중심평가 적용에 따른 학교수준 학생평가체제 개선방안. 한국교육과정평가원 연구자료, ORM 2018-39-7.

한국교육과정평가원(2019). 공통+선택과목 도입에 따른 수능 점수 산출 방안. 연구자료 ORM 2019-31-5.

한국교육과정평가원(2020). 대학수학능력시험의 성과와 발전 방향: 서·논술형 수능 도입 가능성 모색. 연구자료 ORM 2020-21-5.

한국교육평가학회(편)(2004). 교육평가 용어사전. 서울:학지사.

허숙(1989). 해석학적 관점과 교육평가의 논리. 교육평가연구, 3(1).

홍세희, 노언경, 정송, 조기현, 이현정, 이영리(2019). 교육평가의 기초와 이해. 서울:박영스토리.

황정규(1986). 교육평가 연구의 과제와 전망. 교육평가연구, 제1권 제1호, 9-25.

황정규(1998). 학교학습과 교육평가. 서울:교육과학사.

황정규, 서민원, 최종근, 김민성, 양명희, 김재철, 강태훈, 이대식, 김준엽, 신종호, 박인우, 김동일(2011). 교육평가의 이해. 서울: 학지사.

Anderson, Lorin W., and Krathwohl, David R.(2001 eds.) *A Taxonomy for Learning, Teaching and assessing: A Revision of Bloom's Taxonomy of Educational Objectives.* New York: Longman.

Binet, A., & Simon, T. H.(1916). *The development of intelligence in children.* Vineland, NJ: The Training School.

Bloom, B. S.(1956). *Taxonomy of educational objectives: The classification of goals, Handbook I. Cognitive domain.* New York: David Mckay.

Bloom, B. S., Hastings, J. T., & Mad면, G. F.(1971). *Handbook on formative and summative evaluation of student learning.* New York:McGraw-Hill.

Bransford, J. D., Brown, A. L., & Codking, R. R.(1999). *How people learn: Brain, mind, experience, and school.* Washington, DC: National Academy Press.

Brookhart, S. M.(2003). Developing measurement theory for classroom assessment purposes and uses. *Educational measurement: Issues and Practice*, 22(4), 1-5.

Brookhart, S. M.(2008). *How to gove effective feedback to your students.* Alexandria, VA: Association for Supervision and Curriculum Development.

Bruner, J. S.(1960). *The process of Education.* Cambridge, Mass: Harvard University Press.

Cangelosi, J. S.(1990). *Designing tests for evaluating student achievement.* New York: Longman.

Cronbach, L. J.(1970). *Essentials of Psychological Testing*(3rd eds.). NY: Harper & Row.

Gagne, R. M.(1970). *The conditions of learning*(2nd ed.) NY: Holt, Rinehart & Winston.

Gardner, H.(1983). *Frames of mind: The theory of multiple intelligences.* NY: Basic Books.

Gronlund, N. E., & Linn, R. L.(1990). *Measurement and Evaluation in Teaching*(7th ed.) NY: Macmillan.

Linn, R. L., & Gronlund, N. E.(2000). *Measurement and Assessment in Teaching*(8th ed.). Upper Saddle River, NJ: Prentice Hall.

Mager, R. F.(1962). *Preparing instructional objectives.* Pal Alto, CA: Feardon Publisher.

McMillan, J. H.(2014). *Classroom assessment: Principles and practice for effective standards-based instruction*(6th ed.) New Jersey: Pearson.

McMillan, J. H.(2018). *Classroom assessment: Principles and practice that Enhance student Learning and Motivation.*(7th edition). Boston: Pearson/ Allyn & Bacon, Inc.

Murray, H. A.(1938). *Explorations personality.* NY: Oxford University press.

Oosterhof, A.(2001). *Classroom Applications of Educational Measurement*(3rd ed.). NJ: Prentice-Hall, Inc.

Pearson, K.(1986). Mathematical contributions to the theory of evoluition: Ⅲ, Regression, heredity, and panmaxia. *Philosophical Transactions,* A(187), 253-318.

Piaget, J.(1965). *The moral judgement of the child,* NY: Free Press.

Popham, W. J.(1978). *Criterion-referenced measurement.* Engelwood Cliffs, NJ: Prentice-Hall.

Popham, W. J.(2011). *Classroom Assessment: What Teachers Need to Know*(6th ed.). Boston: Pearson.

Scriven, M.(1967). The methodology of evaluation. In R. Tyler, R. Gagne, & M. Scriven (Eds.) *Perspectives on Curricular Evaluation.* AERA Monograph Series on Curriculum Evaluation, 1.

Stevens, S. S.(1951). Mathematics measurement and psychoanalysis. In S. S. Stevens(Ed.), *Handbook of experimental psychology*(pp. 1-49). New York: Wiley.

Stiggins, R. J.(1994). Student-centered classroom assessment. Upper Saddle River, NJ: Mrrrill/Prentice Hall.

Stiggins, R. J.(2005). From formative assessment to assessment FOR learning: A path to success in standard-based schools, Phi Delta Kappan, 87(4), 324-328.

Stufflebeam, D. L.(1971). *Educational Evaluation and decision making*. Ithaca, Illinois: Peacock.

Stufflebeam, D. L., & Shinkfield, A. J.(1985). *Systematic Evaluation*. Boston: Kluwer, Nijhoff Publishing.

Tyler, R. W.(1949). *Basic principles of curriculum and instruction*. Chicago: University of Chicago Press.

Wiggins, G.(1989). A true test: toward more authentic and equitable assessment. *Phi Delta Kappan*, 70(9), 703-713.

Wiggins, G., & McTighe, J.(1998). Understanding by design. Alexandria, VA: Association for Supervision and Curriculum Development.

저자 소개

구 원 회

성균관대학교 사범대학 교육학과 및 동 대학원 졸업(교육학 박사)

청주교대 교육연구원 전임연구원

인제대학교 교육대학원 교육학과 교수

교육평가의 탐구❶
교육평가의 내연

2024년 12월 23일 초판 인쇄
2024년 12월 26일 초판 발행

저 자 구원회
발행자 오동석

발행처 강현출판사
주 소 경기도 의정부시 가능로 156.201호
전 화 010.5712.9630
등 록 2007년 5월 21일(제307-2007-29호)
E-mail oods1205@hanmail.net

♧ 잘못된 책은 교환해 드립니다.

ISBN 978-89-94320-99-1 93370